JN212158

CLINT EASTWOOD

THE ICONIC FILMMAKER AND HIS WORK

IAN NATHAN

Quarto

First published in 2023 by White Lion Publishing,

an imprint of The Quarto Group.

1 Triptych Place

London, SE1 9SH

T (0)20 7700 6700

www.Quarto.com

CLINT EASTWOOD

by Ian Nathan

First published in 2023 by White Lion Publishing,

An imprint of The Quarto Group.

Japanese translation published by arrangement with Quarto Publishing Plc through The English Agency (Japan) Ltd.

Designed by Sue Pressley and Paul Turner, Stonecastle Graphics

CLINT EASTWOOD
THE ICONIC FILMMAKER AND HIS WORK

クリント・イースト ウッド
気高き〈アメリカ〉の放浪者

イアン・ネイサン＝著

吉田俊太郎＝訳

フィルムアート社

CONTENTS

6　イントロダクション

12　華麗なる流れ者
初期（1930-1971）

34　映画監督としての台頭
『恐怖のメロディ』（1971）
『ダーティハリー』（1シーンのみ、1971）
『荒野のストレンジャー』（1973）
『愛のそよ風』（1973）
『アイガー・サンクション』（1975）

56　奇抜な西部劇
『アウトロー』（1976）という不思議な物語

75　至高のミニマリズム
クリント・イーストウッドの名演10選

76　アメリカン・ストーリーテラー
『ガントレット』（1977）
『ブロンコ・ビリー』（1980）
『ファイヤーフォックス』（1982）
『センチメンタル・アドベンチャー』（1982）
『ダーティハリー4』（1983）

98　市長
『タイトロープ』（監督クレジットなし、1984）
『ペイルライダー』（1985）
『ハートブレイク・リッジ／勝利の戦場』（1986）
『バード』（1988）
『ホワイトハンター ブラックハート』（1990）
『ルーキー』（1990）

119　カーメル市長
クリント・イーストウッドの短期政界進出の物語

120　最後の大仕事
『許されざる者』（1992）の素晴らしさ

142　不敵の象徴
『パーフェクト・ワールド』（1993）
『マディソン郡の橋』（1995）
『目撃』（1997）
『真夜中のサバナ』（1997）
『トゥルー・クライム』（1999）
『スペース・カウボーイ』（2000）
『ブラッド・ワーク』（2002）
『ミスティック・リバー』（2003）

166　アメリカン・ソウル
『ミリオンダラー・ベイビー』（2004）という感動の偉業

183　「クリント」の総てを網羅する
フィルムメイカーとしての50年のキャリアを語りつくすために

184　ハリウッドの巨匠
『父親たちの星条旗』（2006）
『硫黄島からの手紙』（2006）
『チェンジリング』（2008）
『グラン・トリノ』（2008）
『インビクタス／負けざる者たち』（2009）
『ヒア アフター』（2010）

208　不滅の名声
『J・エドガー』（2011）
『ジャージー・ボーイズ』（2014）
『アメリカン・スナイパー』（2014）
『ハドソン川の奇跡』（2016）
『15時17分、パリ行き』（2018）
『運び屋』（2018）
『リチャード・ジュエル』（2019）
『クライ・マッチョ』（2021）

232　参考資料・出典

239　献辞

左ページ：若手アーティスト時代のポートレート──スーパー・スターダムを駆け上がりはじめた1967年のイーストウッドがすでに名声にたいしてある種の抵抗心を抱いていたことがこの写真からもうかがえる。

イントロダクション

「お前は生きるに値しないのさ」
——ウィリアム・マニー（『許されざる者』より）

トム・ハンクスはクリント・イーストウッドの物まねが上手い。ふたりが組んだ『ハドソン川の奇跡』は、パッと見には飛行機事故を主題にした映画だが、その実、ヒロイズムとはなにかを複雑な角度から掘り下げている。それはいかにもイーストウッドが選びそうな、まさに彼らしい素材だということを、わたしたちはすでに理解しはじめている。ハンクスは、アメリカ映画を象徴するこの人物と一緒に仕事ができてものすごく光栄なのは当然だが、だからといってイーストウッドが従来的な映画監督だと言いたいわけではない、と言う。たとえばイーストウッドは馬を扱うように出演者と接するのだ、と言ってハンクスは微笑み、おもむろにその意味を説明する。イーストウッドは1950年代後半から60年代前半にかけて放映された西部劇ドラマシリーズ『ローハイド』に出演していたとき、監督が「アクション！」と叫ぶと馬たちが必ず反射的に駆け出してしまうことに気づいた。俳優もまったく同様の衝動を抱いてしまうもので、そういうはやる気持ちをなんとか鎮めなければならない。そこでイーストウッドは、長編映画の監督をするようになったときからずっ

と、撮影現場に落ち着いた雰囲気を保てるよう配慮している。だから「アクション」と言うときも、けっして叫んだりはせず、抑えた冷静な声を出す。ハンクスはそう説明しながらイーストウッドの渋いバリトンの囁き声を完璧に真似てみせる。「オーライ、ゴーアヘッド（じゃあ、はじめようか）」[1]。また、伝統的な監督みたいに「カット！」と叫ぶこともない、とハンクスは付け加える。スッと演者の後ろに歩み寄り、肩越しに顔を近づけて、（またあの物まね声で）「今のでじゅうぶんだ」[2]と囁くのだ。

その声、その存在感、その場を完全に掌握するオーラ、長年この業界で培ってきた知恵、複雑なことをシンプルであるかのように思わせてくれるところ（演者をむやみに怖がらせる必要はないから）、それらの要素がイーストウッドを他に類を見ない監督たらしめている。しかもこんなにも長く。彼は2022年に92歳の誕生日を迎えた。ハリウッドの常識とは裏腹に、この70年以上の間ずっと、ほとんど止まることなく、この業界で働きつづけている。

ハンクスが先の話で伝えたかったのは、（ハンクスほどの大人物でさえこのご老

右ページ：伝説の始まり——セルジオ・レオーネ監督の『荒野の用心棒』でイーストウッドが演じた名無しの男は、皮肉にも、彼の名を知らしめることになり……また、あのしかめ面が彼のトレードマークとして定着した。

左：クリエイティブなふたつの側面（その1）
──ヒロイズムの本質を探究した映画のひとつ『ハドソン川の奇跡』（2016）の撮影を静かに見守る映画監督のイーストウッド。

体に畏敬の念を持っているということだけでなく）イーストウッドが常に自分のやり方を通しつづけているという事実だ。柔和に、しかし、決然と。自分が何者なのかを心得ている。最も「ハリウッド」らしからぬハリウッドの象徴なのだ。戯言のような業界のゴシップからは距離をとり、また、テスト上映会にも一切参加しない。「リシーダの雑貨店員の意見がそんなに重要なら、そいつを雇ってこの映画を作らせればいい」[3]と凄んだことさ

えある。愚行を愚行と知りながら我慢して受け入れたりはしない。確かに、数回の結婚もあった、スキャンダラスな慰謝料が騒がれたゴシップもあった、裕福な生活を謳歌してもいる。しかし同時に、そこから距離をとって、ロサンジェルスの大騒ぎから遠く離れたカーメルで主に暮らしていることも確かなのだ。

　イーストウッドはハリウッドの良心であり、他の監督たちは彼を標準に事物を判断する。彼を見て、この業界がハート

と魂と背骨をまだ失っていないことを再確認する。カルトの英雄でありながらも、それ以上に幅広い多様性があり、一般大衆のファンベースを有するという意味では、彼の神話もまたティム・バートンやクエンティン・タランティーノやマーティン・スコセッシと同じ帯域幅の中にあると言えるだろう。そしてまた、典型的なハリウッドの微香漂う偉大な俳優のひとりでもある。名無しの男、ダーティハリー、『許されざる者』のウィリアム・マニー、『グラン・トリノ』のウォルト・コワルスキー……、彼は疑いの余地なく地球上で最も有名な人物のひとりだ。

　彼の演じる謎めいたカウボーイも、気難しい刑事も、刑事に限らず気難しい男たちも、わたしたちはずっと愛してきた。根暗で、疲れ果てていながらも、内省的なアメリカン・マッチョイズムの象徴たるキャラクターたちだ。世間で「クリント」と言えば、あまたのファンを有する大ヒット映画の数々を思い起こすだろう。しかし彼は、祖国や人生についてだけでなく、彼が興味を持ったありとあらゆる主題をたずさえて強い興味をそそる知的な映画を妥協なく作る映画作家でもある。「文化人」という言葉を人はよく乱発するが、「イーストウッド」、もしくは単に「クリント」はすでに人々の共有概念として形容詞のように使われている。タイムトラベル・アドベンチャー映画『バック・トゥ・ザ・フューチャー PART3』(1990)では、西部開拓時代にやってきたマー

ティ・マクフライが偽名としてクリント・イーストウッドを名乗る（ちなみに、この映画の作り手たちはあのギャグの使用許可を本人に求め、この大スターは困惑しながらも許可を出したという）。あの映画には西部劇の看板俳優という彼の地位がギャグとして使われているだけでなく、マーティが着るマント、そう、あの鉄板を仕込んだポンチョもまたそうで、もはやすべてがクリント風だ。

　俳優業と監督業を完全に切り離して考えることはほとんど不可能だ。そのふたつはまるで他花受粉のように密接に関係しあっている。それだけに、彼のキャリア後半の総合性を目の当たりにした人々は、彼のことを偉大なアメリカの芸術家だと考える。彼自身がそれを嫌がろうとも、世間の見解を覆すことはできない。彼はまた、自身の映画の映画音楽も作曲している。映画史研究家デヴィッド・トンプソンによれば、クリント・イーストウッドは「国の内外で、なんの条件も、皮肉をこめられることもなく、純粋に崇められ、尊敬されている、数少ないアメリカ人のひとり」[4]だ。彼の良き友でもあるスティーヴン・スピルバーグですら、イーストウッドほど商業的プレッシャーの拘束なしに自由に映画を作らせてもらえてはいない。それでもなお、いや、きっとだからこそ、彼はヒットに次ぐヒットを生み出せているのだろう。

　本書では、彼が俳優として参加した幅広い作品や、彼に影響をあたえた人々に

ついても関連事項として言及しているが、本書で主に掘り下げるのはイーストウッドの監督としてのアイデンティティだ。とはいえ、その核心はひとりの芸術家を探求することにある。そういう意味で彼以上に素晴らしい題材はおそらく存在しないだろう。イーストウッドがたどってきた人生の旅路に同行するように地図を描くことができれば、戦後のハリウッドやアメリカ国家全体の雰囲気の推移をまざまざと目撃することができるはずだ。イーストウッドは映画がアメリカをどう定義したのかを、もしくは、アメリカが映画をどう定義したのかを、身をもって見せてくれている。

　インタビューされているときの彼は、皮肉たっぷりで、地に足がついていて、注目を集めることに今なお当惑していて、温かい眼差しに満ちていて、作品を心理学的に分析されることを快く思わないながらも、自分ではもうすべて理解できており（「心理学的なたわごとを並べたてるとすれば、『許されざる者』はある意味わたしのキャリアを物語っている作品ということはできるだろうね」[5]）、その目は断固として過去でなく未来を見すえている。引退は単純にありえないことらしい。わたしとその話をしたときも、彼は少しだけ黙って、ここが（今いるカリフォルニアでなく）隠居先のロンドンだと想像してみながら、それでも「きっとパブでこの仕事をしてしまうんだろうね」[6]と答えた。冗談かと思ったが、彼は大真面目だった。イーストウッドは単なる有名人ではない。彼は生きるモニュメントなのだ。岩を切り出して作られ、長年ずっと風雨にさらされつづけたモニュメントなのだ。ライターのトム・ジュノーはイーストウッドについて「彼ほど先を急がない男はいない」[7]と書いている。「馬たちが怯えないよう、ときが来るまでゆっくりと時間をかける。それにもかかわらず、ギャロップの速度で映画を作ってみせる。目下40本もの映画を」。

上：クリエイティブなふたつの側面（その2）
——ミュージシャンとしてのイーストウッドは熱烈なジャズ
愛好家で、自宅にいるほとんどの時間をピアノの前で過ご
す。写真は彼の地元カーメル近郊で開催されたモンテレー・
ジャズ・フェスティバルで演奏中のイーストウッド。

華麗なる流れ者

初期（1930–1971）

は じまりは衝動だった。いつの日か自分で監督したいという想いは、ある日、衝動的に芽生えたものだ。蓋を開けてみれば、クリント・イーストウッドはどこにでもいるような映画監督ではなく、映画界で最も尊敬される存在のひとりとなり、アカデミー賞を2度受賞し、40本の映画を（テレビのエピソードやドキュメンタリーもふくめれば45本を）監督することになる。しかし当時の彼はただのクリント・イーストウッドでしかなかった。CBSネットワークの西部劇（その後の彼のキャリアに常についてまわることになるジャンル）ドラマシリーズ『ローハイド』（1959–65）の準レギュラー役として、どこにでもいるカウボーイ、ロディ・イェーツを演じる役者でしかなかった。

そのときロディは3000頭の牛に囲まれていた。土埃が舞い上がっていた。激しい音が響きわたっていた。彼の立っている位置からはそんなドラマティックな光景を見ることができた。このヴィジュアルは劇的で最高だと彼は思った。しかしこの作品は型通りに作られるテレビドラマなので、カメラマンは、まるで西部開拓時代にやってきた旅行客みたいに、距離をとった安全な位置からシーンを撮影していた。撮影と撮影の合間にイーストウッドは監督に言った、「なあ、あそこに行けばすごい画が撮れるのに、ずっとこんな遠くから撮っているなんて、とてももったいないよ」[1]。

あの業界には口やかましいルールがあり、また、時間や予算へのプレッシャーもあることから、リスクを嫌う傾向があり、それに抵抗しようとする者はほとんどいなかった。彼はそういう風潮の中で相手を説得するすべを少しずつ身に着けていた。「ついに彼らはわたしに譲歩したんだ」[2]と彼はストーリーテリング・モードに入りながら当時を振り返る。1台のカメラを与えられた彼は、演技の真っ最中に迫力ある映像を撮って戻ってきた。それ以来、彼は予告編の監督を任されたり、脚本へのアイデア（特にロディが登場する場面）を求められたりこそしたが、それ以上のことはなかった。彼は一俳優に過ぎなかったのだ。自分で物語を語れるだけの影響力と素材を得られるようになるまでには、まだ時間が必要だった。スーパースターのクリント・イーストウッドが、スーパースター監督クリント・イーストウッドになるのは、もう少し先のこ

右ページ：1959年、地図で地勢を確認するイーストウッド演じる『ローハイド』のカウボーイ、ロディ・イェーツ。この西部劇テレビシリーズによって、彼はこの業界への足がかりをつかんだだけでなく、西部劇ジャンルとの切っても切れない関係がもたらされた。

とだ。

しかし、実はそのはじまりは『ローハイド』よりもずっと前だったという説もある。ストーリーテリングの本能は彼が小さい頃にすでに身についていた。息子の今後の人生について考える余裕すらない、経済的に不安定な家族に生まれた彼は、その後、アメリカの象徴になるまでの人生の旅路をたどることになる。

クリントン・イーストウッド・ジュニアは1930年5月30日にサンフランシスコで生まれた。株市場が大暴落したときはまだ母ルースの胎内にいた。大恐慌時代が影を落とす中、妹のジーンと共に育てられた。人々は仕事を得ることもままならなかった。父親で息子と同じ名のクリントン・シニアは、オンボロのポンティアックに乗り、町から町を転々としながら職にありついていた。彼らの目の前には北カリフォルニアやワシントン州の景観が広がっていた。「渡り労働者だったわけではない。『怒りの葡萄』（1940）のような生活ではなかったよ」とイーストウッドは主張する。「かと言って、山の手暮らしだったわけでもないけれどね」[3]。30年代のアメリカは今とはまるで違っていた。厳しくて、骨が折れて、国家としてまだ成熟しておらず、時代も生活様式もワイアット・アープがいた西部開拓時代に近いものだった。

父親は債券セールスマンから製造会社の重役まで様々な仕事に就いているが、ロサンゼルスの沿道のガソリンスタン

上：1955年、次世代スター発掘を目的とするユニバーサルの若手俳優養成プログラムに申し込む際に使われたイーストウッドの宣材写真。このプログラムは古きハリウッドのスタジオ・システムの遺物と言えそうなものだった。

ドで車に給油する仕事も選り好みすることなくこなしていた。クリントン・シニアは骨太で実用的な思想を子どもたちに叩き込んだ。「人は向上しつづけなければならない」と彼は長男に言い聞かせた、「さもなければ腐るだけだ」[4]と。確かに、イーストウッドの人生を振り返ってみると、父親からのそういう影響を見て取ることができる。しかし、転校生というのはいつだって大変なものだ。常に「自分の力で生き延びるすべを見つけなければならないからね」[5]と彼は言う。役者の才能はそれによって磨かれたのだろうか？ 学校で周囲の人々を感心させる必要があったからだろうか？ 彼が今でもよく覚えているのは、ある国語教師のことだ。クラスで一幕劇を上演することになったとき、その教師は彼をキャスティングした。その理由は「クラスで唯一このイベントにまったく興味を持っていない生徒だったから」[6]だという。そういう不本意そうな態度はきみの個性だよ、と彼は言われた。そして、いざ舞台に立ってみると、ひらめきを感じた。

ひいき目に見ても平凡な成績の生徒だったが、音楽を聴く耳だけは優れていた。母親のルースから受け継いだ才能だ。母はずっと専業主婦だったが、一家がカリフォルニア州の中産階級が暮らすピーモントに落ち着いて10年ほど過ぎたところでIBMの事務職に就いた。家庭ではいつもジャズのレコードをかけ、家の中をメロディで満たしていた。母と同様

に、彼もまたその才能を幼いうちに開花させ、8歳のときからアンディおばあちゃん（そう呼んではいたが本当の間柄は曾祖母）のピアノを使い、耳コピした曲を真似ながらピアノを独学した。そのピアノは家族がどこへ引っ越すにも必ず一緒だった唯一の家具だ。大好きだったのはジャズとブルース、それからカントリーも少々。どれも後の彼の映画で重要な役割を果たすことになる。しかし、これらの音楽はそれよりもっと深い影響を彼にあたえていた。ジャズのおかげで、実験的であると同時にくつろぎのある情操が心に養われたのだ。

映画については、まだそこまで夢中だったわけではなかった。将来の可能性として考えるには、映画はあまりにも遠すぎる存在だったのかもしれない。他のだれもがそうだったように、当時の彼もハリウッドの名作映画が好きで、家族で映画館に出かけるのはご褒美だった。真っ先に思い出すのは1941年に父親と一緒に観た『ヨーク軍曹』のゲイリー・クーパーだ。イーストウッドはクーパーのことが大好きで「偉大なるミニマリスト」[7]と評している。ただし、当時の彼にとって一番のスターだったのはジェームズ・キャグニーだ。『ヤンキー・ドゥードゥル・ダンディ』（1942）のキャグニーを観たのは、『ヨーク軍曹』を観た翌年のことだ。おしゃべりで快活なキャグニーは、後のイーストウッドがかもし出す沈着な存在感とは正反対だ。そう考えると、彼は映

画監督の目でキャグニーを見ていたのかもしれない。お気に入りの映画はほかにもあったし（『深夜の告白』［1944］のようなノワール映画、『サリヴァンの旅』［1941］のような社会派コメディ）、悪友たちと共に映画館に忍び込み「ガムやポップコーンやこぼれたコーラまみれ」[8]の床をほふく前進しながら空いている座席を見つけて座っていたという武勇伝もある。

しかし彼の夢はプロ・ミュージシャンになることだった。高校を卒業する前から、ザ・オマール・クラブなど、地元オークランドにあるジャズを生で聴かせる飲食店で演奏していた。そもそものきっかけは、客として訪れたザ・オマール・クラブでピアノを弾きながらファッツ・ウォーラーを真似て遊んでいたのをたま

たま耳にしたオーナーが、彼に出番をあたえたことだった。ギャラの代わりにビールとピザが無料になったし、店にいた女の子たちはこのピアノ弾きに夢中になった。しかし彼は、自分にはディジー・ガレスピーやチャーリー・"バード"・パーカーのような高みに登ることはできないだろうと悟っていた。

いくつかの仕事に就いたが、これといった方向性はなかった。ボーイング・エアクラフト社の部品部門、鉄の鍛造会社、レントン海岸のライフガードの仕事もした。しばらく地元を離れてオレゴンで木こりの仕事をした時期もある。彼が「失われた数年間」[9]と呼ぶこの期間にごく普通の日常を体験したおかげで、芸術家気取りからは程遠い彼一流の本能が磨かれていった。

下左・右：イーストウッドに影響をあたえた、もしくは、少なくとも彼が大好きだった映画としては、ジョエル・マクリーとヴェロニカ・レイクを配して自らの存在意義を見出そうとする映画監督の姿を描いたプレストン・スタージェス監督のスクリューボール・コメディ作品『サリヴァンの旅』（1941）（左）や、ゲイリー・クーパーを配して戦禍のヒロイズムを描いたハワード・ホークス監督の『ヨーク軍曹』（1941）（右）がある。

イーストウッドの人格形成には、相容れないふたつの要素がある。労働によって形作られ、ジャズによって解放されたのだ。シアトル大学音楽専攻に申し込んだタイミングで朝鮮戦争がはじまり兵役の手紙が届いた。しかし彼はいつも幸運だ。カリフォルニア沿岸のフォート・オードに配属されたため、戦場を目にすることは一度もなかった。彼は新兵の水泳試験の管理にあたったほか、これは予言的と呼べそうだが、訓練映画の映写技師もつとめた。

人はよく、人生を変えた出来事、突然のひらめきを得た瞬間について話題にするが、彼の飛行機事故からの生還もそんな出来事に当てはまるだろう。イーストウッドは、シアトルにいる両親を訪ねた後、フォート・オードに戻るため軍機ダグラスADスカイレーダーに搭乗した。コックピットには一人乗りパイロットのシートしかなかったため、彼はレーダー・オペレーターが使用する尾翼の窮屈な区画のシートに座った。離陸後間もなく、彼はその区画のドアがきちんと閉じられていないことに気づき、間に合わせにケーブルを使ってドアを固定した。酸素が薄く気温も寒かったため意識を失いかけた。しかしそれは悪夢の序章に過ぎなかった。悪天候と酸素供給装置の不具合と通信装置の故障が重なったため、パイロットは修理のため引き返すことを決断したが、燃料が足りなくなってしまい、陸地から3〜4マイルの沖に不時着水した。不時

着水用の装備はなにも備わっていなかったので、彼とパイロットは岸に向かって自力で泳がなければならなかったが、潮流が彼らを北方向へ押しやった。日が暮れてあたりが暗くなったところで、ふたりは離れ離れになった。陸の家々から漏れる光を目標に泳ぐイーストウッドのそばには、光るクラゲの群れが浮遊していた。「まるでSFみたいな光景だったよ」[10]と彼は振り返る。これは幻影なのかもしれないとさえ思ったという。そしてついに、疲労困憊になりながらも、彼が愛してやまないカーメルからほど近いカリフォルニアの岩浜にたどりついた。死にかけたことで、彼はこの世に自分の小さな居場所があることを心から感謝するようになった。「幸運をつかんで生き残れたんだから、ベストをつくして生きよう」[11]と思った。ただし、その後の数年間は飛行機に乗るのが本当に嫌だったという。

兵役を終え、復員兵援護法の恩恵を得たイーストウッドは、より良い生活を求めてロサンジェルスに移り、ロサンジェルス・シティー・カレッジ経営管理学部に入学した。音楽の才と、より良い生活を求める意識が相まって、彼は同大学が運営する質の高い演劇コースの演技クラスも受講した。そのクラスはとても厳しく、演技メソッドとしてライバル関係にあるマイケル・チェーホフとコンスタンチン・スタニスラフスキーの両方を教えていた。イーストウッドはこのクラスを通して、メソッドだけでなく真実を見出

左：どんなに偉大な人物にもキャリア初期にはちょっとした黒歴史があるもので、イーストウッドもその例外ではない。彼は巨大蜘蛛を描いた寓話『世紀の怪物／タランチュラの襲撃』（1955）で飛行中隊長を演じている。また……（次ページキャプションへつづく）

すという発想についても学んだ。彼のキャリア後半における映画製作アプローチには、チェーホフによる研ぎ澄まされた直感をベースにしたものを見ることができる。それはキャグニーが言った「足を地に据えて真実をしゃべれ」[12]という言葉にも通じるものだ。

　いくつかのフライングや片手間の仕事を経て、またもや幸運が訪れ、ユニバーサルの若手俳優育成プログラム・オーディションを受けた彼を、ひとりの撮影監督が目に留めて合格にした。これにより彼は大映画会社のやり方を生まれて初めて味わうことになった。もしくは、少なくともその一部を垣間見ることとなった。長身、日々の鍛錬による引き締まった身体（それは老年になっても保持されることになる）、端正な顔立ち、熱のこもった視線を向ける青い瞳。彼を見た指導者たちは、ゲイリー・クーパーやジョエル・マクリーのようなタイプだと思ったことだろう。古いスタジオ・システムの遺物ともいうべきこの育成プログラムは、ユニバーサルが有望な若手俳優と専属契約を交わし、基本給だけで好きなように使えるようにするためのものだった。イーストウッドはその1年半を役者修業に打ち込み、演技クラスの合間にはダンスや台詞回しや乗馬のレッスンもこなした。「なんでも恐れずにトライしたよ」[13]と彼は言う。後に、デビッド・ジャンセン、ジョン・サクソン、マミー・ヴァン・ドーレンといった名だたる俳優たちもこの育成プログラムに参加している。しかし彼

らの努力が実を結ぶことはなかった。

　ハリウッド自体がスランプを迎えていたのだ。50年代前半のこの時期、テレビの存在が国中を席巻しはじめていた。ほどなくしてブラウン管の光がどの家庭の居間も照らすようになった。大映画会社の栄光の日々が終焉を迎えようとしていた。映画産業は下降線をたどった。ユニバーサルの育成プログラムを終えても仕事をもらえる保証はなかった。彼らのような俳優は断続的にしか役柄にありつけなかった。彼がB級映画で演じた端役は後のキャリアに汚点としてつきまとうことになる。『世紀の怪物／タランチュラの襲撃』（1955）や『半魚人の逆襲』

（1955）といった映画で演じながら、イーストウッドは嫌気がさしていたのだろうか？　もちろんそうだ。当時のオーディション・プロセスが大嫌いだった彼は、後に監督になってからも俳優たちをそういう状況に置くことを避けるようにしている。端役についたロック・ハドソン主演の『ネバー・セイ・グッドバイ』（1956）では4時間のみの労働時間だった。

　もう俳優を辞めようと思いはじめていたちょうどそのころ、彼は友人に会うためCBSテレビを訪れた。局のカフェテリアでコーヒーを飲んでいると、たまたま見止めた局の重役が、彼のところにやってきて、『ローハイド』というタイトル

右：……トータルで4時間しか撮影現場で過ごさなかったロック・ハドソン主演のロマンス映画『ネバー・セイ・グッドバイ』（1956）、笑いをさそう研究員を演じた『半魚人の逆襲』（1955）（『大アマゾンの半魚人』［1954］の3D続編）ではクレジットなしの端役についた。

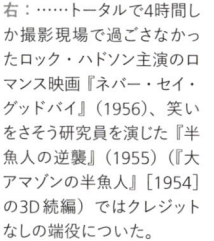

| 1956 | Never Say Goodbye Actor (uncredited) | 1956 | Highway Patrol (TV Series) Actor (1 episode) | 1956 | Star in the Dust Actor (uncredited) |

の新しい西部劇シリーズを作る予定なのだが、テストを受けてみないかと言われた。「あれはまぐれ当たりだったね」[14]と彼は認めている。このシリーズは何年にもわたってつづいた。まだ生まれたばかりのテレビの世界で、西部劇は大人気だった。テレビの西部劇を牛耳っていたのは『ガンスモーク』（1955–75）と『ボナンザ』（1959–73）だったが、牛を運ぶカウボーイの旅路を描いた『ローハイド』もまた金曜の夜に視聴者を釘付けにした。1959年から65年までイーストウッドが演じたロディ・イェーツは、彼が演じた役柄の中で最も真面目なキャラクターだ。エリック・フレミング演じる父親的存在のボスに管理されながら牛の群れを追い立てる生活を永遠につづける愚かで若い（実のところ彼は30歳だったが）男だ。「荒野の愚か者、ロディ・イェーツ」[15]とイーストウッドは後にこのキャラクターを呼ぶことになる。この役を得ると、1日12時間、週6日という過酷な撮影の日々が待っていた。自分が監督をしたいと思っていることに気づかされたのもこの作品の撮影現場だ。牛の群れの中に、キャンプファイアーの傍に、毎週繰り広げられるおとなしいソープオペラ的ドラマに身を置いていた彼は、それがいかに平凡であるかをひしひしと感じていた。「テレビの仕事をしながら、自分が監督だったらそうはしないだろうと思うことをたくさん目にしたよ」[16]と彼は言う。とは言え、色々な意味で、撮影を手早くすませることについて学ぶことができたのは確かだ。

すでに30代のイーストウッドは、知名度もあったが、テレビ界という名のコーナーに追い込まれていた。偉大なふたりの人物へとつづくドアがゆっくりと開かれたのは、ちょうどそんな時期のことだ。かいつまんで言うなら、あるふたりの傑出した映画監督と出会ったことにより、彼は将来有望な芸術家に変貌していくことになる。このふたりの映画監督がイーストウッド神話に深くかかわっているというわけだ。そもそものはじまりは、その内のひとりの監督の代理人をつとめるウィリアム・モリス・エージェンシー・ローマ支店から寄せられた問い合わせだ。ある国際プロデューサーが「マグニフィセント・ストレンジャー」という仮題でセルジオ・レオーネなる人物を監督に据えて企画中の、低予算西部劇映画に出演するアメリカ人の主演俳優を探しているというのだ。予算に限りがあるため、彼らはギャラの安いアメリカ人俳優を熱望していた。その当時（1963〜64年）、イタリア映画への出演オファーは必ずしも食指が動くものではなかった。狡猾なプロデューサーが多く、製作現場も貧弱で、報酬の支払いも信頼できないという噂が広まっていたからだ。しかも製作された映画のタイトルが人々の耳に届くこともほとんどなかった。良い面なんてないではないか、とイーストウッドも考えたに違いない。丁重にお断りしてハリウッド

上：『ローハイド』はテレヴィジョンという新進メディアの特大ヒットシリーズとなり、イーストウッドは彼が必要としていたブレイクを果たした。写真はイーストウッド（中央）が主演のエリック・フレミング（左）と共に同シリーズが受賞した賞を受け取ったところ。タキシードを着たイーストウッドがトロフィーを持つ姿は、その後も幾度となく見られることになる。

でキャリア追求をつづけるべきだと思うのが普通だ。

　断わる道を選ばなかったのは、時代の流れだったのか、運命だったのか、それとも直観だったのだろうか。とにかく脚本を読んでほしい、という説得に彼は応じた。ぎこちない英語に翻訳されたお粗末な脚本には、イタリア人の脚本家が西部のスラングはこんなものだろうと適当に想像して書いたセリフが並んでいた。「……読みはじめた瞬間」と彼は振り返る、「あることに気づいたんだ。今まで演じてきたのとは違うタイプのキャラクターを創れるチャンスだということにね」[17]。

右：1959年、MGMスタジオの『ローハイド』のセットでゲスト出演のヴィクター・マクラグレン（右）と殴り合いシーンをリハーサルするイーストウッド。指導しているのはマクラグレンの息子で監督のアンドリュー（右）。

1956　The First Traveling Saleslady
Actor

1956　Away All Boats
Actor (uncredited)

上：1966年、フレミングがすでに去った『ローハイド』ファイナルシーズンでは、イーストウッド演じるロディ・イェーツが一行のボスに昇進している。写真ではイーストウッド演じるロディがレギュラー出演のスティーヴ・レーンズ（左）とレイモンド・セント・ジャッカス（右）に指示を出している。

| 1956 | **Death Valley Days** (TV Series)
Actor (1 episode) | 1956 | **West Point** (TV Series)
Actor (1 episode) |

『ローハイド』の環境を窮屈に感じはじめていた彼にとって、これは長年待ち望んでいた本気の長編映画オファーだ。すっかり浸透してしまったロディ・イェーツのイメージを覆すチャンスだと彼は思った。また、読み進めてみると、すぐに、この脚本が黒澤明の『用心棒』（1961）を無断で原作にしていることに気づいた。『用心棒』は彼が崇拝してやまない映画だ。ギャラは少なかったが、役者としてちょうどそういう状況にいた彼にとって、このオファーは無視できないものだった。しかも彼はヨーロッパに行ったことが一度もなかった。「だから「やらない理由はない」と思ったんだ」[18]と彼は言う。

いかにも『用心棒』的なこのプロットは、イーストウッド演じるよそ者のガンマンがラバに乗って人里離れたサン・ミゲルという街にやってきて、街でライバル関係にあるふたつのならず者勢力同士を争うように仕向けるというもの。黄金、武器、さまざまな裏切り、そして無闇な暴力がふんだんに描かれている。

ローマに生まれ、映画界で育ち（父親は映画監督、母親は主演女優だった）、多弁で、センスが良くて、堂々としたレオーネにとっては、残念なことに、ヘンリー・フォンダやジェームズ・コバーンのみならず、チャールズ・ブロンソンさえも高額過ぎて使うことができなかった。今回の選択はレオーネのファンたちをも驚かせることになる。テレビのスターを使うという提案を聞いて愕然としたレオーネは、プロデューサーから見せられた『ローハイド』の1エピソードを最後まで見終わらない内に部屋を出て行ってしまった。ただし、端正な顔の34歳の俳優がほとんど物憂げな態度で「画面に入って来ると、楽々とすべてのシーンをかっさらった」[19]ことは見逃していなかった。

そんなわけで、イーストウッドは『ローハイド』の撮影が夏季休暇に入るとアメリカからスペインに飛んだ。現場にはイタリアとドイツとスペインの共同製作による低予算で再現したテキサスとメキシコの国境のセットがあった。このセットで撮影されることになるのが、後に『荒野の用心棒』（1964）というタイトルで三部作の1本目となる名作だ。見事なまでに型破りでありながらも一定レベルのリアルさを保った作品として西部劇の伝説となる映画だ。西部劇というジャンルを「残酷で禁欲的なおとぎ話」[20]から解き放とうとしていた改革者のレオーネは「西部は複雑ではない男たちと暴力で成り立っている、そういう屈強さと単純さを描きたかった」[21]と主張している。この作品は間違いなく『ローハイド』とはかけ離れていた。

契約内容の一部として、イーストウッドは製作に口を出すことが許された。『荒野の用心棒』は、脚本の時点では、最終的に完成した映画と比べて、彼によると、「ずっと説明的」[22]な内容で、彼が演じる放浪のガンマンも口数が多かった。イー

上：『続・夕陽のガンマン』（1966）で象徴的なポーズを決めるイーストウッド演じる《名無しの男》（実際はブロンディ）……チェルート（両切り葉巻）を噛みながら絵になるポーズをとる彼は浮世に辟易したシニカルな表情を浮かべている。

1957 Escapade in Japan Actor (uncredited)	**1958** Navy Log (TV Series) Actor (1 episode)	**1958** Ambush at Cimarron Pass Actor

右：イーストウッドが自身初となるマカロニウエスタン映画『荒野の用心棒』（1964）の出演オファーを受けた理由のひとつは、この作品が、非公式ながらも、明らかに彼が崇拝する映画（三船敏郎［右］主演、黒澤明監督の名作時代劇映画『用心棒』［1961］）のリメイクだったからだ。

ストウッドはそれぞれのシーンを撮影する直前に脚本を手直しした。そのほとんどが引き算で、なにかを加えることはほぼなかった。セリフをすべて一掃して、睨む表情だけにした場面もある。10ページ分のセリフが一言に切り詰められた場面もある。「ストーリー自体は素晴らしいが、この男はもっと謎めいていなければだめだと思ったんだ。わたしは迷っているレオーネに何度も《観客に考えさせながら見せるのが本物のA級映画、すべ

てを説明してしまうのがB級映画だ》と言ったよ」[23]。このストーリーであれば観客の方から喜んで近づいてくるだろうと彼は確信していた。

このキャラクターの不朽の風貌や小道具にも彼は一枚かんでいる。意識的に少し老けて見せるために蓄えた薄めの顎髭、ポンチョ、羊皮のウェストコート、チェルート（個人的には大嫌いなこの葉巻を彼はビバリーヒルズの葉巻店で見つけた）、そして『ローハイド』で履いていたのと同じスエードのブーツ。存在感をあたえられたこのキャラクターは、埃の舞う風を睨みつけ、銃を抜くのは早業だが、口を開けばゆっくりと話す。過去も未来も一切描かれない。金銭以外にこれといった動機はなく、遠大な正義感もほ

「……読みはじめた瞬間、あることに気づいたんだ。
今まで演じてきたのとは違うタイプの
キャラクターを創れるチャンスだということにね」
クリント・イーストウッド

1958　**Hell Bent for Glory**
Actor

1959　**Maverick** (TV Series)
Actor (1 episode)

とんど持ち合わせていない。彼はしかめ面の幽霊であり、物質主義の神話であり、野蛮な復讐者であり、古風なマッチョイズムを皮肉的に再定義した存在である。あのロディ・イェーツが、「名無しの男」（実はこの呼び名はマーケティング用のギミックで、イーストウッドが演じた役柄には三部作それぞれにジョー、モンコ、ブロンディという呼び名がある）として知られるニヒルだが魅力にあふれる賞金稼ぎへと変貌した。

　それでもなおこの映画からレオーネらしさが減じられることは一切なかった。レオーネはアメリカ映画を、特に西部劇というジャンルを、ほとんど「宗教」[24]のように崇拝する映画作家だ。彼は、西部劇にたいする歪んだ敬愛を駆使して、西部劇の遊び心と自己認識を再定義しながら、常に壮大さを失うことなく、このジャンルに絢爛たるオペラ的アイロニーを吹き込んでみせた。露骨に吹き替えられたセリフは、まるで別の次元から発せられた声のように感じられるが、エンニオ・モリコーネの鞭打つ音楽は、この映画の景観と同じくらいに腰が据わっている。「あのイタリア人のやり方を見て、数ドルの予算で組んだ景色を、スクリーン上では10倍の予算で作ったかのように見せるすべも学んだのさ」[25]とイーストウッドは言う。

　撮影はけっして容易ではなかった。注文の多いレオーネだが、英語は「グッバイ」以外一言も知らず、イーストウッド

もイタリア語は「アッリヴェデルチ（さようなら）」以外なにも知らなかった。ジェームズ・キャグニーを思わせる樽型体型のこのイタリア人監督は、身振り手振りをふんだんに使ったり、役者にやってほしいことを自らやって見せたりしながら演出した。そんな彼には子どもっぽい楽しさがあった。「わたしはセルジオから影響を受け、彼もわたしから影響を受けていたんだ」[26]とイーストウッドは

上：映画言語で意思疎通を図る──『荒野の用心棒』でイーストウッドを監督するマエストロ・セルジオ・レオーネ。監督は英語をまったく話せず、主演俳優はイタリア語をまったく話せなかった。

振り返っている。それでも彼は見ず知らずの人々に囲まれて孤独を感じていた。一匹狼を演じる一匹狼だ。彼以外の俳優の演技はどれも西部劇を誇張したオペラのようになってゆく中、彼だけは逆方向に進み、顔をしかめ、例の葉巻を噛み、わずかに残したセリフを乾ききった口調で発した。あの伝説のミニマリズム的な演技は、そんな風にして、スペインの気だるい太陽の下で出来上がっていったのだ。レオーネはイーストウッドのクロースアップを大いに気に入った。スペインの砂丘とおなじくらい起伏に富んだ素晴らしい顔のクロースアップ。イーストウッドの顔立ちを伝説に押し上げたのはレオーネだ。

ヨーロッパ各国でセンセーションを引き起こした『荒野の用心棒』は、『夕陽のガンマン』（1965）そして『続・夕陽のガンマン』（1966）へと（予算も規模もプロットも）拡大していった。イーストウッド演じるとても似通ったキャラクター（同一人物なのかどうかは観客の判断に任されている）が賞金首を追う。緩めに交錯し合うこの3本の西部劇は、公開されるごとに人気も収益も増加しつづけた。1966年の『続・夕陽のガンマン』では、製作費130万ドルのうちの25万ドルと、フェラーリ1台と、収益の10パーセントの取り分をイーストウッドは要求している。現実を見定める頭の回転も速かったようだ。

ヨーロッパで大ヒットした後、フィルターを通してアメリカにたどりつくまでには、少し時間がかかったが、ようやく1967年と68年にユナイテッド・アーティスツから三部作として連続公開された。アメリカの映画ファンもまた、この熱にうなされながら見る乾いた夢のような三部作にヨーロッパと同じくらい熱狂した。これらイタリア発のマカロニウエスタン（このサブジャンル名が広く使われはじめたのもこのころからだ）がイーストウッドをスターにしたと言ってしまうのは簡単だが、その程度の言い回しでは、これらの映画が（スター俳優として、そして映画監督としての）彼にあたえた計り知れない影響を語りつくすことはできない。レオーネによるこの三部作は、イーストウッドという人物を定義したのだ。彼が作るすべての西部劇映画の景色からも、『ダーティハリー』のサンフランシスコの街角からも、さらには『グラン・トリノ』のウォルト・コワルスキーの家のベランダからも、こちらを睨んでいるのはいつもあの名無しの男なのだから。

そんなイーストウッドは、ついにレオーネに「アッリヴェデルチ」と告げ、（これはとても残念なことだが）レオーネの名作『ウエスタン（別邦題：ワンス・アポン・ア・タイム・イン・ザ・ウェスト）』（1968）への出演オファーを断った。いかにも彼らしいシニカルな銃使いの役は、なんとも皮肉なことに、ブロンソンが演じることになった。「あのときはおそらく、身勝手にも、自分は俳優なのだからもっ

と役作りを必要とする役柄を演じたいと思ったんだろうね」[27]というのがイーストウッドの言い訳だ。そんな彼を待っていたのは、アメリカでのスターダム、そしてふたり目の師となる重要な人物だった。

ユニバーサルと契約を交わしたイーストウッドは、慣れぬ土地で奮闘する男を描いたサスペンス映画『マンハッタン無宿』(1968)に身を投じた。アリゾナの保安官が、ある凶悪犯の身柄を連れ戻して裁判にかけるためニューヨークにやってくる。捜査権を失った彼は、この大都市で田舎仕込みの狡猾さを駆使しながら、逃げられてしまった凶悪犯を追わなければならなくなる。これは西部劇と刑事モノを掛け合わせた、ほとんど折衷的な映画ジャンルだ。しかし、アレックス・シーガルが監督を途中降板したため、イーストウッドの西部劇的なシニシズムにチャーミングさをもたらせ、アクションを演出し、しかも1カ月以内に作品を仕上げられる監督が必要となった。シカゴ生まれのドン・シーゲルは、ワーナー作品の数々(『カサブランカ』[1942]や『ヤンキー・ドゥードゥル・ダンディ』も含まれる)でモンタージュ監修の仕事を経験した後、スタジオ・システムの呪縛から解き放たれて映画監督に転身した人物で、『ボディ・スナッチャー／恐怖の街』(1956)や『第十一号監房の暴動』(1954)といったジャンル映画にエッジの効いたリアリ

ズムをもたらすことで監督としての実績を積んでいた。イーストウッドにとってシーゲルにはもうひとつの魅力があった。彼は頼れる現実主義で仕事を進める監督だったのだ。この監督は自分の求めているものを把握していたので、同じシーンを何テイクも撮影することはなかった。「ドンは《最初から2度目があると思いながら撮影したことなど一度もないよ。いつも初回できっちり撮ることを目指しているんだ》と言っていたよ」[28]とイーストウッドは言う。ふたりはカーメルで落ち合い、数杯の酒を共にしながら、シーゲルの記憶では「女性とか、ゴルフとか、また女性とか、良い天気とか、いろんなことを話した」[29]。そのミーティングだけで十分だった。

「わたしは他のだれよりも彼から監督の仕事について多くを学んだと思っている」とイーストウッドは言う、「全力で献身することを彼は教えてくれたんだ」[30]。そしてまた、常に前進する勢いを保ちつづけることも学んだ。このふたりの佇まいは、まるでコメディデュオのようだった……ゆっくりと落ち着いて話す、背が高くてスレンダーなスターと、濃い口ひげをたくわえ、ツイードのジャケットにクラバットを必ず身に着け、頭の回転が速く、ウィットに富んだ辛辣な言葉を発する、豆タンクのような監督。シーゲルは他者の意見を喜んで聞き入れるタイプの監督で、彼らは手を取り合いながら5本の映画を共に作っている。シーゲルは

上：『夕陽のガンマン』（1965）——イーストウッド演じる放浪の賞金稼ぎのポンチョにジーンズに『ローハイド』と同じブーツという姿は、このキャラクターのトレードマークとなるが、そのほとんどが主演スターが考えたものだ。自分が出したアイデアではあるが、このイメージに絶えずつきまとうことになる葉巻を彼は心の底から嫌っていた。

1964 **A Fistful of Dollars**
Actor

1959-1965 **Rawhide** (TV Series)
Actor (217 episodes)

また、イーストウッドに演出上の助言を過剰にするべきでないことも心得ていた。辛辣な言葉で議論することもあれば、ときにはカッとなることもあったが、シーゲルが『マンハッタン無宿』、『真昼の死闘』、『白い肌の異常な夜』(1971)でイーストウッドの俳優としての能力を後押しし、彼のキャリアを次なる段階に引き上げたことは間違いない。『ダーティハリー』(1971)でイーストウッドを監督したのもシーゲルだ。彼の冷静かつ的確な眼識について、映画史家デヴィッド・トンプソンは「残虐さのないアクション、落胆のない裏切り、グラマーさのない恋愛を遵守している」[31]と評している。このふたりによる最後のコラボレーションと

なった映画は彼らの最高傑作であるという声もある。『アルカトラズからの脱出』(1979)は、見事に海へ脱獄を果たし、けっして捕まらなかったフランク・リー・モリス（イーストウッド）の実話をミニマリズム的な語り口で描いた脱獄映画だ。「ふたりのコラボもこの段階になると」と語るのはレオーネのドル箱三部作と同じくらいにこの映画を崇拝するクエンティン・タランティーノだ、「もはや、ほとんど同じ考えを持って創作上の意思決定の多くを一緒にくだしていたんだ」[32]。モリスの脱獄計画には計算された創意工夫と現実性があるが、それと同じものを監督としてのシーゲルにも、そしてまたイーストウッドにも感じることができる。

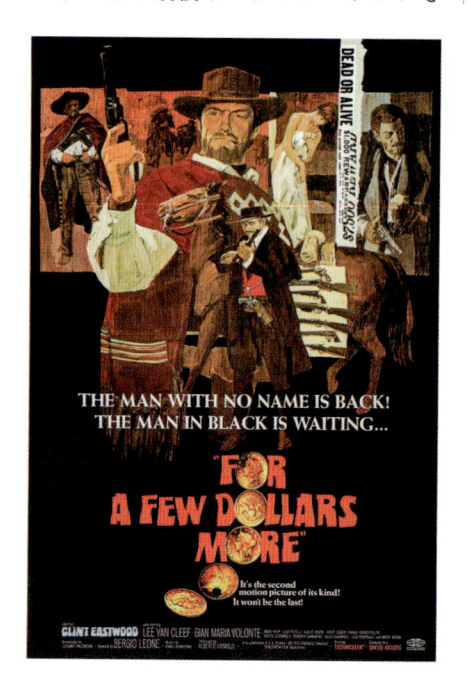

左：素材に自信を持てなかったユナイテッド・アーティスツは「ドル箱三部作」の全米公開を1967年まで見送った。そのころヨーロッパではこの皮肉な西部的がセンセーションを巻き起こしていた。この三部作は西部劇ジャンルを見事に脱構築してみせたが、西部劇の母国アメリカでも瞬く間に大ヒットとなり、イーストウッドはスターダムを駆け上った。

1965　For a Few Dollars More
Actor

1966　The Good, the Bad and the Ugly
Actor

右：脱構築したものを再脱構築する──国産の西部劇映画『真昼の死闘』（1970）の撮影現場にて、師で監督のドン・シーゲルと話すイーストウッド。その風貌は人々から喝采を浴びたあのマカロニウエスタンのアンチヒーローと似た様相を意図的に保ったものだ。

イーストウッドの映画監督としての台頭を語る章に移る前にもうひとつだけ。本書では彼のふたつのキャリアを明確に区別しておくことが必要だと思う。その線引きはイーストウッド本人から見ればあまり納得のいかないものだろう。というのも、彼は成功の理由を大局的に分析されることをあまり好まないからだ。しかし本書はそういうことをするために書

かれた本だ。そこで本書では「クリント」と「イーストウッド」というふたつの異なる側面を区別させてもらうことにする。「クリント」とは特定のジャンルで有名な人気スターのこと……人々の会話に頻繁に出てくる『ダーティハリー』や『ザ・シークレット・サービス』（1993）のクールで不愛想で冷酷な目つきをしたあの男だ。「イーストウッド」とは思慮深いストー

左：イーストウッドがはじめて大映画会社の映画に主演した『マンハッタン無宿』（1968）は、西部劇の展開と現代の刑事モノのサスペンスが巧妙にミックスされた作品だ。ニューヨークにやってきたアリゾナの保安官クーガンは凶悪犯を捕えるため古風な捜査手段を駆使する。

下：『アルカトラズからの脱出』（1979）を撮影中のイーストウッドとシーゲル監督。そのほとんどがロケ地で撮影されたこの傑出した脱獄ドラマ映画は、イーストウッドがこの素晴らしき創作相手と一緒に作る最後の映画となった。

リーテラーのこと……語られる物語の背後に気配を消して隠れつづけることにこだわるアメリカ人の芸術家だ。イーストウッドはこれまでに『ガントレット』、『ダーティハリー4』、『ルーキー』など、商業的な《クリント映画》を何本か撮っている。その一方で、イーストウッドが創り上げた偉大な名作（『アウトロー』、『許されざる者』、『ミリオンダラー・ベイビー』）の数々では、彼自身知らず知らずのうちに《クリントの伝説》を探求していた。

1968 Coogan's Bluff
Actor/ Executive Producer (uncredited)

1968 Where Eagles Dare
Actor

1969 Paint Your Wagon
Actor

上：監督業への疼き。シーゲル監督の挑発的な南部ゴシック映画『白い肌の異常な夜』（1971）の撮影現場で画角をチェックするイーストウッド。彼が大胆な脚本に惹かれていたことがよくわかる。

映画監督としての台頭

『恐怖のメロディ』(1971)、『ダーティハリー』(1シーンのみ、1971)、
『荒野のストレンジャー』(1973)、『愛のそよ風』(1973)、『アイガー・サンクション』(1975)

70年代が到来したころ、クリント・イーストウッドは、アメリカで最もビッグなスターへの道を歩んでいた。『ペンチャー・ワゴン』(1969)のような奇天烈な作品さえもが、彼がテレビの脇役からだれもが知る映画スターになったことを示すバロメータだ。彼自身は、ただ優れたストーリーを探し当てることに専心していただけだと言っているが、マカロニウエスタンの遅咲きの成功で築かれた基盤は、『マンハッタン無宿』、『荒鷲の要塞』(1967)、『戦略大作戦』(1970)、『真昼の死闘』といった作品でさらに確固たるものになった。そして『ダーティハリー』の出現も目前まで迫っていた。

俺を使う気がないのならそれでいいさ。彼はそういう態度で臨んでいるように見えた。だれかに取り入ろうとすることは一切しなかった。「クリント」というブランドはただただ男らしさの理想像を映し出していた。謎めいた威厳と冷徹な非道徳性を混ぜ合わせて鍛え上げたその合金は、とらえどころがないと同時に魅力的でもあった。しかも彼はそれを意図的にやっていたのだ。「演技の教科書では、あのスタニスラフスキー・システムでさえ、やりすぎないのがベストな場合もあ

ると論じている」と彼は言う。「過度に舌を回転させるよりも、逆に言葉を抑えることで、より多くを語ることができる場合があるのさ」[1]。

映画ファンは彼のミニマリスト的な力強さに説得力を感じた。ダスティン・ホフマンやアル・パチーノやジャック・ニコルソンといったメソッド演技を真髄とする役者たちとは対極的な立場だ。よく引き合いに出されるゲイリー・クーパーやクラーク・ゲイブルやジョン・ウェインといったかつてのストイックな模範像と比べても、彼はずっと超然としている。氷のような青い瞳が放つ輝きは、ポール・ニューマンやロバート・レッドフォードのそれよりも脅迫的だ。強面だったことは間違いない。しかしそこにはとてもドライなユーモアも含んでいた。この皮肉的なオーラが《ここで描かれていることをあまりマジにとるなよ》と観客に教えてくれる。彼自身もそれをマジにとって

右ページ：初監督作『恐怖のメロディ』(1971)の撮影現場でくつろいでいるように見えるイーストウッド。この作品ですでに、この後50年以上にわたって彼が監督することになるすべての映画のトーン（リラックスしていて気取りがないが、モチベーションが高い）が確立されている。

「やりすぎないのがベストな場合もある……
過度に舌を回転させるよりも、言葉を抑えることで、
より多くを語ることができる場合があるのさ……」
クリント・イーストウッド

はいなかった。これが彼（俳優としても監督としても）の秘訣だ。彼の人間味はそこからきている。彼が見つめているのは、ありのままの世の中なのだ。

　名声は彼にとって重荷だった。世界的なスターダムにのし上がっても徹底的にプライバシーを守っている。ハリウッドから距離をおき、カリフォルニア州沿岸の街カーメル・バイ・ザ・シーに居を構えた。何年も前にフォート・オードで陸軍基礎訓練をしていた際にチラリと目にした天国のような土地だ。その当時、いつの日かここに住むぞ、と彼は心に決めていた。念願の天国を手に入れた彼にとって、ヒット映画を作ることは新たな目的を手に入れるための手段になった。その新たな目的とは、自由創作、自分自身を表現する機会だ。それまで目にしてきた大映画会社の作品につきものの無駄やくだらない大騒ぎがなくても物語は語れるはずだと本能的に理解していた彼は、それをリアリズムと呼び、自身の演技にも演出にも製作にもそのリアリズムを適用させたのだ。

　1967年、彼はマルパソ・プロダクションズを設立した。社名（皮肉にもこのスペイン語の意味は「悪い足元」）の由来はカーメルに所有する彼の土地に流れる小川の名にちなんだもので、当初の創立目的は、税金対策と同時に、自分が主演しながら脚本とキャスティングにも口出しできる作品を育みたいというシンプル

上：『恐怖のメロディ』はカーメルで撮影された。ユニバーサルはついに、スター俳優の野心をなだめる餌として、ささやかな製作費のサスペンス映画をイーストウッドに監督させることにした。まさかこれがハリウッド史上屈指の称賛と成功を手にする監督の船出になろうとはユニバーサルには知る由もなかった。

なものだった。この会社の設立によって、彼は運命を自分でコントロールできる方向に大きく前進した。彼が作った『奴らを高く吊るせ！』（1968）以降の全作品をマルパソ・プロダクションズが手がけている。

イーストウッドは、1967年に『荒鷲の要塞』に出演するよりも前から、モデル兼ファッション・イラストレーターから脚本家に転身したジョー・ヘイムズが書いた『恐怖のメロディ』の60ページの原作草稿に興味をそそられていた。猟奇的なファンに苦しめられるローカル・ラジオ局のDJを描いたこのサスペンス企画について、マルパソ社は数千ドルでヘイムズとオプション契約を結び、ヘイムズもイーストウッドの準備が整うのを待ってぜひ彼にやってほしいと思っていたが、ついにオプション契約期間が失効してしまい、ユニバーサルからもっと高額なオファーが届くと、さすがにそれを断ることはできなかった。

しかし、幸運なことに、1969年になるとイーストウッドが（マルパソ社を介して）今後の様々な企画も視野に入れてユニバーサルと契約を結ぶことになった。それは将来的に自分で監督できる機会もあり得る一連の映画作品を見据えての契約だった。ほどなくすると実際にその機会が訪れた。イーストウッドはユニバーサルが眠らせていた「このちょっとした財産」[2]を所望したのだ。彼が好むのはいつだって「ちょっとした」映画だ。身の丈を超

えた企画には手を出さない。エゴに邪魔されてしまうことを嫌っているからだ。

原作草稿をもとにフルの脚本が何度か書かれたが、どれもゴーサインを出すにはほど遠い出来だったため、イーストウッドはヘイムズとディーン・リーズナーと共に、彼が個人的に興味を持っている事物を組み込みながら主役のキャラクター作りに取り組んだ。そしてようやく彼にも納得いくデイヴ・ガーヴァーというキャラクターが生まれた。イーストウッドが大好きなジャズを専門に流す小さなラジオ局の番組をガーヴァーは担当している。その番組に毎夜エロル・ガーナーの「ミスティ」を電話リクエストしてくるハスキーな声の女性がいて、ガーヴァーはいつもそのリクエストに応えている。間もなくすると、その声の主は、彼が常連として通っている酒場を割り出し、そこにやってくる。少しそわそわしたところがあるが魅力的な女性エヴリン・ドレーパー（ジェシカ・ウォルター）だ。一夜を共にしたことが引き金となり、デイヴの拒絶をけっして受けつけようとしない錯乱した彼女の暴力的なストーカー行為がエスカレートしてゆく。

控えめに論じたとしても『恐怖のメロディ』は重大な作品だ。ヒッチコック的な雰囲気が漂う（ただし彼は『サイコ』［1960］と比べられることを嫌っている）この質の高いサスペンスの小品映画から、イーストウッドの監督としての旅路がはじまったのだから。

監督業への熱意は、とにかく自分のやり方で物語を語りたいという想いからくるものだった。これまでにも、せっかくの素晴らしい脚本が、監督の浅はかな選択だけでなく、大映画会社による介入のせいで台無しになってしまったのを嫌というほど見てきた。商業主義に走ることで視野が狭くなってしまうからだ。だからこそ彼は自分で決断できる環境を求めていた。

当時のハリウッドのヒエラルキーにおいて、一俳優が監督に昇格することはまだ特殊なケースだった（スター女優に至っては監督したいと思うだけでスキャンダルになるほどの時代だ）。ジョン・ウェインは『アラモ』（1960）と『グリーン・ベレー』（1968）で2度転身を試みたがその成果は思わしくなかった。ローレンス・オリヴィエの場合は、むしろ舞台演出家の延長線上にあるものとしての監督業だ。チャールズ・ロートンが監督を試みた『狩人の夜』（1955）は素晴らしい出来の映画だったが、興行的には散々だったため、その後二度とやろうとはしなかった。ポール・ニューマンは5回だけ、マーロン・ブランドは1回だけ、ジャック・ニコルソンは50年のキャリアで3回だけ、エネルギーを振り絞って映画監督をつとめた。イーストウッドに匹敵するキャリアを積んだ人物といえば、ウォーレン・ベイティとロバート・レッドフォードぐらいのものだろうか。ただし、このふた

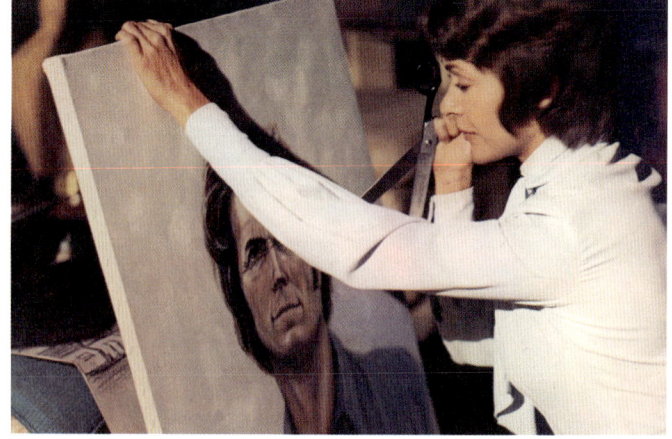

左・上：時代を先取りした映画——『恐怖のメロディ』が観客の心に深く響くとすれば、それはディスクジョッキーのデイヴ・ガーヴァー（イーストウッド）が彼自身の欠点のせいで被害にあうからだ。すべてのきっかけは傷ついて不安定な心を持つジェシカ・ウォルター演じるエヴリン・ドレーパーとの一夜限りの遊びだった。

りがひとつの企画を何年もかけて思い悩みながら進めるタイプなのにたいして、イーストウッドはまるで馬の背にまたがり街から次の街へと渡り歩くかのように映画を作りつづけている。そもそも彼の本質は映画監督で、たまたまスターにふさわしいフォトジェニックな容姿を持っていただけなのかもしれない。それとも、彼のイマジネーションの中で、演技と監督というふたつの要素が、絡み合うDNAのように密接に関連し合っているのかもしれない。彼に言わせれば、それは単なる「自然の成り行きだよ」[3]なのだそうだ。

　彼はここからどのようなフィルムメイカーになっていったのか？　彼の作る映画は単に俳優としての確たる存在感の延長線上にあるだけのものなのか（つまりどれも「イーストウッドの映画」ではなく「クリントの映画」なのだろうか）？　結果から言えば、この作品以来、長年の間に作られた（そしてこの先のページに紹介されている）彼の監督作は、他のだれにも実現できなかったほど幅広いものとなった。それも人々を混乱させるほどの幅広さだ。実際の話、世間は彼のことをアメリカの男らしさの象徴だと信じて疑わないが、そのことさえ検証の余地があるほどだ。まずは『恐怖のメロディ』からその検証をはじめてみよう。

　この映画は彼の心に共鳴する事物をテーマにしている。ガーヴァーは女たらしで異性との深い関係を恐れている。そ

の欠陥には彼自身も両手を挙げて降参している。ウィットの効いた「剣に生きる者は剣に死す」[4]というセリフは彼が付け足したセリフだ。このプロットはまた、名声の代償についてのたとえ話として捉えることもできる。彼はそのことについて、「あの窒息しそうな気持ちを描くというアイデア」[5]に共感したと語っている。また、この物語のベースには実話も含まれている。ヘイムズの女友達にストーカーをしていた人物がおり、彼女の実話を利用することでストーリーにリアルさを付加しているのだ。現実には殺人に発展したわけではないが、カツラを使った変装、自殺未遂、ガーヴァーの服を切り刻む行為などは実話をもとにしたものだという。さらには、イーストウッドの実体験における別れ話がもつれた女性たちとの記憶、さらには、男女を問わず強迫観念にとらわれた人々から取材した話も組み合わせた。「そこはあの映画にとってとても重要な部分なんだ」と彼は言う、「あれがあるからこそ単なる恐怖映画ではない、観客にとって身に覚えのあるようなストーリーになっているんだよ」[6]。

　イーストウッドはちょうどドン・シーゲル監督の『白い肌の異常な夜』に出演したばかりでもあった。南北戦争を舞台にしたそのドラマ映画では、南軍の女たちが暮らす人里離れた屋敷に、ある北軍の負傷兵が運び込まれ、彼に性的魅力を感じた彼女たちの間に仲たがいや嫉妬が広がってゆく。彼は明らかにこの映画

で人間嫌いな男特有の湿った空気感をま
とっている。その南部ゴシックから今回
のモダン・スリラーへとジャンルが捻げ
替わってもなお、彼は毒された男を喜ん
で演じた……その方がずっとリアルに描
けたからだ。「（彼が演じる）どの主人公
も自らが引き起こした惨事の責任を取ろ
うとしない思慮の浅いご都合主義者であ
る」[7]とデヴィッド・デンビーはニューヨー
カー誌に書いている。欠陥を持つキャラ
クターは彼のデフォルトとなった。彼は

また、アメリカの男らしさの概念を脱構
築しただけでなく、女性にたいする保守
的な考え方も脱構築してみせた。アメリ
カ西海岸の社会の縮図でもある『恐怖の
メロディ』は、あの『危険な情事』（1987）
の出現を予兆する先駆的な映画だ。
　ロサンゼルス・タイムズ紙は、この映
画に登場する善と悪のふたりの女性がど
ちらも力強い存在であることに着目し、
「イーストウッドは有能な監督であるだけ
でなく、今日のアメリカで活動する最も

上：『恐怖のメロディ』で危
険にさらされる別居中の恋
人トビー（ドナ・ミルズ）と
イーストウッド演じるガーヴ
ァー。この作品は、見方に
よれば、フェミニスト映画と
捉えることもできる。イース
トウッドはそもそも原作の
様々な要素が絡み合う複雑
さに惹かれていた。

重要で（そのファン層の多さからも）影響力の強いフェミニスト映画監督でもあるのではないだろうか」[8]と評している。この方向性は間違いなくその後も続いているが、それだけにとどまらず、イーストウッドのタッチが複雑なものであることもこの映画によって世間に明らかにされた。

　彼がこの素材に魅力を感じたもうひとつの理由は小ぢんまりしたストーリーだ。予算が少ないタイトな作品だったので、ユニバーサルにとってもギャンブル性が低く、初映画作品として扱いやすい企画だった。脚本を手直しする段階で、ストーリーを自身の地元であるカーメルに移し

替えることで映画全体の雰囲気をなじみ深い閑静な海沿いの景色に変更することも容易にできた。舞台となる土地とテーマを上手に掛け合わせることも彼が得意とする技術のひとつだ。しかも今回は（リアリティという名の横糸を織り込むことができるだけでなく）自宅から仕事場に通うのも効率的だった。「わたしはこの映画をサラッと作ってみせる」[9]と彼はユニバーサルに約束した（それは100万ドル以下の予算を意味するものだ）。それなら文句の出しようもない。しかしユニバーサルを束ねていたルー・ワッサーマンは、なぜ彼がこんなに不快な物語を選

右：イーストウッドはこの映画を、典型的なヒッチコック風の暴力的な衝撃を、性別だけ逆にして描いた作品と捉えていた――猟奇的なエヴリン（ジェシカ・ウォルター）がなんの罪もないガーヴァーの家政婦バーディ（クラリス・テイラー）に包丁を振るうこのシーンには、映画ファンには見覚えのあるあの雰囲気が漂っている。

1971 **Play Misty for Me**
Actor/Director/Executive Producer
(uncredited)

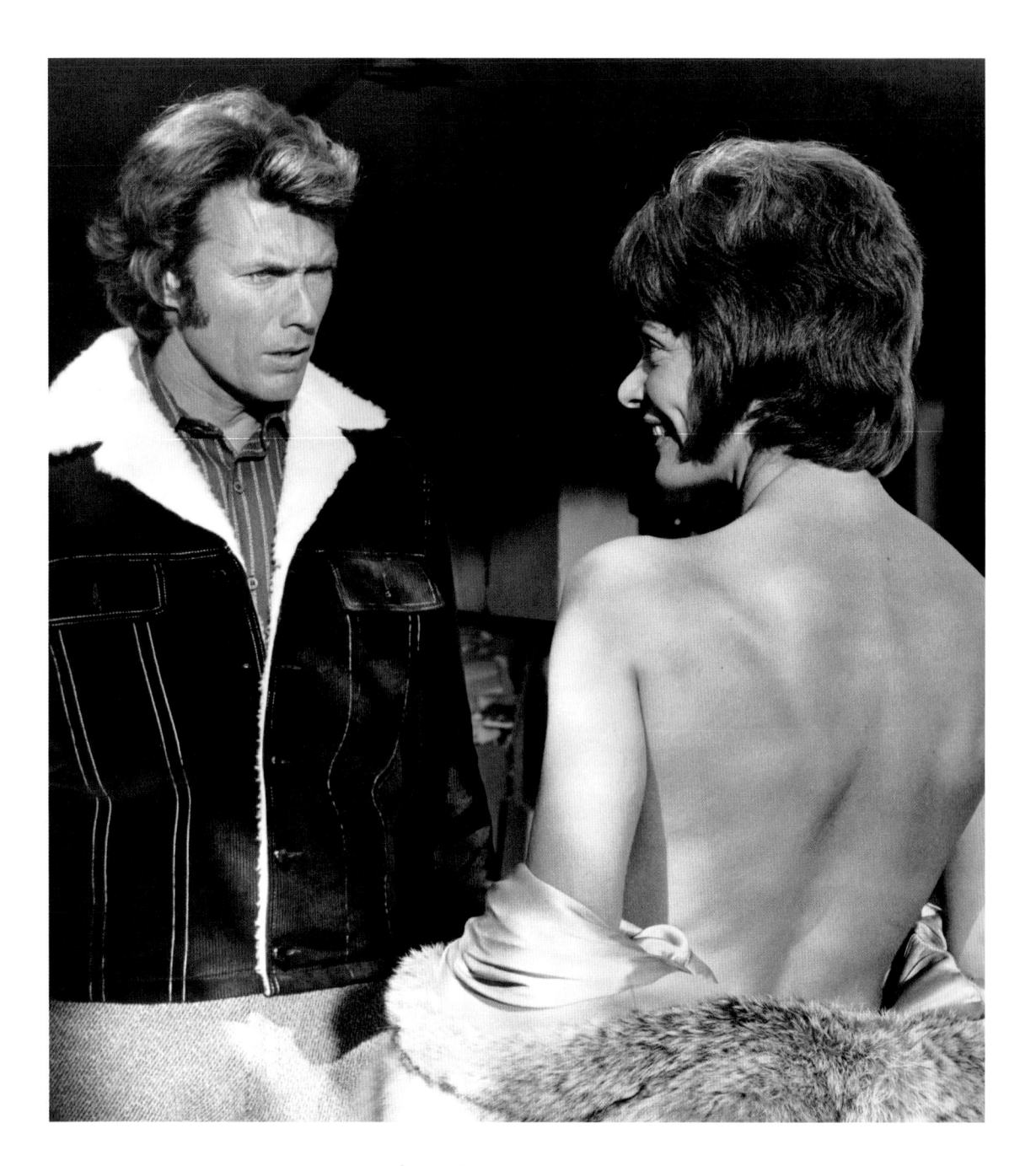

1971　Dirty Harry
Actor/Director/Executive Producer (uncredited)

んだのか理解できずに困惑していた。彼らがこの「虚栄心を満たすための企画」を認めた一番の理由は、彼のご機嫌を取るためだったのではないかとイーストウッドは懐疑の目を向けていた。作り手として少し遊ばせてやれば、今後利益になる作品の出演オファーを受けてくれやすくなるだろうと思っているのではないか、と。しかし実際には、この映画は虚栄心を持たない男による「虚栄心を満たすための企画」となった。彼は出演料だけしか受け取らなかった。

　要となるエヴリン役についてイーストウッドはいつものように自分の直感を信じた。エージェントに提案された彼は、1966年の映画『グループ』を観てウォルターをチェックした。8人の比較的無名の女優を配したこの映画は、大学時代の友人たちが久しぶりに集まってお互いの悩みを打ち明けあう物語だ。イーストウッドが気に入ったのは、彼女の言葉を借りるなら「エッジの効いた」[10]この映画での演技だった。彼女の発するタイトなセリフにはどこか威嚇的なところがあった。そこで実際に会ってみると、とても気が合い、何度も一緒に散歩をしながらこの脚本について忌憚のない意見をウォルターに求めるようになった。彼女はエヴリンがかつて精神病院にいたというバックストーリーは取り払うべきだと言った。イーストウッドは、それを聞き入れただけでなく、さらに踏み込み、彼女の日常生活がうかがえる痕跡をすべて

脚本から根絶させた。そうすることで恐ろしいまでの猛威を振るう彼女により説得力が出ている。当然、ユニバーサルはもっと有名な女優を推したが、結局は彼の直感が正しかったことが証明された。ゴルフボールのように大きく目を見開き、裏切りのショックに大きく口を開けるその顔。ウォルターは傑出した演技を披露し、TVガイド誌からは「どうしたわけか、背筋が凍るほどの恐ろしさと同情心の両方を抱かせることに成功している」[11]と評されている。

　こうしてイーストウッドの監督としてのキャリアは1971年8月4日にはじまり、彼ならではの仕事の進め方もこのときすっかり確立された。特に撮影現場のペースは独特だ。「病院の中で走り回る人はいないけれど、それでも彼らは人々の命をきちんと救っているだろう」[12]と彼はかつて言ったことがある。無駄がないことも同様だ。演者には必要な時間をしっかりとあたえ、ほとんどのカットを1テイクで済ませる。彼は「カット」という代わりに「次にいこう」[13]と言う。役者がはじめての状況で場面を演じている姿を撮ることが彼は好きなのだ。

　後にレギュラーメンバー（「彼のファミリー」[14]）となるこの映画の撮影クルーは、迅速に撮影を進める術を彼の元でマスターしていった。この監督は自分がボスであることを顕示するような指揮のとり方をせず、微妙なシグナルを発するだ

けだ。そうするだけで仕事は倍も早くなるという。これは何年も後のことだが、メリル・ストリープ（ちなみに彼女もエヴリン役候補に挙げられていた）も『マディソン郡の橋』の撮影で彼のやり方が効果を上げるのを目にしている。「彼はとても謙虚よ。だけど、ある意味、自分が現場の人たちにどれほどの影響を与えているのか知り尽くしてもいるわ。それってとても効果的で有用なやり方よね」[15]。彼は『恐怖のメロディ』を5週間で撮影し、予定より2日半も早くクランクアップさせてみせた。

　とにもかくにもこれは初監督作品だったので、彼はお守り代わりとして師であるシーゲルをこの作品に引き込み、ディ

ヴの相談相手のバーテンダー役でカメオ出演させたことは有名な話だ。ディヴのこれまでの生活や女癖を知るシーゲル演じるマーフィーは、顔をしかめながらディヴの無責任な行動を振り返る。このシーンはこの映画で最初に撮影されたシーンだ。イーストウッドは「みんなに言っているんだが、そうしようと決めたのは、撮影初日にわたし以上に緊張している人物にいてほしかったからさ……」[16]と笑いながら回顧している。

　『恐怖のメロディ』は特大ヒットとまではいかなかったが、そこそこの収益を上げた（米国内で1000万ドル）。ユニバーサルのこの作品への扱いについて彼には複雑な思いがあるようだが、少なくとも

この映画で彼は監督としての哲学と力量を世に知らしめた。評論家たちも同意見だ。ニューズデイ紙は、イーストウッドは「カメラの前でも後ろでも片時たりともそのクールさを失っていない」[17]と絶賛している。

　忘れられがちなことだが、この映画で危機に溺れてゆく自惚れ屋を演じたイーストウッドの演技は、俳優としての初期キャリアの中でも屈指の名演だ。この映画はその後様々な意味で先駆け的な作品となった。このジャンルにおけるナチュラリズム、骨太なテーマ、私的表現（本物のモントレー・ジャズ・フェスティバルのシーンを入れたことも含む）、そして、そもそも監督と主演俳優が切っても切れない関係にあることを証明してみせた。

　今なお彼の化身とされているスマッシュヒット・サスペンス映画『ダーティハリー』を監督したのはイーストウッドではくシーゲルだ。しかし『恐怖のメロディ』に続いて作られたこの映画についても触れておく必要がある。というのも

下：作中でも現実でも——イーストウッドの友人ドン・シーゲル監督は彼の説得を受けデイヴ・ガーヴァーの相談相手のバーテンダー、マーフィー役で『恐怖のメロディ』にカメオ出演し、スクリーンの中でも外でも自らの知恵を彼に分け与えた。カウンターの奥ではエヴリン（ジェシカ・ウォルター）がふたりの様子をそっと窺っている。

イーストウッドはこの映画の創作における中心的存在であり、シーゲルを監督に選び、原案（ハリー・ジュリアン・フィンクとリタ・M・フィンク）の脚本を手直しし、スコーピオを名乗る連続殺人犯（アンディ・ロビンソン）を追う疲れたサンフランシスコ警察の刑事ハリー・キャラハンに歴然たる存在感をあたえた張本人だからだ。しかもこの映画の1シーンでは、必要に迫られてではあったが、彼自身がメガホンを取っている。

『ダーティハリー』は、フランク・シナトラが『影なき狙撃者』（1962）で手首を捻挫したことがきっかけで生まれた。

そもそもは「Dead Right」という仮タイトルの企画で、シナトラの主演はすでに決まっていたのだが、怪我により（こういうタイプの映画を）演じられなくなったことを受けて、ワーナーブラザーズがイーストウッドにオファーを出したのだ。雑然とした脚本に目を通したイーストウッドは、彼がいつも脚本の手直しを頼んでいるディーン・リーズナーを起用し、舞台設定も『フレンチ・コネクション』（1971）や、イーストウッドがシーゲルと共に作った慣例にとらわれない警察官を描いた『マンハッタン無宿』との差別化を図るため、原案のニューヨークをサ

上：『ダーティハリー』（1971）の撮影中に監督のドン・シーゲルと主演俳優のイーストウッドは、サンフランシスコの映画館前を歩くシーンで、臆面なく『恐怖のメロディ』を宣伝した。『恐怖のメロディ』はこの象徴的な刑事サスペンス映画ほどのスマッシュヒットにはならなかったが、それでも十分な収益を上げ、イーストウッドは監督として生き残った。

1971 **Dirty Harry**
Actor/Director/Executive Producer (uncredited)

ソフランシスコに移し替えた。

現状に不満を持つハリーにわたしたちはコロリと魅力を感じてしまう。彼の考え方は映画ファンにとって議論を呼ぶものであると同時に、喜びに打ち震わせられるものでもある。ルールブックに縛られない彼は、なんの抵抗もなく信じる道を進む。44マグナムの銃口がカメラレンズを睨みつける。しかめ面のメラニに人々は信憑性を感じる。紙やすりのような陰りを発せられるあの有名なセリフには、落ち着いた魅力の中にはほんの少しのユーモアが息づいている。そんなことができるのはイーストウッドだけだ。

『ダーティハリー』には様々な解釈がある。中でも多かったのはリチャード・シッケルの評に代表される「オーバーヒートを起こしていた当時の政治のメタファー」[18]というものだ。その一方で、ハリーは対比的にベトナム戦争を是認する存在であるという解釈もあれば、ハリー（容疑者に陰謀解釈を許さない、言わば判事も陪審員も兼ねた刑事）はファシズムを陰に具現化しているという解釈もあった。後者の過激な論評はニューヨーカー誌のポーリン・ケイルを通してこの作品のキャリアを通して行かないつづけた反イーストウッド聖戦の旗印としてこの作品を大いに利用している。彼女の意見にたいする怒りの反駁として、もしハリーが何者かであるとするなら、それは反独裁者であり、体制の腐敗に単独で立ち向かう者である、という意見もあった。イース

トウッド自身もそういう発想を笑き詰めてこの作品を作っている。ハリーは自分がしなければならないことをしているだけであり、人々を怒らせてしまうのはその代償でしかない。

「ダーティハリーという男は少し楽しまずにこれをやっているんだ。わたしにはある種の悲哀を持たせたからだ。なぜなら、本当におれだけの人数を殺したのなら、彼の魂なり精神なり信念なり、まあ呼び方はとにかくそういうものになんらかの影響があってのしかるべきだからね」[19]。

8週間の撮影の間、シーゲル監督は異常者とそれを執拗に追いつづける刑事の間で繰り広げられる目覚ましくも挑発的な決闘を根気よく見事に作り上げ、一方のイーストウッドはハリーになることだけにはほぼ専念した。唯一の例外は、ハリーが飛び降り自殺を図ろうとする男を単純に殴って気絶させる（責務を果たすためならなんでもする彼のアプローチの一面を見ることができる）シーンだ。昇降クレーン機と狭い6階バルコニーだけの限られたスペースでの撮影を監督したのはイーストウッドだった。ニュース映像を撮影するような感じで撮れ、と彼はスタッフに指示している。

賛否両論あったにせよ、『ダーティハリー』がアメリカ映画のランドマーク的作品となったことは事実だ。シーゲルを師と仰ぐクエンティン・タランティーノは、この映画は「その後の20年で一番

1971　The Beguiled: The Storyteller (Short)
Director

真似をされたアクション映画」[20]である
と指摘している。

　この作品がイーストウッドのキャリア
にあたえた影響（続編が4本作られ、そ
の1本は彼自身が監督した）はとてつも
なく大きい。このキャラクターは映画ファ
ンの脳内に永遠に刻み込まれた。監督と
してのキャリア全体を通して、イースト
ウッドはこの映画史上屈指の（良くも悪
くも）有名な映画を、あたかもこれが文
化行事かなにかでもあるかのように、と

きには探求し、ときには様式化し、とき
には反駁しながら、繰り返しつづけてい
る。公開された『ダーティハリー』はセ
ンセーションを巻き起こして3600万ド
ルの売上を記録し、全米の映画館オーナー
たちは1972〜73シーズンに最も収益を
あげたスターとしてイーストウッドの名
を挙げた。

　シーゲルが監督したとしてもおかしく
はない『荒野のストレンジャー』は、殺

上：物議をかもし、またイー
ストウッドをスーパースター
に押し上げた『ダーティハリ
ー』のこのシーンで、ハリー・
キャラハン刑事は彼の相棒
である44マグナム弾を込め
たスミス＆ウェッソン29モデ
ルの銃口を銀行強盗に向け
ながら、逃げようなどと考え
るなとすごむ。

上右：ハリーの象徴であるこの銃は、この映画スターが直々にスミス＆ウェッソン社から調達した（映画撮影には複数の銃が使用されている）。

右：自殺を図ろうとする男を説得するこのシーンは、撮影が行なわれたレッジのスペースがふたりの演者とカメラオペレーターだけでいっぱいになったため、イーストウッド自身が監督することとなった。

伐とした非道徳的な映画で、イーストウッドがいかに感傷的な人物でないかをまざまざと見せつけている。冷淡に復讐を描いたこの映画では、イーストウッド演じるキャラクターを含め、登場人物全員が短所だらけだ。これはまた彼が初めて復讐というアングルを試した西部劇でもある。イーストウッド演じるストレンジャー（名無しの男）は、街の人々への恨みを晴らすため、荒野を越えてラーゴにやってくる。この街の人々は、かつてここの

1973 **High Plains Drifter**
Actor/Director

保安官が（後にイーストウッド作品の常連俳優となるジェフリー・ルイスを頭とする）無法者たちに鞭でなぶり殺されるのを冷淡に傍観したのだ。

　この作品は「メッサ」というタイトルの9ページの梗概をアーネスト・タイディマンが拡張して古典的ゴシック作品に近いものに仕立て上げたものだ。「映画のイメージが明確に見えた」とイーストウッドは振り返る、「だから監督することに決めたんだ」[21]。そこには間違いなくレオーネ的なアイロニーもあるが、それ以上にずっと直感的で、慣例を真っ向から無視し、陽に焼けた屋外と陰気でほとんど光のない屋内のコントラストを鮮烈に効かせている。そこにあるのは意識的に華々

しさを刈り取った神話的質感だ。西部劇にしては珍しくラーゴの街は湖畔にある。撮影はモノ湖の荒涼とした岸辺で行なわれた。この湖の塩水は太陽の動きに応じて異世界的な色を醸し出す。欲得ずくの住人たちがこのストレンジャーに懐柔されてゆく様は、汚職にまみれたアメリカ社会を辛辣に表現している。「『荒野のストレンジャー』が面白いのは、これが恐怖へとつながる鍵だからだ」とスラント誌は評している、「その鍵は、煉獄への長期訪問を提供し、「社会」などというものは偽りでしかないという概念を詳らかにする」[22]。なにより驚くべきことは、興行的に強いアピール力を持つイーストウッドがこんなにも深い闇へと喜んで降

上：イーストウッドの西部劇映画初監督作となった『荒野のストレンジャー』（1973）には、彼がセルジオ・レオーネと同じく、慣例的なアプローチで西部劇を撮るつもりなどないことを即座に見て取ることができる。汚職まみれの街を正すために戻ってきたイーストウッド演じる名もなきストレンジャーは、ほとんど非現実的な復讐の天使だ。

1973　Breezy
Actor (uncredited)/Director

りていったことだった。

　スマッシュヒット（1500万ドル）となったこの作品には、まるで『真昼の決闘』（1952）に日本の怪談を彷彿とさせるオーラをまとわせたような、非現実的なヒネリがある。あのストレンジャーは殺された保安官の生まれ変わりなのだろうか？イーストウッドはそういう形而上学的な解釈が存在することを受け入れてはいるが、彼自身はもっと理論的な解釈を好んでいる。「あの街に子どもがひとりもいないというのも不思議と言えば不思議だ。とても奇妙な状況だよ。わたしは、個人的には、彼はあの保安官の弟なのだと考えて辻褄をあわせていた。しかし観客が

どう考えるかについては、もしそれ以上のなにかだと考えたいのなら、それはそれで構わないさ」[23]。この映画の成功で彼は勢いを増した。

　『愛のそよ風』でイーストウッドは明るい方向へと転換した。この作品はまた、主演という重責を負うことなく監督だけに専念できるはじめての機会にもなった。そもそも、ロサンジェルスに暮らし、不動産で十分な金を持ち、離婚経験があり、落ち着くことよりもフラフラしていることを好む、シニカルな50代のフランク・ハーモン役を演じるには、イーストウッドは若すぎた。この映画で彼が得たもう

右：歳の差恋愛を描いた『愛のそよ風』（1973）における彼の最大の喜びのひとつは、ハリウッドのレジェンド、ウィリアム・ホールデンと共に作品を作れたことだ。この映画でイーストウッドは敢えて方向性を変え、（特に彼自身に）自らの多才さを証明する機会を得ている。

1973　**Magnum Force**
Actor

右：究極のシネマ・ヴェリテ──リアリズムを追求したイーストウッドは、表題にもなっているスイスの山で登山シーンを撮影するというチャレンジ精神から、このスパイ・サスペンス映画『アイガー・サンクション』（1975）に強く惹かれた。そのためには彼自身もプロ水準の登山技術を習得しなければならなかった。

ひとつの喜びは、レジェンド俳優ウィリアム・ホールデンが主役に座ったことだ。「とにかく第一人者と一緒に仕事ができたんだからね」[24]と彼は振り返っている。

　再びヘイムズが脚本を書いたこの物語は、『恐怖のメロディ』の真逆（そして『ダーティハリー』が受けたアンチ・ヒッピー映画であるという抗議への反駁）とも言える型破りなラブストーリーで、自由精神を持つティーンエイジャーのブリー

ジー（掘り出し物女優となったケイ・レンツ）が、ある偶然（彼女のヒッチハイク）がきっかけで、フランクの人生に舞い込み、凝り固まっていた彼の心を揺さぶってゆく。それだけでなく、LAの成金たちにたいするイーストウッド特有の棘のある風刺も効いている。しかし、どういうわけか、この作品はヒットしなかった（ユニバーサルは落胆した）。「きっと10セントも稼げないだろう」[25]とイース

トゥッドは最初から言っていたのだが、それが正しかったことが証明されてしまった形だ。しかし予算はわずか75万ドルだったためリスクも低かった。これを作った理由は単純で、彼がこのキャラクターたちを気に入っていたこと、そして気分を変えて、これまでとは違う方向性の映画を作れる機会でもあったことだ。この作品は彼の映画の中で最も世間から忘れられている作品かもしれないし、今

となっては（少なくとも歳の差というテーマは）時代遅れかもしれないが、レンツ演じるやる気に満ちたブリージーの存在感やあの疑似父娘関係は、ずっと後の作品『ミリオンダラー・ベイビー』でヒラリー・スワンク演じるマギーの中に息づくことになる。

『アイガー・サンクション』はどこからどう見ても商業的な作品だが、イースト

ウッドらしさも確実に兼ね備えている。トレヴァニアン（テキサス大学映画学部教授ロドニー・ウィリアム・ウィテカーのペンネーム）による007風のスパイ・サスペンス大衆小説シリーズ第1弾を原作にしたこの映画は、最初はポール・ニューマンにオファーが出されたが、暴力的すぎるという理由で彼がパスしたため、イーストウッドに回ってきた。その荒唐無稽なプロットは、芸術学教授で、雇われ暗殺者（《サンクションズ》として政治がらみの暗殺を引き受けている）で、登山のエキスパートでもあるイーストウッド演じるジョナサン・ヘムロックが、アイガー北壁登頂チームからロシアのスパイを排除する任務を遂行するというものだ。脚本を大幅に手直しする必要こそあったが、この企画に潜在する肉体性と孤立の側面を彼は大いに気に入っていた。少人数の撮影チームでロケ撮影できる機会も、自身の身体能力の限界に挑めることも魅力的だった。彼は「本物の山の断崖ですべて撮影した最初の男になりたいという思いに夢中だった……」[26]と告白している。それにこの企画は、ユニバーサルからの要望が徐々に厳しくなっていた当時、彼らを納得させることのできる企画でもあった。

撮影は1974年の夏に行われた。ただでさえ過酷な撮影だったが、アイガーでの撮影2日目に（スタント・チームの一員だった）熟練登山家のデヴィッド・ノウルズが落岩に当たって死亡し、深刻な状況に陥った。イーストウッドは製作中止も考えていたが、ノウルズの登山家仲間たちから続けるべきだと後押しされた。映画を完成させれば彼の死にもなんらかの意味をもたらすことができる、と彼らは主張したのだ。

1400万ドルの売上を記録してイーストウッドの収益力こそ回復したが、『アイガー・サンクション』は良い面と悪い面の両方を有する作品となった。このジャンルのどこかマンガ的な勇敢さは、イーストウッドの持ち味である厳しいアメリカ的リアリズムにはフィットしなかった。ただし、登山映画という側面から見るなら、疑いようのない真実味が描かれている……あのスーパースターのイーストウッドがスイスの牧草地の上空1000フィートのところで実際に1本の命綱にぶら下がっていたのだから。そのとき遠くから聞こえたカウベルの音を彼はよく覚えているという。評論家たちもほぼ同意見だった。あのプロットに信憑性を感じるのはほんの15秒ほどだ、とロジャー・エバートはシカゴ・サンタイムズ紙で評している、「ただし、アクションシーンはとても引き込まれるものだし、山頂の映像にはものすごい説得力があるので、（プロットの弱さなど）まったく気にならない」[27]。

特に印象的なのがモニュメント・ヴァレーでのトレーニング・シーンだ。モニュメント・ヴァレーはジョン・フォードの名作西部劇の背景としても有名な神聖な

上：スパイ冒険物語として
の説得力があったとは必ず
しも言えないが、この映画
で描かれた景観はまさに驚
異的であり、『アイガー・サ
ンクション』はイーストウッ
ドの妥協しないアプローチ
を見ることのできる典型的
作品となった。

る土地であり、いわばアメリカのイコノ
グラフィと言えるような場所だ。コンディ
ションを戻すためトレーニングをはじめ
たヘムロックは、モニュメント・ヴァレー
のトーテムポールをフリークライミング
する。ナバホ族が神聖視する、頂が平ら
なオレンジ色の岩柱だ。製作サイドは、
この高さ640フィート（約195m）の岩
柱に過去の登山者たちが残した瓦礫（古
くなったピトンなど）をすべてきれいに
取り除くという交換条件でナバホ族から
ここでの撮影を認められた。イーストウッ

ドには頂まで自力で登れる技量がなかっ
たため（作中でそれをやっている代役は
エリック・ビョルンスタッドとケン・ワ
イリックというふたりのプロ）、彼は共
演者のジョージ・ケネディと軽量カメラ
を装備した体重の軽いスタッフと共にヘ
リコプターで18平方フィート（約1.7平
方メートル）の頂に降ろされた。演者と
して、そして監督として過ごした50年
の中でも、夕陽が沈むモニュメント・ヴァ
レーの絶景を捉えたあの日ほど完璧な日
はほとんどなかったという。

奇抜な西部劇

『アウトロー』(1976) という不思議な物語

今日までのクリント・イーストウッド映画の中でも屈指の傑作であり、映画史全体を通して最も素晴らしい西部劇の1本でもあるこの映画が生まれたきっかけは、ある奇妙な本、そして彼の住所変更にあった。それは決定的な出来事だ。4本の映画を監督したユニバーサルとの契約を切り、ワーナーブラザースとデヴェロップメント契約を結んだのだ。この決断によって彼のその後のキャリアすべてが決まったと言ってもいいだろう。古いハリウッドの契約システムがあった時代を除けば、監督の名を聞いただけでどこの映画会社の作品かすぐにわかる人物はイーストウッドしかいない。ここからの50年間にワーナーブラザースが関わっていないイーストウッドの監督・出演作はわずか3本しかない。

その道を選んだ理由はふたつある。ひとつは心の平安を手に入れるためだ。ユニバーサルは彼に専用のバンガローを撮影所内にあたえていた。とても快適な住居だったが、毎日のように玄関先を通過するスタジオ・ツアーの観光客から、顔を出せと叫ばれ、猿まわしの猿みたいにお辞儀をしなければならなかった。彼はワーナーと契約を交わす際、ツアーはナ

シだ、と上層部に繰り返し念を押した。彼らも、ツアーはナシだ、と確約してくれた。しかも、彼によると、ワーナーの方が「撮影所の敷地が広く、資源も豊かで、宣伝部も有能だった」[1]。

移籍を決断したのには、実はもっと大きな理由があった。ユニバーサルのマーケティング担当者たちをまるで信頼できなかったのだ。彼らはイーストウッドが従来的な選択で作った作品も非従来的な選択で作った作品もまったく同じように扱っていた。『愛のそよ風』の収益が振るわなかったことについてもイーストウッドは彼らを非難している。ワーナーには彼の言葉に耳を傾けてくれる人たちがいた。一つひとつの映画をそれぞれ注意深く扱うべきだと心得ていた。そして彼はこのとき(これは決して最初でも最後でもなかったが)、とても奇抜な西部劇映画の構想を持っていた。

「リアリズムを目指さなければいけないからね。だから、うん、昔はよく背後から敵を撃ちまくったものさ……ジョン・ウェインだったら決してやらないようなことばかりやっていたよ」
クリント・イーストウッド

70年代半ばになると、イーストウッドはこのジャンルの番人と呼べる立場になっていたため、カウボーイではもう稼げないというハリウッドのトレンドすら留意する必要がなかった。語られる必要のある物語なら作られて当然だ。西部劇はアメリカならではのジャンルであり、歴史の浅いこの国の優れた自己探求であり、根本的な民間伝承でもある。映画評論家のJ・ホバーマンも言っているように、アメリカが自らの顔を見すえながら大きな問題を自問するのがこのジャンルなのだ。正義とはなにか？　進歩とはなにか？　文明とはなにか？

　イーストウッドの手によって、それまで西部劇映画の主流だった高潔な表象は、アイロニーへと変化していった。それはセルジオ・レオーネから学んだものだ。あれらのオペラ的なマカロニウエスタンでは、高潔さの境界線がぼやけていて、主人公であっても悪役と同じようにチャンスがあれば敵を背後から撃つ。名無しの男は『荒野の用心棒』で50人以上の人を殺している。「リアリズムを目指さなければいけないからね」とイーストウッドは言う、「だから、うん、昔はよく背後から敵を撃ちまくったものさ」[2]。これはまさに改革主義者のやり方だ。（主人公も）生き残るためならなんだってするのだ。

「ジョン・ウェインだったら決してやらないようなことばかりやっていたよ」[3]と言って彼は笑った。

『アウトロー』は抜け目なく作られた作品だ。このジャンルの持つふたつの相反する概念をどちらも取り込みながら、生気とハートをふんだんに盛り込んでいる。この作品は、一方では、典型的なイーストウッド作品にも見える……開拓地に乗り込む一匹狼のガンマン、彼の通る軌跡は伝説となり、そのサドルバッグには皮肉な真実が詰まっている。ドル箱三部作、『真昼の死闘』、『奴らを高く吊るせ！』、『荒野のストレンジャー』、そしてある程度は『シノーラ』（1972）も含めて、彼がずっと培養してきた陰のある人物像がそこにはある。観客やワーナーブラザースが彼に求めるようになった簡潔でダークな機知を持つアーキタイプだ。

　その一方で、この作品には古き良き映画の刻印も見ることができる。悲劇によって幸福な生活を阻害された善良な男が慰めを求めて西部に向かい、その道行で出会ったエキセントリックな人々とファミリーを築いてゆく。壮大な景観と深い感情を網羅するジョージー・ウェールズの物語は、運命に従って西部へ向かう人物が登場する古き良き典型的な西部劇映画をインスピレーションにしている。シカゴ・サンタイムズ紙も「この作品は『大いなる勇者』（1972）に『駅馬車』（1939）を掛け合わせたみたいだ」[4]と評している。

　伝記作家のリチャード・シッケルは「調和の」[5]映画であると評した。ジョージーが自分とはまったく共通点のない者たちとファミリーを築いてゆくストーリーラ

右：キャリアを通して追求することになる《暴力の報い》は『アウトロー』から始まった。南北戦争に参加したジョージーのその後と、贖罪に向かう彼の旅を描いたこの作品は、ある意味、戦争映画と捉えることもできる。『許されざる者』（1992）の種はこのときに撒かれていた。

インもそうだし、また「ある意味、伝統的な西部劇で描かれるタイプの態度や道徳観に改革派のそれらを混ぜ合わせたよう」[6]なのだ。しかもこの映画は時代さえも調和させていた。レオーネ以降、西部劇は過去を語る物語であると同時に現代社会のバロメータとしての役割を果たしていた。特に冷戦期になって一気に弱体化した政治的対立のバロメータだ。彼が作品のサブテキストについて語ることはとても稀だが、『アウトロー』はベトナム戦争への怒りとあの戦争の不明確さに波長を合わせた西部劇だったとイーストウッドは認識している。ダイレクトにではないものの、彼が呼ぶところの「戦争の無益さ」[7]を描いている、つまるところ戦争

によって民間人が被る犠牲を描いているのだと言い添えている。彼はまた、国家による国民へのもうひとつの大きな裏切りであるウォーターゲート事件についても繰り返し触れている。ジョージー・ウェールズは腐敗した政府に怒っているのだ。

エイミー・トービンは、サイト＆サウンド誌の記事でこの作品について「晩年のイーストウッドの最初の映画」[8]と書いている。彼はまだ活発な46歳で、この映画もまだ5本目の監督作だったが、彼のトレードマークであるアンチヒロイズムの表層をすでに掘り下げていたからだ。「わたしはリアリティが好きなんだ」[9]と彼は振り返っている。ジョージーが早撃ちであろうとも、恐ろしい評判があろう

とも、その心に脆さがあるところに彼は興味を持っていた。

さて、この作品が生まれたきっかけは？その答えは、あまり興味が持てずにイーストウッドのデスクに埋もれていた小説「The Rebel Outlaw：Josey Wales」だった。それは彼の元に勝手に送りつけられてくる数ある企画提案のひとつで、作者はフォレスト・カーターという人物だ。この作家は、控えめに言っても、かなりのワイルドカードであるということがもっ

と後になって判明する。イーストウッドと彼のチームが調べたところによると、アラバマ州ガント郊外を本拠地に置くウィッパーウィル社という無名の出版社が75冊だけ印刷した作品だった。「表紙からして酷いものだったから、届いてすぐには読まなかった」[10]とイーストウッドは振り返る。

カーターに会ってみると、この作家は自身の創作キャラクターのひとりではないかと思えるような人物だった。いつも酔っ払っていて、自分勝手な便乗主義者

下：ジョージーは意図しなかったことだが、行き場を失った者たちが彼に好意を寄せる。その中には元族長で現在は放浪生活を送るローン・ウェイティもいた。抑制のない、もっと言うなら予測不能な俳優チーフ・ダン・ジョージは、無口なイーストウッドの素晴らしい引き立て役として見事に笑いを提供した。

で、統合失調症のきらいがあり、ディナーの最中にナイフを抜いたり、何日もアラバマの森に籠って出てこなかったりした。また不平不満も絶えることなく、もっと金をくれと要求しつづけた。カーター（本名はアサ・アール・カーターで1979年に死亡した）は、それまでの信条をすべて放棄して、ひとりの人間が変わってゆくこの物語を書いたのだと主張してこそいるが、KKKに入会金を全額払い込み済みのメンバーであり、生粋の人種分離主義者であり、反ユダヤ主義を掲げるラジオのブロードキャスターだったこともあり、そのことが、この映画が公開された後に判明した。それ以降、カーターを友人とするイーストウッドのことを非難する記事が長年にわたって何度も書かれている。しかし本当のところは、このふたりが会ったのは一度きりであり、この本を原作にしたイーストウッドの映画版はといえば、カーターの人種差別主義を効果的に逆手にとったものだった。

　当時、イーストウッドの製作パートナーのロバート・デイリーがまずこの小説にすっかり夢中になった。最初から最後まで一気に読み切ると、その夜のうちにイーストウッドに電話を入れた。デイリーの熱意にほだされてイーストウッドもこれを読んでみると、彼もそこに大きな可能性を感じた。「本当にうまく書かれていたよ」と彼は言う、「セリフさえ突出していたね」[11]。

　この映画でオープニング・クレジットの前に描かれているのは、イーストウッド演じるジョージーがミズーリ州の田舎で農夫として家族と平和に暮らしている様子だ。そんな彼の土地にも南北戦争の戦火が降りかかり、赤足隊という北軍の襲撃者に家を焼かれ、妻と息子（演じたのはカイル・イーストウッド）が殺される。わたしたち観客はイーストウッドのキャリアを通して今後も繰り返されつづけることになるモチーフをここで初めて目にする。それは彼の演じるキャラクターが妻の墓の前で跪（ひざまず）くシーンだ。その後の展開を要約すると、憤怒にくれたジョージーは「正義を正す」[12]べく、すぐに南軍のゲリラ部隊ミズーリ・レイダーズに加わる。戦中の殺戮シーンがモンタージュで描かれた後、戦争は終わり、彼らは敵の北軍から名誉の投降を提案されるが、ジョージーはそれを拒絶する。それは正しい選択だった。投降した仲間たちは赤足隊の罠にはまり一掃されてしまったのだ。カーターの小説版にはこの北軍による不当な行為が詳細に記されており、イーストウッドは南北戦争の歴史的複雑性を深く理解することになった。

　この映画のトーンと舞台はここでふたたび変化し、だれにも屈しない賞金首のジョージーは西へ、そして南へと向かい、冷酷なガンマンとしての噂が高まってゆく。ジョージーが否応なしに有名になってしまう運命は、スターとしての役割を果たすイーストウッドにもリンクしている。そんな彼の行く先に、敵意むき出し

のテリル大尉（ビル・マッキーニー）と、本来は南軍ゲリラ部隊の司令官だったがウェールズを裏切ったフレッチャー大尉（よく通る声が印象深いジョン・ヴァーノン）のふたりが率いる例の赤足隊が待ち受ける。

　この映画の景観はジョージーの心境の変化とともに推移してゆく。天候を見ているだけで主人公の魂の幸福度を推し量れるほどだ。ミズーリからテキサス南部に向かう道のりは、暗い曇天から、イーストウッド調の激しい嵐へ変わり、次いで濁った水の川を渡ると、厳しいけれど温かい砂漠の晴天へと変化してゆく。この旅路で推移したのは彼の心情だけでなく、その役割も変化してゆく。我が家と呼べる場所を探し求める迷える者たちの父親的存在になったことで、意図せずも、見失っていた自らの魂を取り戻す男を描いた真実の物語がこの映画には描かれているのだ。

　彼が最初に考えたのは、だれがこの映画を監督するべきかだった。『アイガー・サンクション』との格闘を終えたばかりのイーストウッドは、今回の予算370万ドルの作品では監督業を一旦休み、主演とプロデューサーの立場で参加するつもりでいた。この原作から脚本を抽出してエキセントリックな映画として機能させる役割は、最初はソニア・チャーナスに、次いでディーン・リーズナーに、そして最終的には、弁護士を目指している途中

上：この作品に登場する複雑な悪役たち・かつては自分の隊の兵士だったジョージーを追うために雇われ葛藤するフレッチャー大尉役のジョン・ヴァーノンは見事に考え抜いた演技をみせている、その一方で……

上：……イーストウッド作品の常連ビル・マッキーニー演じる残酷なテリル大尉は、皮肉なことに、北軍の兵士だ。『アウトロー』は南軍を物語の主人公側に置いた稀な映画となった。

でヨーロッパ映画に恋をして脚本家に転身したインテリ・タイプのフィリップ・カウフマンに託された。ウェールズを追った赤足隊が悲惨な結末を迎えるのは、この映画にドラマティックな勢いを持たせるためにカウフマンが考案したアイデアだ（原作では赤足隊は単にフェイドアウトしている）。2本の低予算映画（その1本はタイトでリアリスティックなネオ・ウエスタン映画『ミネソタ大強盗団』［1972］）で監督業も経験していたカウフマンなら、この映画の監督に理想的ではないかとイーストウッドは考えた。しかしふたを開けてみるとこのふたりは相性が悪かった。カウフマンは一つひとつのショットについて時間をかけて熟考し、アドリブを入れ、テイクを幾つも撮りためるタイプの監督だった。それはイーストウッドに言わせれば贅沢でわがままな方法だ。しかも、現像されてきた映像は満足のいくものではなかった。ふたりの緊張関係が増し、カウフマンではあと1週間ももたないであろうという状況のまま、ジョージーがソンドラ・ロック演じるエルフのような入植者ローラ・リーをコマンチ族の暴徒から救うシーンの撮影をすることとなった。このシーンは低い太陽がアリゾナの砂丘に長い影を落とすマジックアワーに撮影される予定だった。しかしカウフマンは自分で選んでおいた撮影場所の位置をなかなか見つけることができなかった。砂丘につけておいた目印がことごとく砂に埋もれてしまっ

たのだ。マジックアワーが目前に迫って
きたため、イーストウッドはちょうど近
くにあったこのシーンに使えそうな砂丘
で撮影しようと催促した。カウフマンは
その提案を拒み、ひとりで彼の理想のロ
ケ地を見つけに出かけてしまった。カウ
フマンが行ってしまうと、この主演俳優
に躊躇はなかった。

「カメラを用意しろ」[13]と彼は撮影監督
のブルース・サーティースに命じた。

　その夜、イーストウッドは自分の口か
ら直接彼にクビを言い渡す覚悟を決め

た。「とても嫌だったよ。人生最悪の瞬
間だったね」[14]。イーストウッドは、悪
いのは自分だと振り返っている。カウフ
マンを選んだのは彼だからだ。しかし挿
話を重ね合わせる形で紡がれるこの映画
には、もっと骨太な手腕の監督が必要だっ
た。彼自身の手腕だ。弁護士が呼ばれて
映画会社と経緯説明や話し合いがなされ、
その一週間後にイーストウッドはカウフ
マンを脇に連れ出し、解雇を告げた。カ
ウフマンは後に見事に復活を果たすこ
とになる。3年の空白を経て、『ライトス

上：イーストウッドは『アウ
トロー』の演技と演出に挑
むにあたり、西部劇につい
てとても私的な見解を持っ
ていた。アメリカが希望を
見いだすための激しい産み
の苦しみを描く物語としてこ
の映画を捉えていたのだ。

タッフ』（1983）や『存在の耐えられない軽さ』（1988）で高い評価を得ているほか、『レイダース／失われたアーク《聖櫃》』（1981）の原案も手がけている。しかしわだかまりは残った。「あれはわたしの人生で最悪の仕打ちだった」とカウフマンは言う、「彼にキンタマを引っこ抜かれたんだからね」[15]。

カウフマンの解雇は業界内に大きな波紋を呼んだ。スターの権威を振るって監督の支配力をねじ伏せる行為が今後も起こりかねないことを危惧したアメリカ映画監督組合は、組合員が降板させられた場合、その映画にすでにかかわっている人物が監督を引き継ぐことを禁止する新規則を作った。今では《イーストウッド・ルール》の別名で広く知られている規則だ。

とにもかくにも、自信を持って進める人物が監督についたことで『アウトロー』に新たな確実性がもたらされた。彼自身、この奇抜な西部劇から活力を得ていた。「のめり込めばのめり込むほど、この作品を別の視点から見られるようになっていったんだ」[16]。図らずも彼はこの映画作りを楽しんでいた。カウフマンがこの映画に注ぎ込んだものも、そうでないものも含めて、この作品はすでにイーストウッドの一部となっていた。これは彼にとっての「明白な運命（西部開拓を神にあたえられた天命であるとする19世紀アメリカの思想）」だったのだ。完成した映画に畏敬の念を抱いたレディオタイ

ムズ誌は、イーストウッドはこの「南北戦争直後を舞台にしたタフで広大な西部劇の物語を使って個人の信条にアプローチしてみせた」[17]と評している。

撮影は1975年の秋に行なわれた。ロケ地の低い太陽は彼お気に入りの雰囲気（半分だけ光を浴びた顔、シルエット、長い影、ロマンのある厳しい不屈のムード）を提供した。その景観を存分に引き出す任務にあたったのは才能豊かなサーティースだ。イーストウッドが描くヴィジュアルは無駄を切り落としたものだが、そこには妙案が尽くされている。悪党たちとのえげつないにらみ合いになる交易所のシーンでは、ボロボロの木板の壁の割れ目から外の陽光が漏れ入り、演者たちを光と暗闇の帯に染めている。イーストウッドは芸術家を自認していた。

しかしこの映画は旅物語だったため、彼がこれまで監督したとの西部劇よりも困難は多かった。「大陸を旅している感覚が出ていなければいけないからね」[18]と彼は言う。撮影隊はアリゾナ、ワイオミング、そして砂漠を撮るためにユタのカナブと順に移動した。そして最後に撮影が行なわれた北カリフォルニアでは季節外れの曇天が続いたが、それは第1幕の悲惨さを描くには実に完璧なものだった。彼は天候に恵まれる監督という評判までものにしたのだ。「雨がほしいときには決まって雨が降った……わたしの意思が通じたんだね」[19]と彼は語っている。

撮影は8週間半に及び、連日日没まで

行われた。イーストウッドのエネルギーは驚異的で、シーンで自分の分の演技を終えるや衣装を着たままカメラの後ろに回って俳優から監督へと即座に変貌し、そのショットの残りの演出指示を出演者たちに出した。彼のモットーは出演者にしっかりと行き渡っていた。感情を入れすぎるな。二の足を踏むな。直感に従って演じろ。

　この作品はアメリカン・ミスフィット（アメリカ社会不適合者）映画とでも呼べそうなサブジャンルをイーストウッドが取り入れた最初の作品だ（後に『ブロンコ・ビリー』、『センチメンタル・アドベンチャー』、『グラン・トリノ』などがこれに続くことになる）。他に類を見ないストイックさを醸し出す主人公の元に変わり者たちが集まりコミュニティを形成する。それはアメリカという国の多様性に敬意を表したものだ。若い頃にひとり彷徨いながら見知らぬ人々の間を放浪した経験が今回のフィルムメイキングに

右：アリゾナを舞台にしたチャプターの撮影で役になりきるイーストウッド。監督と主演を兼ねる上でとても難しいことのひとつは、カメラが回った直後に職種をサッと変えなければならないことだ。イーストウッドの背後にいるコマンチェロの悪党を演じているのは、後に『ダーティファイター』（1978）で暴走族のリーダー役につくジョン・クエイド。

はにじみ出ている。豊かなキャラクターたちが織り成すタペストリーがこの映画に大きなハートをあたえた。彼らの間には気楽な関係性が築かれている。「『アウトロー』に出ている他のキャラクターたちのことがわたしは大好きなんだ」[20]とイーストウッドは語っている。彼はこのキャラクターたちをプロットに必要とされる以上のところまで押し広げて描き、このジャンル特有の厳格さとは真逆の長いおしゃべりなシーンに惜しみなく時間をとっている。そこがまたとても新鮮だ。しかもイーストウッドは、彼をスターに押し上げた厳しいイメージを損うことさえ喜んでやっている。リチャード・コーリスはタイム誌の記事に「彼は自分をどう演出すべきかもしっかりと心得ており、ブツブツ語るユーモアセンスを刺激的なセクシーさに突き合わせている」[21]と評した。ジョージーの口から頻繁に吐き出されるのは、噛んでいた煙草の塊だけでなく、表情を変えずに繰り出す奇抜な言葉であり、そうやって仲間たちに希望や計画を伝える。「まあそんなところだね」[22]と本人も認めている。

　この映画のテーマのひとつは、歴史的な出来事がどのようにひとりの男の物語を形作るものなのかを見せることだ。平穏な生活を送りたいという欲求が直接的に作用してウェールズは伝説的存在となった。彼は可能な限りの復讐をすべてやり切る。つまりこの映画はイーストウッド自身がかつて持っていた信条が及ぼす後遺症を探求したものであり、だからこそ、復讐は虚しいものとして描かれ、戦争の意義は疑問視され、暴力的対立は恥ずべき醜いことであると結論づけている。シッケルの分析によると、若い賞金稼ぎがウェールズを追って道行の果ての薄暗い酒場までやってきたシーンは極めて重要なシーンであるという。

「死んじまったらはじまらないぜ、坊や」とイーストウッドは暗闇の中で目を細めながら呻くように言い、賞金稼ぎにその場を去るチャンスを与える。勝ち目はないと判断した賞金稼ぎは一度その酒場を出るが、すぐに舞い戻る。考え直して死すべき運命を選ぶのだ。神話における自分の任務を全うするために。

「俺にはこうするしかない」と賞金稼ぎはウェールズに言う。

「わかっている」[23]と主人公は答えて彼を撃つ。

　手探り的な奇妙な方法ではあるものの、『許されざる者』の種はこの『アウトロー』で蒔かれたと言えるだろう。

　この作品はイーストウッドの西部劇の中で複数のネイティブ・アメリカンのキャラクターを明示的に登場させた唯一の映画だ。それ以上に重要なのは、彼らを人間性豊かに描いたことだ。それはこのジャンルではおざなりにされがちだったものだ。フェイスペイントを施した顔で睨みつけてくるユーモアを解さない戦士というコテコテの描き方は絶対にしないと心

左ページ：ロケ撮影は常に負担が大きいが、イーストウッドはロケ地にいるときが一番楽しかった。『アウトロー』の撮影は、アリゾナ、ユタ、ワイオミング、カリフォルニアの各地で長期にわたって行なわれたが、彼は周囲の環境からインスピレーションを受けただけでなく、余計な口出しをする映画会社から遠く離れた土地にいることで解放感も得ていた。

右：ジョージーという人物像の要は、取るに足らないミズーリの農夫が、本人の意図とは裏腹に、伝説的存在になったところにある・彼は成り行きで「英雄」になってしまっただけだ。そのことから、この映画を反政府主義の声明、反ベトナム戦争の比喩的表現と捉えることもできる。

に決めていたイーストウッドは、3人の重要な役どころに本物の土着の俳優たちをキャスティングした。口数の多い年老いたチェロキー族の放浪者ローン・ウェイティ（人々の記憶に残るチーフ・ダン・ジョージ）は馬を奪われて（降参したのは自分ではなく馬だと主張する）立往生していた。肝が据わったナバホ族の女リトル・ムーンライト（ジェラルディン・キームス）は奴隷から自由になった身だ。コマンチェ族のチーフのテン・ベアー（『カッコーの巣の上で』［1975］で有名なウィル・サンプソン）は険しい人物だ

が良識も備えている。

　イーストウッドは、オブラートに包むことなくベトナム戦争のメタファーとして西部劇を描いた『小さな巨人』（1970）を見て、チーフ・ダン・ジョージの存在を知った（この映画でジョージはアカデミー賞助演男優賞ノミネートを果たしている）。「彼の顔はいくら見ても見飽きない顔だ」[24]とイーストウッドは振り返る。表情が素晴らしいだけでなく、アメリカの景観がその顔に刻まれているのだ。「あの顔にカメラを向けるだけで、もう間違いようがないね」[25]。ただし彼はセリフ

覚えがとても悪かった。そこでイースト
ウッドは、この70歳を優に超えた俳優
で活動家で詩人で、かつてはブリティッ
シュコロンビア州ツレイル・ワウトゥス・
ネイションのチーフだった彼に、彼自身
の言葉で、そして彼特有の瞑想的なリズ
ムで、ローン・ウェイティの気まぐれな
余談を語るよう指示した。そのやり方は
ほとんどのシーンで功を奏している。シ
カゴ・サンタイムズ紙は「観客は彼の言
葉に本能的に反応していた」[26]と評して
いる。ジョージが発する言葉にはどれも
すごく重要そうな響きがある。だから観
客はもっと彼の言っていることを聞きた
いと思い、前のめりになる。イーストウッ
ド自身も、彼らしくもなく、撮影現場で
何度か涙を流したほどだ。監督と俳優の
間で繰り広げられる和やかな綱引きから
生まれた皮肉たっぷりでナチュラルな素
晴らしい演技は、この映画に型破りなス
ピリッツをあたえている。

　ウェールズの恋の相手的な役柄である
ローラを演じたテネシー生まれの小柄な
（162.5cm）ロックもまたこの映画で不
思議な独特のオーラを発している。ロー
ラはほとんど子どものような心、もしく
は、風変わりで不思議な心の持ち主に見え
る。彼女はほとんど言葉を発さない。信
心深くて口うるさい祖母（ポーラ・トルー
マン）と共に旅をしているが、ウェール
ズたちと行動を共にするようになってか
ら、徐々に自らの居場所を見出してゆく。
カーソン・マッカラーズのアメリカ南部

上：この映画の主人公ジョージー・ウェールズは実在した
無法者ジョージー・ウェールズがモデルであるという説も
ある。どちらもミズーリ生まれ、どちらも南軍のゲリラ部隊
に入隊し、どちらも戦犯として責められた。

上：どちらの立場も丁寧に
描く──ジョージーがこの
土地の族長テン・ベアー（名
優ウィル・サンプソン）に
和平交渉する場面は秀逸
だ。この作品は西部劇には
珍しくネイティブ・アメリカ
ンに人間味をあたえて描い
ている。

を舞台にした小説を映画化した1968年
の『愛すれど心さびしく』でアカデミー
賞候補になっていたロックは、『愛のそ
よ風』のオーディションも受けており、
イーストウッドに好印象を残していた。
『アウトロー』以降、彼女はイーストウッ
ドの私生活と仕事の両面に深くかかわる
ようになる。ゴシップによれば、ふたり

がこの映画の撮影中に強く惹かれ合うよ
うになって以来14年間、ロックとイー
ストウッドはスクリーン外でもスクリー
ン内でも恋の相手として離別と復縁を繰
り返していた。その後の彼の5本の映画
（その内3本は彼の監督作）に彼女が出
演していることからも、彼女がイースト
ウッドの人生を語る上で欠くことので

きない存在であることは明らかだ。

ただ、この映画撮影時の彼女はまだ、この監督が女優をグラマーに見せるのを嫌悪していることをやっと理解しはじめたところだった。彼は、魅力的に仕上げようとしたメイクアップ・アーティストを睨みつけ、逆に、彼女の眉毛を焼き切って魅力のない毛根だけを残したときには、この上ない満足の意を示した。その方がずっと現実に即しているからだ。

1976年6月26日にプレミア公開された『アウトロー』は、下馬評を覆して、かなりのヒット作となり（3100万ドル超を売り上げた）、イーストウッドがスターとしても監督としても幅広い才能と持続

性の持ち主であることを証明してみせた。この時点において、彼は監督と主演俳優の両方の立場でこのジャンルに信憑性をもたらすことのできる唯一の存在になろうとしていた。それを象徴するかのように、同年には、死が間近に迫っていたジョン・ウェインがなんとあのドン・シーゲルを起用して作った名高い西部劇『ラスト・シューティスト』（1976）が公開されジョン・ウェインの遺作となった。

公開当時の評価は驚くべきことに賛否両論入り乱れるものとなった。映画評論家界隈の多くはまだ、イーストウッドは単なる成り上がりの有名人に過ぎないのではないかと疑問の目を向けていた。彼らはこの映画のサブテキスト（現代のア

左：ジョージーに庇護される若い娘ローラ・リーを演じるソンドラ・ロック。イーストウッドにキャスティングされた時点では、ロックの映画出演経験は1本しかなかったが、この映画以降は、10年間ずっと彼の映画の主演女優候補となっている。

右：撮影現場でくつろぐイー
ストウッドとロック──ふた
りの恋愛感情がスクリーン
の中だけでなく外でも育ま
れていたことは隠そうとして
も隠しきれるものではなかっ
た。

メリカを比喩的に描いていることも、イーストウッドが自らの過去に切り込んでいることも、アーキタイプの概念をズタズタに引き裂いてみせたことも）をすっかり見落とし、この映画もまたマッチョな血まみれの映画でしかないと言い捨てていた。ニューヨーク・タイムズ紙はこの作品を「南北戦争後を舞台に壮大な西部劇を作ろうと試みただけのつまらない作品」[27]とけなしている。イーストウッドを嫌悪していることで知られるニューヨーカー誌のポーリン・ケイルは、この映画の批評記事を書く気にさえなれなかったらしいが、この映画の公開日前夜のスピーチで、イーストウッドは「議論

倒れの現代のマッチョ」[28]であると宣言した。この映画のアカデミー賞ノミネートは音楽部門だけに終わった。公正を期すため記しておくが、もちろん支持する声もあった。ロサンゼルス・タイムズ紙はこの映画を「人間性に目を向け時代を超えた寓話」[29]と解釈している。またタイム誌はこの年のトップ10映画リストにこの映画を入れた。イーストウッドの後のキャリアも鑑みた広い視野で眺めてみると、『アウトロー』という作品は彼のキャリアのターニングポイントであり、真の決意表明でもあったことがわかる。無口なジョージー・ウェールズがイーストウッドに声を与えてくれたかのようだ。

上：イーストウッドは『アウトロー』によって監督として成人した。この映画は彼の芸術家としてのアイデンティティを確固たるものにしただけでなく、伝統的であると同時に改革主義的でもあるという、いかにも矛盾するがパワフルな新しい光を西部劇に当て、このジャンルを改変してみせた。

至高のミニマリズム
クリント・イーストウッドの名演10選

ダーティハリーの鋳型を使って作られた典型的なイーストウッド調サスペンス映画とされている『ガントレット』を評した、ニューヨーク・タイムズ紙のヴィンセント・キャンビーによる記事に、彼のスタイルは「他の男たちの禿げ頭を見下ろす人生を送ってきた男による、落ち着きのある自信をたずさえた」[1]スタイルだと書かれている。優越性という意味では、その意見にも一理あるかもしれない。しかしイーストウッドは、ほとんどなにもしないことによって多くを表現してみせる人物であることも確かだ。コテコテの決まり文句や決め台詞がなかったとしても、彼の演技には確実に並外れた幅広さと熱意がある。そういう意味でも、俳優のイーストウッドについて知れば知るほど、監督のイーストウッドについて多くを知ることができるだろう。

上：『許されざる者』（1992）のウィリアム・マニーを演じるイーストウッド――素晴らしくも明快な彼の演技はアカデミー賞主演男優賞を受賞すべき演技だった。

『続・夕陽のガンマン／地獄の決斗』（1966）のブロンディ

イーストウッドにとって最後のマカロニウエスタンとなったこの作品でも、彼の演じるブロンディは相変わらず狡猾な賞金稼ぎ（原題の《善人》にあたる）だが、今ではイーライ・ウォラック演じるテュコ（原題の《悪人》そのもの）と迷コンビを組んでいる。その青い瞳に光るのは人間味なのだろうか？

『白い肌の異常な夜』（1971）のジョン・マクバーニー

イーストウッドはストレートな英雄の道程をたどることにまったく興味がなかった。南部の女子寄宿舎に身を隠しながらそこの女たちを手玉に取ろうとする負傷兵というこの役柄は完全な悪役であるとさえ言える。つまるところ、彼は安易に道徳を諭す分野には興味がなかったのだ。

『ダーティハリー』（1971）のハリー・キャラハン

ハリー・キャラハン刑事はけっして軽蔑的な決め台詞と特大マグナムだけの存在ではない。このキャラクターについての意見は確かに二極化しており、とりあえず銃をぶっ放してすべてを解決しようとする信条はファシストそのものであるという声高な批判もある。しかし、彼が無益な社会システムの中で奮闘する男であるという事実、そしてまた、この映画にはちょっとした自己風刺の側面があるという事実を、批判する者たちは明らかに見逃している。

『ブロンコ・ビリー』（1980）のブロンコ・ビリー

おふざけモードのイーストウッドだが、このみすぼらしい旅一座のショーマンからはメランコリーがチラリと垣間見えるだけでなく、狂気すれすれの自己妄想もかすかに見て取ることができる。この人物はほとんどイーストウッドの典型的な演技をパロディ化した存在のようだ。

『タイトロープ』（1984）のウェス・ブロック

ニューオリンズのこの刑事はハリー・キャラハンのアンチテーゼだ――真面目な男だが、その性癖から異常な脆弱性が漏れて見える。イーストウッドは様々な作品でクールな外面の裏側にある弱さを頻繁に探求している。

『許されざる者』（1992）のウィリアム・マニー

年齢を重ねて疲れ切ったかつてのガンファイター（上）は、その存在そのものが、これまでのイーストウッドのキャリアの神話を物語っているようだ――隠すことのできない過去について永遠に探求しつづけている。

『ザ・シークレット・サービス』（1993）のフランク・ホリガン

ド直球のヒーロー役ではあるが、この仕事をするには自分は歳を取り過ぎていることに気づくこのシークレット・サービスの男は、複雑で聡明な人物に描かれている。

『マディソン郡の橋』（1995）のロバート・キンケイド

本当なのか？　恋愛モードのイーストウッド？　彼がここまで感情を表に出した作品はこれまであっただろうか？　人生で一番愛した女性、メリル・ストリープ演じるアイオワ州の主婦から身を引かなければならなかった孤独な写真家。そこには真の苦痛を見ることができる。

『ミリオンダラー・ベイビー』（2004）のフランキー・ダン

おそらく、カメラの前に立つ彼の最高峰がこれだろう。ダンは心の波乱に満ちた鮮烈な生活を送ってきた気難しい古風な男――人生に悔恨と愛だけを求める男だ。

『グラン・トリノ』（2008）のウォルト・コワルスキー

辛辣で頑固で人生に疲れ果てているウォルト・コワルスキーを見ていると、あのハリー・キャラハンが完全に蘇ったようだ。イーストウッドはハリー・キャラハンというメタ素材を知りすぎるほど知っているのだ。しかし、ウォルトはまた、カメラの前に立つイーストウッドの純然たる存在感を再認識させてくれるものでもある。

アメリカン・ストーリーテラー

『ガントレット』（1977）、『ブロンコ・ビリー』（1980）、『ファイヤーフォックス』（1982）、
『センチメンタル・アドベンチャー』（1982）、『ダーティハリー4』（1983）

今これは明白な事実だ。クリント・イーストウッドは次の5本の映画の監督に躊躇なく就いた。不安を抱くこともなかった。過渡期すらなかった。彼は自分を知っていたし、芸術家でさえあったし、マルパソ社はハリウッド界隈のヘビーウェイト級製作会社と言えるほどに成長していた。しかし実のところイーストウッドはもっとシンプルに考えていた。「親父の夢は金物店の店主になることだった」と彼は言う、「蛙の子は蛙ってわけさ」[1]と。

予算を引き締めた彼の映画作りが功を奏して、ワーナーブラザーズとの関係はより強化された。彼に好きなようにやらせさえおけば、最終的には健全な額の利益が返ってくるのだ。噂によると、撮影の最終日になると彼はいつも会計課に電話を入れて今回は予算をどれだけ下回れたか確認していたらしい。90年代後半の時点で、イーストウッドが作る映画の95%が赤字になることなく、利益をもたらしたと言われている。

もうひとつの有名な噂は、彼が撮影現場に椅子をおくことを禁止し、そこにいる全員、特に出演者に、常に臨戦態勢をとらせていたというものだ。本当のところは、あるインタビューで、ロケ地で撮影する方が好きな理由として、スタジオだとだれもが椅子を探し回っているが、ロケ地だとみんな作業に専念するからだ、と答えただけにすぎない。彼は世界恐慌の真っ只中に幼少期を送り、その影響を直に目にし、街から街へと移りながら父親がガソリンスタンドで働く姿を見てきた。その記憶が深く刻まれているのだ。「確かに無駄を一切出さないよう心がける生活を送っていたせいかもしれないね」[2]。それ以上深くそこを掘り下げたくなさそうではあるが、彼もそう認めている。ワーナー撮影所の敷地内に与えられたアドビ様式のテラコッタ瓦屋根のバンガロー（ちなみにワーナーの重役たちはそこを《タコ・ベル》と呼んでいた）の中で、彼が前例にない自治体制を獲得していたことに間違いはない。

それでいて、ムービー・ブラッツ、つまり映画界の古き秩序を崩すことに心血を注いでいたコッポラやスコセッシや若きスピルバーグなど70年代のやり手たちとも一線を画していた。イーストウッドは、大躍進をとげたアメリカン・ニューシネマにも、習慣の足かせを捨て去ることにも、新たなジャンルを切り開くことにも、一切魅力を感じなかった。フラン

「良い映画を作るためには、良いキャストや良いストーリーやあらゆる要素が揃っていなければならない。しかし、突き詰めれば、良い映画になるかどうかは、組み立ての全体を通して、それらすべてのコンセプトを維持できる統率力があるかどうかにかかっているんだ」
クリント・イーストウッド

上：『ガントレット』(1977)
の宣伝素材撮影でチョッパーバイクにまたがるイーストウッドとソンドラ・ロック
──表面的にはアクション映画だが、この作品は複数のジャンルにまたがっており、警察ドラマとしても、そしてラブコメとしてさえも機能している。

1976 The Enforcer
Actor

上：イーストウッド演じる『ガントレット』のアンチヒーロー、ベン・ショックリー刑事は、ほとんどダーティハリーのパロディとさえ言えそうなキャラクターで、権威に疑問を持たずにずっと生きてきた疲れ切った警察官は、ついに正義感に目覚めてゆく。

シス・フォード・コッポラによる『地獄の黙示録』(1979)の神童的アプローチは、彼の性質とはまったく異なるものだった。イーストウッドは良い企画のオファーをみすみす取り逃がすことをよしとしない。しかし、あそこまでスリリングな強迫観念となると、もはや自分の身には余るものだと感じたのではないだろうか？ これは単なるわたし個人の妄想的な疑問ではない。イーストウッドはあの川を遡る秘密任務につく主人公ウィラード役のオファーを受けていた。その役に最終的についたのはイーストウッド調の集中力の持主であるチャーリー・シーンだ。イーストウッドはあのキャラクターにもコン

ラッドの原作にもその解釈にも好感を持っていた。しかし撮影のために2年間もジャングルで過ごすことだけは、どうしても受け入れられなかった。「そんなことするのを許される映画など存在しない」[3]と彼は声高に主張している。

それでいて彼の作品にはああいった映画に類似した雰囲気も漂っている。芸術家とかアート映画作家であることを吹聴するレトリックこそ持ち合わせていないが、彼もまた彼自身の個性で映画を作り上げていることは確かだ。大映画会社と組んでそれをしていたことにも、おそらくある程度の妥協があったのではないだろうか。無駄をそぎ落とした彼の創作ア

プローチに見られる単純さ（それとも純潔さという言葉の方があっているだろうか）ばかりに目が向けられがちだが、彼のフィルムメイキングは見事なまでに優美だ。一貫性のある質感が作品スタイルとして昇華している。「良い映画を作るためには、良いキャストや良いストーリーやあらゆる要素が揃っていなければならない」とイーストウッドは言う。「しかし、突き詰めれば、良い映画になるかどうかは、組み立ての全体を通して、それらすべてのコンセプトを維持できる統率力があるかどうかにかかっているんだ」[4]。テキパキと行動し、フレッシュさを保ち、思考を整然と保つことで、ストーリーへの直感に忠実でありつづけるのだ。

歌やダンスを減らし、古き良きハリウッドを皮肉り、ジャンルのルールを書き換えながら、彼はアメリカという大きな謎を探求していた。主演俳優としての彼にさえも、反権威主義者の印象がある。個人主義を象徴する青い目をしたトーテムといったところだ。イーストウッドは典型的なアメリカのストーリーテラーとして世に出た。その世界は映画監督を新たな詩人とみなす世界だ。彼の為せば成る精神も、目的意識への強いこだわりも、タコだらけの手も、その世界に属している。生きのびる者たち、一匹狼たち、殺し屋やたちにたいする彼の直観は、すべて経験によって育まれている。彼を取り巻いていた状況が大きな力になっていた。自己決定に突き動かされながら、彼はより

広義な意味での伝統に属していた。たとえるなら、ヘミングウェイやフォークナー、それにイーストウッドと同じくモントレー半島を愛したスタインベックが書いたような、人々がギリギリの生活を送る不毛な土地を舞台にした世界観に近いものだ。独特なスタイルを持つタフガイ作家ノーマン・メイラーは、パレード誌でイーストウッドを分析し「『武器よさらば』の中にヘミングウェイ自身をクリアに見て取れるのと同じように」[5]イーストウッド作品にはイーストウッドをクリアに見て取ることができると述べている。

もちろん、イーストウッドはビジネスとしての経済面を無視するほど世間知らずではない。70年代は実験的要素が強かったが、80年代になると大胆で華麗な映画作りへと推移した。それを見ているとまるでクリント・イーストウッドがふたりいるようにさえ思えてくるほどだ。ひとりはヒットを目指して観客の望み通りに自らのスターダムという堅い基盤の上に映画を築いた彼。もうひとりは、自身の冒険精神やアメリカ的感覚に共感するストーリーを語る小規模で不確実な映画に心を開いた彼だ。お互いに欠けている部分を埋め合っていると言うこともできるかもしれないが、彼自身はその違いを意識して企画を選んだことなど一度もない。単純にその時点で気に入ったものを選んでいただけだ。

どの脚本もそうであるように、『ガン

上：製作費500万ドルの『ガントレット』はイーストウッドのその時点までのキャリアで最も高額な予算の映画であるだけでなく、彼がそれまで演じてきたアクションシーンの中でも屈指の素晴らしい場面が登場する——武装警官隊の激しい銃撃を雨あられと浴びながら公共バスを走らせる、25万発超の爆竹を使用して撮られた場面だ。

トレット』の脚本が彼の散らかったデスクの上に届くまでにも波乱万丈の経緯があった。この企画は、少し意外な組み合わせだが、バーブラ・ストライサンドとスティーヴ・マックィーンというどちらも70年代を象徴するふたりのために用意されたものだったが、必然的にふたりのエゴが衝突し、マックィーンが降りてしまった。そこでストライサンドと（マックィーンと似た熱さを持つ）イーストウッドを組ませたらどうかという案が浮上した。このストーリーには荒っぽい刑事と

短気な娼婦という可燃性の強いカップルが必要だったのだ。刑事は殺人事件の目撃者である娼婦をベガスからフェニックスまで護送しなければならない。単純な仕事だと思っていたが、彼女のせいで破滅させられるかもしれないことを恐れた汚職まみれの警察がふたりの行く手を待ち受ける。

　イーストウッドはその脚本を気に入った。そこに描かれている術策を存分に楽しめたからだ。この脚本は、彼の目には、重厚な数々のアクションシーンを交えな

1977　**The Gauntlet**
Actor/Director

がら進行するスクリューボール・コメディ的ラブコメ作品として映っていた。表向きはアクション映画のかもしれないが、この不釣合いなカップルは、お互いしか頼る相手がいない状況の中で、少しずつ恋に落ちてゆく。「これは『アフリカの女王』（1951）の伝統を継ぐものだ」と彼は彼らしくもなく宣言している、「愛憎がラブストーリーへと発展してゆくからね。しかもむやみやたらなアドベンチャーでもある」[6]。ハイウェイでのカーチェイス、電線に絡まるヘリコプター、

列車から放り出されるヘルズ・エンジェルズ。どのアクションシーンも存在感のある法外なものばかりだ。飛行機、チョッパーバイク、車、バス、オートバイと実に様々な乗物が登場するが、この物語の真のエンジンは刑事と目撃者の間で繰り広げられるギクシャクしたやりとりにあった。

ストライサンドは、ザ・イーストウッド・ショーのゲスト的存在になってしまうことを危惧して出演を避けた。もし実現していたら、それぞれハリウッドの陰

下：『ガントレット』にもイーストウッドのロケ撮影へのこだわりをうかがうことができる——ラスベガスとフェニックスの間にある砂漠地域を使用することで、この映画に西部劇を思わせるワイルドさがあたえられた。

と陽を体現するふたりは一体どんなスパーリングを繰り広げていただろう。ストライサンドが降りた後も、イーストウッドは、自身初となる刑事映画を監督したいという意欲から、この企画を先に進め、ストライサンドの役柄にソンドラ・ロックを据えた。これは『アウトロー』では限られたシーンでしか表現できなかったふたりのケミストリーをふんだんに見せつけるチャンスにもなった。

　彼も断言しているように、彼女が演じたオーガスタ・"ガス"・マリーという役柄は「形ばかりのお飾り」を遥かに超えて[7]おり、むしろイーストウッド演じるベン・ショックリーと同等の存在感がある。『アフリカの女王』のキャサリン・ヘップバーンとまではいかないまでも、ロックは馬鹿らしいまでに頑固な護衛の男を相手に、見事な対位旋律を奏でてみせた。ニューズウィーク誌は彼女の演技を、その年公開された映画の中で最も「わざとらしさのない自然な」[8]演技だったと称えている。

　1977年の春にラスベガスからもフェニックスからもさほど遠くない（イーストウッドはどちらの都市も「平凡な」街だと言っている）砂漠地帯で撮影された『ガントレット』は、『ダーティハリー』で描かれている文化を想起させるものであると同時に、そのパロディでもある。ショックリーはフェニックス警察の辺境地域に左遷された惨めな刑事で、自らの失敗を酒で忘れようとしていた。しかし

自分がはめられていたことに気づくと、心の奥に潜んでいた正義感がようやく目覚め、贖いの道を進みはじめる。

　銃弾が雨あられと降り注ぎ、車を粗大ゴミにし、家を瓦礫にする。このモチーフには自己パロディの要素があるだけでなく、現実の出来事からインスピレーションを得たものでもあった。パトリシア・ハーストがシンバイオニーズ解放軍に誘拐された際のニュース映像に映っていたポップコーンのように飛び交う弾丸を彼は思い出していた。「現実はときに非現実的なものだ」[10]と彼は指摘する。過剰さは、カメラの前では、ドラマ性を高める素材として優秀なものになり得る。この映画のフィナーレでショックリーとマリーは運命を決めるため板金で装甲を施した公共バスでフェニックスに乗り込み、またもや鉛の弾の嵐を浴びまくる。その効果映像は、ポップアートのバイオレンスが、西部劇の神話が、刑事映画の神話が、そしてイーストウッドの神話が、ふんだんにあふれ出た末にパロディまで達したようにさえ見える。シカゴ・サンタイムズ紙は、このシーンは「もはや楽しいまでに荒唐無稽」[11]であると評した。観客もまた、イーストウッドのアイロニーを理解したかどうかはともかく、その批評と同意見だった。この映画はヒットし、全世界で2600万ドルの興収を記録した。

　レストランで見ず知らずのブロンド娘からアプローチされることは、イースト

ウッドにとって、特に珍しいことではなかった。しかしこの女性の場合、彼とテーブルを共にしていたプロデューサーの知り合いだった。しかも彼女は仕事の話をするために声をかけたのだ。イーストウッドが気に入るに違いないと確信できる脚本がある、と彼女はもちかけた。これもまた珍しいことではなかった。彼の元に脚本を届ける送り主は、全員が全員、クリントの好みを調べて把握しているのが普通だ。話を聞くと、この女性は、この業界で足がかりをつかもうと必死になっているふたりの若手脚本家、デニス・ハッキンとニール・ドブロフスキーの代理人だという。そういう若手の存在もまたけっして珍しいものではなかった。しかしイーストウッドはそういう動機を疎ましいとは思わなかった。彼自身もかつてはブレイクのチャンスを窺うよそ者だったからだ。翌日にはもう彼女から『ブロンコ・ビリー』というタイトルの脚本が届いていた。

サイレント映画時代の初の西部劇スター、ブロンコ・ビリー・アンダーソンの物語に違いないと思いながら出だしの数ページを読みはじめたイーストウッドは、結局最後まで一気に読み切ってしまった。

『ブロンコ・ビリー』はあのサイレント映画のガンマン俳優の伝記映画でもなければ、西部劇ですらなかったが、過ぎ去りし時代へのノスタルジアにあふれていた。実のところ、ノスタルジアこそがこ

上：イーストウッドは、『ガントレット』の劇場公開用ポスターに「英雄コナン」の挿絵で有名なファンタジー・アーティスト、フランク・フラゼッタの誇張されたデザインを選んだが、その目的はコミックの活力とこの映画のスリルを前面に押し出すことにあった。

の作品のテーマだ。時代設定は1960年代、イーストウッド演じるビリーは、アメリカ中西部を巡業するわびしい西部劇ショーの一座を率いる夢見る男で、変わり者たちの集団を連れて土地から土地へと渡り歩いている。この集団をイーストウッド監督は「狂人たちのコラージュ」[12]と呼んでいる。ビリーはカウボーイに扮して射撃と馬の曲乗りを披露（これがアイロニーであることは一目瞭然だ）し、蛇使いのチーフ・ビッグ・イーグル（ダン・ヴァディス）は自分の飼うガラガラヘビにしょっちゅう咬まれ、ラッソ・レオナルド（サム・ボトムズ）は徴兵逃れの身で、レフティー・ルバウ（ビル・マッキーニー）はショットガンの事故で左腕を失っ

ており、リングマスターのドック・リンチ（スキャットマン・クローザース）は古き良き日々を懐かしんでばかりいる。それでも彼らはなんとかギリギリ（ビリーの目隠しナイフ投げのフィナーレのアシスタント役に逃げられてさえも）やりつづけている。この物語は遊び心にあふれ、その奇妙さはもはや奇想天外の域に達するほどだが、彼はこの脚本がかもし出す昔のハリウッド的な要素に強く惹かれるものを感じた。敢えて時代を逆行している雰囲気がそこにはあったのだ。

「最初に感じたのは、フランク・キャプラやプレストン・スタージェスが全盛期に撮りそうな映画だな、という印象だ」とイーストウッドは振り返る。「60年代

右：イーストウッドに近しいアドバイザー全員が『ダーティファイター』（1978）には出演するなと忠告した。クライドという名のオラウータンにシーンをすっかり奪われてしまうことは目に見えていたが、彼はこの労働者コメディ映画に出るべきだという自らの直感を信じた。結果的にこれは彼の主演作品の中でも屈指のヒット作となった。

1978　**Every Which Way but Loose**
Actor

The most outrageous of 'em all.

CLINT EASTWOOD

BRONCO BILLY

coming to this theatre in June

ともベトナムともウォーターゲートとも まるで無関係の、探求したら面白そうな 価値観があの脚本にはあったんだ」[13]。

　この手の奇想天外な発想に強いアピー ル力があることは、すでに証明済みだっ た。なぜならクライドという名の無頓着 なオランウータンを相棒に持つストリー トファイターを彼が演じた『ダーティファ イター』(1978) が予想外のヒットを飛 ばしていたからだ。『ダーティファイター』 には出るべきでないとだれもが彼を説得 したが、このまとまりのないストーリー (監督は元アシスタントのジェームズ・ ファーゴ) にイーストウッドはしっくり くるものを感じていた。クライドの存在

上：風変りなコメディ映画『ブ ロンコ・ビリー』(1980) には、イーストウッド監督が いかにも選びそうなロマン にあふれた紆余曲折が描か れている——西部劇ショー の巡業一座を潰さないよう 格闘する、疲れ果てた夢見 るカウボーイの物語だ。

左：端的に言うなら、『ブロ ンコ・ビリー』はイーストウ ッドが少年時代に観たフラ ンク・キャプラ監督のチャー ミングで快活なコメディ映画 を想起させるものであると 同時に、アメリカンドリーム に潜在する狂気と可能性を 探求する機会も与えてくれ た作品でもあった。

1979 **Escape from Alcatraz**
Actor

についてもまるで気にならなかった。彼にとってあれは単なる映画のマスコット的な動物にすぎなかった。正直、トレイラー・パークに猿がいるという違和感などどうでもよく、主人公が地元でクリント・タイプのクールな男だと思われていることに悩んでいるという発想を特に気に入っていた。ストライサンドとは違い、イーストウッドは共演者や共演する動物にシーンを食われることなどまるで気にしなかったのだ。興行的に屈辱の結果になるだろうと予想されていたこの映画は、8500万ドルの興収を記録し、彼のキャリアを通して屈指の収益をあげた作品のひとつになっている。

イーストウッドは、アメリカという国家の不思議さ、パッチワーク・キルトのようなこの国の特異性にずっと興味を持ちつづけている。それは『愛のそよ風』にも見ることができるし、『アウトロー』に至っては作品を織り成す主要フレーバーのひとつにさえなっていた。そういう意味でも『ブロンコ・ビリー』は間違いなく『アウトロー』という奇抜な西部劇のかわいい妹分のような存在だ。外見を西部劇のアーキタイプで着飾った社会不適合者たちのファミリーがこの映画にも描かれている。

撮影は、1979年秋、5週間半と数日にわたって、ブロンコ・ビリーと同じ田舎道をたどり、アイダホの街から街へと移りながら楽しく行なわれた。「ただ純粋に描くだけでいい」と彼は語っている、

「ヒットを狙って余計なことをやったりはしないよ。『ダーティ・ブロンコ・ビリー』を作っているわけではないんだからね」[14]。

彼はけっしてひとつのジャンルだけに当てはまるストレートな作品は作らないし、『ブロンコ・ビリー』も笑いだけを狙った映画には見えないが、少なくとも脚本だけを読めば、コメディとして書かれている。しかしイーストウッドは演じながら真顔を崩さない。この作品は正真正銘のおとぎ話なのだ。一座は成り行きからロック演じる見捨てられた跡取り娘アントワネットを抱え込むことになる。情に薄く恩知らずなこのお嬢様の反抗心が、ビリーのいかつい魅力によってゆっくりと解（ほど）けてゆく。彼女は実に映画的なキャラクターだ。『ガントレット』で完璧に機能した度胸のあるおしゃべりな女性像は、『ブロンコ・ビリー』のようなより純真な設定には、普通はそぐわないものだ。

『ブロンコ・ビリー』はイーストウッド映画の中で最も自己参照要素が強い作品であると読み解くのはさほど難しいことではない。ビリーは彼に懐疑的な目を向けるアントワネットに向かって「俺は自分の生きたいように生きているだけだ」と言う。我が道を歩んでああいう人間になったビリーという人物にイーストウッドは好感を持っていた。「どこか世間知らずなところがあるんだよ、この夢見るニュージャージーの靴のセールスマンにはね」[16]。さらに、ビリーの一座のショー

の作り方は、唯一無二の存在を中心に据え、仲間の絆を燃料にしているという点で、イーストウッドの映画創作プロセスの鏡映しだ。「ブロンコ・ビリーと他のキャラクターとの関係性は、わたしと出演者たちのそれとほとんと同じだった」[17]と彼も認めている。

　伝記作家リチャード・シッケルは、それが意図的であったかとうかはともかく、ブロンコ・ビリーはクリントそのもので、「クリントがマルパソ社をあの疲れ切った西部劇ショーの一座に変貌させたのではないかと思えてしまうほどだ」[18]と述べている。

　オランウータンが出演していないせいか、この映画の興収は前作と比べて厳しいものにはなったが、批評とは裏腹に『ブロンコ・ビリー』はある程度のヒット作（3200万ドル）に成長した。イーストウッドはこの後にも『センチメンタル・アドベンチャー』で、そしてずっと後の『パーフェクト・ワールド』や『クライ・マッチョ』で、この映画と同じ温かみのある雰囲気を復活させている。キャラクター主導で描かれている作品ではあるが、けっしてセンチメンタルではないし、ビリーについて言うなら、まったく正気な男というわけでもない。

　「彼は頭がいかれているね」[19]とイーストウッドは説明する。別の時代に生きることに恋焦がれ、古風なマナーにこだわり、浪漫的で、世間知らずで、少し間抜けなビリーは、イーストウッドの人格を滑稽な形で反映させた存在、言わばジョーク版クリントといったところだ。一座の運がもはや尽きそうになったとき、西部のならず者の武勇伝で頭の中がいっぱいなビリーは、無謀にも列車強盗を計画する。銃を準備し、馬の背にまたがって列車を待つが、標的が猛スピードで疾走する現代的な特急列車だということをまったく頭に入れていない。そして、この映画もまた、エンディングが美しい映像で締めくくられる。精神病院の患者たちが星条旗を縫い合わせて作ったテントの下で、復活した一座のショーが進行する。「アメリカというのは、狂人によってまとめられた、最も狂った発想で生まれた国家なのさ」[20]とイーストウッドは笑う。

　『ファイヤーフォックス』は彼の作品群においてかなり異質な作品であるかのように見える。特殊効果と2100万ドルという巨額予算が必要とされたところも異質だ。80年代のフィルムメイキングのトレンドがハイコンセプト嗜好へと方向転換した映画業界に、イーストウッドはしらけた一瞥をくれていたはずなのだ。実のところ彼はこの映画を『アイガー・サンクション』の血脈に属する冷戦サスペンスとして捉えていたにすぎない。原作であるクレイグ・トーマスの小説を彼に勧めたのも、あの向こう見ずな登山映画でヘリコプターのパイロットを務めた人物だった。ストーリーは、戦争で心に傷を負った（「ワレモノ注意シールつき

左：この映画はまた、実生活のパートナーでもあるソンドラ・ロックとふたたびタッグを組んで勝気な男女に恋の炎が点火される様子を描く機会にもなった。ロックが演じた堅苦しい金持の跡取り娘は家族に見捨てられてビリーの巡業一座に拾われる。

下：ビリーというキャラクターにも軽い自己パロディを見ることができる──彼は現代社会に取り残されたカウボーイで、古風な価値観で生きているものの、不思議なことに、どこか妄想的でさえある。イーストウッドが自身のスターダムを見事に茶化してみせた屈指の好例と言えるだろう。

1980　**Bronco Billy**
Actor/Director

の男」[21]とイーストウッドは表現している）ベトナム帰還兵で、パイロットとしての腕は立つミッチェル・ガント（イーストウッド）を追ったものだ。ガントはテレパシーで操縦する最新鋭スーパージェット機《ファイヤーフォックス》を盗むためソ連に送り込まれ、イギリスの個性派俳優たち（ウォーレン・クラーク、ロナルド・レイシー、ナイジェル・ホーソーン）が演じる反体制地下活動家の力を借りながらその任務にあたる。イーストウッドはこの物語が「軍拡競争を適切に反映させている」[22]ことに好感を抱き、それらの描写には現実的なスリルがあると主張した。

撮影は、彼にとっては珍しく、『アイガー・サンクション』と同様にヨーロッパで行なわれた。撮影地はモスクワの代役として説得力のあるウイーンだ。この映画ははっきり異なるふたつの側面を持ち合わせている。ひとつはジョン・ル・カレの小説のように無駄を排除した簡潔な雰囲気で語られるキャラクター主体のスパイ・サスペンスという側面、もうひとつはジェット機が北極圏上空で空中戦を繰り広げる最先端のアクション・サスペンスの側面だ。

特殊効果映像がふんだんに必要なこと

上：『ブロンコ・ビリー』でイーストウッド演じる主人公には現実が見えていないが、それを最も端的に示しているシーンが、現代の列車が猛スピードで走ることを考慮せずにカウボーイ的な列車強盗を企てるシーンだ。

を憂慮したイーストウッドは、『スター・ウォーズ』を手がけたアカデミー賞受賞者ジョン・ダイクストラを起用した。しかし忍耐強く進めなければならないプロセス（模型、プロセス・ショット、グリーンスクリーン）に、普段から軽装旅行重視タイプのこの監督は激怒した。結局、撮影期間は1年間となった。限られた期間内で作られたものであるにもかかわらず、ジェット機同士（まったく同じ型のスーパージェット）のドッグファイト・シーンは、実に効果的なものに仕上った。そのスピード感だけで、説明台詞に偏りがちな暗めの導入部からこの映画を一気に解き放っている。彼の演じる孤高のヒー

上：冷戦サスペンス映画『ファイヤーフォックス』（1982）は、完璧な作品とは呼べないものの、イーストウッドは特殊効果の世界へ足を踏み入れて興行的成功をおさめた。しかし彼は飛行するスーパージェットの特殊効果映像を作り上げるプロセスがあまりにも遅いことに苛立っていたという。

右：このストーリーの忘れられないほど奇想天外な設定のひとつは、イーストウッド扮するエース・パイロットのミッチェル・ガントが、盗んだソ連のジェット機を思考制御で操縦する際にロシア語で思考しなければならないという設定だ。

1982 **Firefox**
Actor/Director/Producer

ローがこの映画で再び戻ってきた。しかし、たくましいクリントをコックピットに閉じ込めてしまったのは自己破壊行為だったのではないかと感じずにいられない。彼は文字通り窮屈そうで、ニューヨーク・タイムズ紙のヴィンセント・キャンビーも「ボンド・ガールのいない007映画、もしくはユーモア・シーンのないスーパーマン映画」[23]のようなものだと嘆いている。

収益自体はまあまあな数字（4700万ドル）を残したが、同じくこの年の夏に公開されたスピルバーグの『E.T.』（1982）や『スター・トレック』映画シリーズ第2弾（『スター・トレック2／カーンの逆襲』［1982］）には遠く及ばなかった。この映画は教訓になった。効果映像やハードウエアは、テクノロジーに強い映画監督に任せるべきだったと彼自身も結論づけている。「わたしは人間や人間の問題を扱うことの方が千倍も好きだからね」[24]。そんな学習を経て……。

音楽と時代と荒削りなチャーミングさを組み合わせた『センチメンタル・アドベンチャー』は、彼の心にとても近い作品だ。舞台はノーマン・メイラーの言葉を借りるなら「生活に苦しく困窮したアメリカの腹あたりの田舎」[25]だ。原作はスタインベックとの類似性が顕著なクランシー・カーライルの小説（彼は脚本も担当した）だ。この物語の主人公は無駄口をきかないオクラホマ生まれのレッド・ストーヴァル（イーストウッド）。大恐慌時代を生きるカントリー・シンガーで、結核にゆっくりと命を蝕まれているが、最後の一発ヒットを狙って旅に出る。レッドの運転手役をつとめる14歳の甥の瞳には、叔父との血の絆をひしひしと感じることができる。それは甥を演じたイーストウッドの息子カイルが、父親を喜ばせたいという少年の緊張感を的確かつナチュラルに出しているからだ。

イーストウッドがこの原作に惹かれた理由はまったく私的なものだった。少年時代に脇道にそれたときの記憶が刺激されたのだ。イーストウッドは若かりし頃、売れないカントリー・アンド・ウエスタン・バンドたちがトリをつとめるショーの前座として演奏していた。この映画の主人公レッドはそういうショーの呼び物的存在だ。このキャラクターは、ハンク・ウィリアムズとレッド・フォーリーという、どちらも自己破滅的で、どちらもツアー中に死んだ、実在のふたりを掛け合わせたような存在だ。ただしストーヴァルの場合は意気地に欠けている、とイーストウッドは言う。「彼は自分の野心に向き合おうとしないんだ」[26]。ストーヴァルはおそらく、ブロンコ・ビリー以上に、成功できなかったバージョンのイーストウッドなのではないだろうか。イーストウッドはこの作品であたかも自身の中に潜む自己破滅的な資質を厄払いしようとしているかのようでさえある。

『センチメンタル・アドベンチャー』は、リンカーンのコンバーチブルに乗って

右：大恐慌時代の人々を掘り下げた『センチメンタル・アドベンチャー』（1982）はイーストウッドにとって最も私的な映画のひとつに数えられる。若かりし頃の裏道生活への讃美歌でもあるこの作品で彼は主演として自分で歌を歌える機会と共に、息子カイル（左）と共演の機会も得ることができた。

様々な人々と出会いながら街から街へと旅するピカレスク映画だ。撮影はカリフォルニアで行なわれた。それは単にイーストウッドが平坦なオクラホマよりもカリフォルニアの風景を好んだからだ。風にさらされ靄のかかったノスタルジックな景観は、大恐慌時代の歴史書や彼自身の家族の写真アルバムからインスピレーションを受けたものだ。この映画の前半は素晴らしいコメディ要素にあふれている。刑務所（鶏泥棒）からの脱走、無謀な盗み、賭場、売春宿、社会のクズたち。軽快な雰囲気をスムーズに出しながら、さまざまな酒場やレコーディング・スタジオでイーストウッドが（人生に疲れたバリトンの歌声で）ストーヴァルの歌を披露する。この前半に続いて、映画はゆっくりと静かに暗さを増しながら、宿命の悲劇へと向かいはじめる。

スラント誌でエリック・ヘンダーソンも評しているように、映画は「観客が彼に求める寡黙な殺し屋的人格と、それよりもずっと優しいカメラの背後にいるヒューマニストの人格の間に存在する紛れなき格差」[27]を明らか見て取ることのできるイーストウッド映画のひとつだ。フランスの評論家たちはこの映画を『怒りの葡萄』と比較して論じている。興行収益の役にはたたなかったにせよ、この映画には彼のフィルムメイカーとしての魂がこもっている。この作品は、映画会社の猛抗議に届することなく、イースト

1982 **Honkytonk Man**
Actor/Director/Producer

右：『センチメンタル・アドベンチャー』の撮影現場で常連の撮影監督ブルース・サーティースと息子カイルと共にいるイーストウッド。この映画の撮影もまた各地を渡り歩きながら行なわれ、作中のオクラホマとテネシーの代役にはカリフォルニアとネヴァダが用いられた。

下：『センチメンタル・アドベンチャー』で描かれるカントリー・シンガーのレッド・ストーヴァルは、イーストウッドが演じるキャラクター群においては異例の悲劇の主人公だ——それはあたかもこの監督／主演俳優が、成功できなかったバージョンの自らの人生を想像したかのようでもある。ハッピーエンディングを求めた映画会社からのプレッシャーを彼は毅然と拒絶した。

ウッドがスクリーン上で死ぬ数少ない映画のひとつとなった。

　顔の皺がわずかに増え、頭にも白髪が混じっているが、虎のような唸り声は未だハングリーなハリー・キャラハンが、マグナムを手に行きつけの食堂の裏口からそっと忍び込む。このギャング一味は強盗に入るべき場所を誤ってしまったのだ。なんの罪もない一般人を人質にとった彼らは最悪の結果を迎えることになる。いくら街をきれいにしようとハリーが奮闘しても、サンフランシスコから犯罪が一掃される気配はない。そこで彼は他に類のない方法をとり、一味の中で一番危険な人物に銃口を向けて、唇を剥き、歯を見せながら、こう言うのだ、「さあやれよ、楽しませてくれ」[28]。この（紙やすりのようなかすれ声で発せられる）台詞がなかなかの決め台詞だということはイーストウッドにもわかっていたが、その呪縛から彼が逃れられなくなることまでは予想していなかった。レーガン大統領さえこの台詞を引用したほどだ。その映画とは、イーストウッドがこのシリーズで初めて監督を受け持った4作目の『ダーティハリー4』である。「あそこまで世界中に響き渡るとは思っていなかったよ」[29]と彼は振り返っているが、彼の警察バッジと銃と冷笑を復活させることの価値については、1983年当時の彼にも理解できていた。この映画は7000万ドルを売り上げ、ハリー人気はかつてないところにまで昇り詰めた。

　このシリーズを少し振り返っておこう。シリーズ2作目と3作目は、ドン・シーゲルがエッジの利いたアメリカ・ニューシネマの直球で監督したオリジナルの『ダーティハリー』の痛烈さこそ捉え切れていないものの、どちらもスマッシュヒットとなり、また、どちらもイーストウッドの持つ《クリントらしさ》とでも呼ぶべき要素を増強させている。イーストウッドこそがあの象徴的キャラクターの守り人であることに疑いの余地はなく、その証拠に、シーゲルから受け継いだふたりの監督の存在もほとんど目立たなかった。1973年の『ダーティハリー2』では、街の悪漢を私的に制裁して回る警察官たちの一味とハリーが雌雄を決する。また、ハリーが女性の相棒（タイン・デイリーが好演）と組んだ1976年の『ダーティハリー3』では、正気を失ったベトナム帰還兵たちの一団と対峙する。

　脚本を読んで、これはやらねばなるまい、と思うほど気に入ったイーストウッドが、《もうハリーはやりつくした》という前言を撤回したとき、ワーナーは喜びを隠しきれないほど歓喜した。それだけでなく、彼自身が監督もすることにより、このキャラクターを（ある程度）新しい方向に進めることができた。「ハリーでさえ、14年も経てば変わるのさ」と彼は言う、「わたしが変わったのと同じように、彼も変わったんだ」[30]。

　まず描かれる出来事は、ハリーの日課

であるコーヒーブレイクのひと時が邪魔された前述のシーン、それに次いで、発見された遺体——銃でまずは睾丸を撃たれ（「38口径でパイプカット手術」[31]）てから頭を撃たれた男の死体だ。シリーズ1作目と同じく、この作品でも謎を意図的に隠すことはせず、わたしたち観客には早い段階で殺人犯がだれか知らされる。一方でこれまでと大きく違うのは、加害者が女性であること、そして犯行の動機が正当なものであることだ。

　画家のジェニファー・スペンサー（もちろんソンドラ・ロック）は、かつて彼女と彼女の妹を強姦した悪辣な暴漢一味（またしてもギャング一味）を順に殺してゆく。妹はそのときのトラウマから緊張病を患っていた。チャールズ・B・ピアースとアール・E・スミスによるストーリー原案は、実はダーティハリー・シリーズの続編として書かれたものではなく、殺人衝動を抱く女性の物語としてロックのために書かれたものだったが、イースト

ウッドはそこに強い興味をそそられ、ダーティハリー・シリーズとの類似性を見出していた。

　ジョゼフ・スティンソンが書き直した脚本では、新手の連続殺人犯が現れたと確信したサンフランシスコ警察がハリーにこの事件を担当させる。スペンサーによる殺しの饗宴は、事実上、ハリーの私的制裁メソッドの鏡映しだ。どちらも正義のために法の外に足を踏み出している。

　イーストウッドはハリーをフィルムノワールという神秘的な領域に踏み込ませた。ほとんどのアクションが、それまでのシリーズで描かれたサンフランシスコの強い日差しの元でではなく、日が暮れた後のメタリックブルーの光源の中で展開されている。彼はまた、サンフランシスコを出てサンパウロの架空の街まで海沿いに南下するという大胆な手法をとった。撮影は、ヒッチコックの『見知らぬ乗客』（1951）を思わせる、最終決戦の舞台として最適な、きらびやかな観覧車

上左・右：『ダーティハリー4』（1983）はダーティハリー映画シリーズ全5作の中で唯一イーストウッドが監督した作品。ソンドラ・ロックによる私刑行為は超法規的正義に見合うものであるため、ハリーはそこに自分自身の姿を重ねる。モラルの複雑性をここまで掘り下げて扱ったプロットにも、イーストウッド監督作であることが明白に表れている。

右ページ：『ダーティハリー4』を監督するイーストウッド。大ヒット作となったこの映画には、他のダーティハリー・シリーズとの繋がりよりも、むしろ、『白い肌の異常な夜』（1971）、『恐怖のメロディ』（1971）、『タイトロープ』（1984）に見られる性的緊張感とより深い繋がりを感じることができる。

やメリーゴーランドや桟橋がある中産階級のためのリゾート地サンタクルス（カーメルや『恐怖のメロディ』の雰囲気も少し混在している）で行なわれた。

　この映画もアメリカの司法制度に疑問を呈している。そしてまた、イーストウッドがフェミニストのフィルムメイカーであることも、もう一度見せつけている。彼はこの映画で多くの劇的なシーンをロックに譲っているが、ハリーを詰め込むことも忘れてはいない。まるで2本の映画をひとつにまとめたかのようだ。スペンサーとの穏やかなロマンスが描かれた後で、お約束の展開がやってくる……チェイスシーンもあれば、あのとでかい

銃も、やり切った感のある物憂いあの睨みも、しっかり提供される。「アクションシーンはすごい力で効果的に伝わっており、とてもわかりやすい」[32]とヴァラエティ誌は評している。この映画は彼がロックと共に作った最後の作品（ふたりの蜜月も終わりを告げる）であり、この映画でハリーの引退宣言もなされた。ただし、その5年後には、このフランチャイズを待望する誘惑の声が高まり、ほぼパロディに近い『ダーティハリー5』（1988）がわたしたち映画ファンの元に届けられることになる。その映画ではなんと映画評論家も殺人鬼のターゲットになっていた。

市長

『タイトロープ』（監督クレジットなし、1984）、『ペイルライダー』（1985）、
『ハートブレイク・リッジ／勝利の戦場』（1986）、『バード』（1988）、『ホワイトハンター ブラックハート』（1990）、
『ルーキー』（1990）

30年のキャリアを数えてもクリント・イーストウッドは空港まで自分で運転していた。取り巻きにイエスマンはおらず、彼が高圧的になにかを要求をすることもまったくなかった（フランクに議論を交わせる相手の方がずっと生産的だからだ）。高級住宅街ベル・エアの邸宅、かつてビング・クロスビーが暮らしていたシャスタ郡にある屋敷、アイダホ州サン・バレーにある別荘、カーメルの私有地など、成功の果実を彼は楽しんでいた。ハリウッドでミーティングをしなければならないときには、渋滞する道路を回避して、ヘリコプターを自分で操縦し海岸線を南下した。「飛んでいるときは独りになれるからね」と彼は語っている、「電話がかかってくることもないし、ひたすらリラックスして考えに耽ることができるんだ」[1]。

80年代の盛衰の中で、イーストウッドはマンネリ化の気配すら一向に見せることなく、生活面でも芸術面でも独特なスタイルを貫いた。様々なジャンルと時代設定とストーリーラインをまたがりながら、彼自身の詩的リアリズム形式を築き上げている。そこには「カメラをたずさえたヘミングウェイ」とでも言うべき雰囲気があった。ドキュメンタリー風の明快さに形式美をそっと混ぜ込むことで、現実の世界に神話のきらめきを吹き込んでいる。それはある種、書道のようでもある……語られる言葉だけでなく、その語られ方が大切なのだ。彼は監督になることを本気で考えるよりもずっと以前から、日本の名監督黒澤明の光と闇のコントラストや『第三の男』（1949）などフィルムノワールが駆使する劇的な明暗法が大好きだった。影に差し込む主光線だ。

カーメルの趣のある街角にしろ、ラスベガスにしろ、アイダホやワイオミングの荒野にしろ、アイガー北壁にしろ、イーストウッドの美意識にとってなによりも大切だった。その土地のリアリティが、主人公の乗り越えるべき困難を、つまりはストーリーを伝えている。

『タイトロープ』のために彼はニューオリンズまでやってきた。ダーティハリー崇拝からくる心労が増していたことを反映してか、イーストウッドは、精神的に苦しんでいる刑事の男が登場する脚本に強く惹かれた。ウェス・ブロック刑事は、ニューオリンズの歓楽街の娼婦をターゲットに犯行を重ねるサイコパスを追うが、この事件はこの刑事の倒錯した性癖

右ページ：『ホワイトハンター ブラックハート』で、実在するハリウッドのレジェンド、ジョン・ヒューストンが明らかなモデルであるジョン・ウィルソン監督を演じる監督／主演のイーストウッド。

と交差するものでもあった。ふたりのかわいい娘を育てる父子家庭の日常を離れて、また、刑事として守るべき道徳観を離れて、彼はボンデージに性的快感を覚えている。脚本はこの刑事と殺人鬼が同一人物であるかもしれない可能性さえ微かに匂わせている。つまるところ、この殺人犯はニューズウィーク誌が呼ぶところのブロックの「惨めな色欲」[2]を反映するかのように犯行を重ねているのだ。

　これは『恐怖のメロディ』でも扱ったイーストウッド自身の弱点をより鮮烈に極端に描いたものであり、イーストウッドの中年期症候群の表出でもあり、また、もしも彼がスターの地位を築けずに汚れた人生を送っていたらどうなっていただろうかと自ら問いただしたものでもある。彼はこの作品でとてもダーティなハリーを演じているのだ。ロジャー・エバートはシカゴ・サンタイムズ紙に寄せた映画評で、イーストウッドのいちかばちか精神を褒めたたえて、「クリント・イーストウッドはダーティハリー映画さえ撮っていれば金を稼ぐことはできるのに、常に変化と実験を推し進めている」[3]と書いている。

　この映画の核にあるのは刺激的な性描写ではない。『タイトロープ』はイーストウッドの象徴的なイメージを挑発的に探求した作品だ。ブロックの闇の衝動を誘発させるフェミニストのレイプ・カウンセラーを演じたジュヌヴィエーヴ・ビュジョルドも、その探求を上手にサポート

している。この作品は手に汗握る警察映画であると同時に、型破りな恋愛映画でもある。舞台をサンフランシスコからニューオリンズに移したのはイーストウッドのアイデアだ（オリジナル脚本はベイエリアで実際に起こった未解決の連続強姦事件をヒントに書かれていた）。舞台を変えることで、ハリー・キャラハンの縄張りを荒らさずに済んだだけでなく、ビッグ・イージー（ニューオリンズの愛称）の裏通りのギラギラのネオンで染められた娼館やセックスショップやマッサージ・パーラーに、真に迫った香りを醸し出させることもできた。1983年の秋に撮影されたこの映画には、べたついたリアリズムがある。ヒッチコックが観たらきっと大いに気に入ったことだろう。

　この作品でもまたカメラの裏側でちょっとしたトラブルが起こっている。リチャード・タッグル（『アルカトラズからの脱出』の脚本家のひとり）によるこの脚本は、タッグル自身が監督するという条件つきでマルパソ社に売り込まれたものだった。彼の情熱を評価したイーストウッドはその条件に同意した。今でも、どのデータベースを調べても『タイトロープ』の監督はリチャード・タッグルと公式に記されているはずだ。しかし、いざ撮影がはじまってみると、彼は日に日に優柔不断になっていった。撮影現場で彼の経験不足が透けて見えたため、イーストウッドと深い絆を持つ常連の撮影スタッフは、本能的にイーストウッドのい

右：サスペンス映画『タイトロープ』（1984）で描かれている皮肉的なヒネリのひとつは、イーストウッド演じる密かに倒錯した性癖を持つウェス・ブロック刑事が、ジェニー・ベック（左）とイーストウッドの実の娘アリソン（右）が演じるふたりの愛娘のシングル・ファザーを立派にこなしていることだ。

る方に視線を向けてしまうようになった。

あの苦い過去が繰り返されそうにも見えたが、あの時と同じ単刀直入な解決方法はもうできなくなっていた。『アウトロー』でフィリップ・カウフマンが追い出されたことを受けて全米監督組合が制定した「イーストウッド・ルール」により、今回イーストウッドが監督の座を取って代わることは許されなかったのだ。そこでタッグルは監督として残ることになったが、それはほぼ名ばかりのものだった。タッグルは製作準備を監修し、撮影台本を仕上げ、ロケ地を選び、キャスティングにも貢献している。しかし、日常レベルでこの映画を取り仕切っていたのは間違いなくイーストウッドだった。

タッグルは自身に下された評価とその状況を思慮深く受け止めた。「わたしがやったシーンもいくつかあります。彼がやったシーンもいくつかあります。大半のシーンはふたりで一緒にやったものです」[4]。そういう状況になったことで、主演俳優のイーストウッドには、スクリーンの中でも外でも、とても複雑なパフォーマンスが求められた。1984年の夏に公開された『タイトロープ』は、おそらくは性的刺激に触発された観客層の手伝いもあって、6000万ドルを売り上げた。

イーストウッドにとって、西部劇とジャ

ズは、アメリカにしかない真のアメリカ
の芸術形態だ。ジャズについてはもう少
し後で触れることにして、やはりまずは
こちらから論じるべきだろう。「西部劇
はアメリカの遺産の一部だとわたしは無
性に感じているんだ」[5]と彼は言及してい
る。このジャンルは彼に適していた。そ
れはロケ地に身を置ける機会でもあり、
馬に乗れる機会でもあり、別の時代に逃
避できる機会でもある、と彼は言う。「物
事がずっと単純だったあの時代にね」[6]。
今なお西部劇を作る人がいる理由につい
て1985年に質問されたとき、彼はこう
答えた、「作るべきではない理由がない

A cop on the edge...

CLINT EASTWOOD

TIGHTROPE

上：公式には『タイトロープ』
の監督は脚本家のリチャー
ド・タッグルということにな
っているが、タッグルが様々
な決断をできずに苦しんで
いる際には、イーストウッド
が頻繁に彼の代わりをつと
めていた。明らかに、俳優
イーストウッドを一番上手に
監督できる映画監督はイー
ストウッドだった。

左：『タイトロープ』は人々
が考えるダーティハリーの領
域を意図的に飛び出してい
る。舞台もニューオリンズで
あり、また、イーストウッド
演じる典型的な剛腕刑事も
ダーティハリーよりずっと人
間的に描かれていた。

1984   **City Heat**
Actor

からだよ。わたしの最近の西部劇も大好評だったしね」[7]。「ペイルライダー」は時と場合をわきまえていた。この映画は単なる西部劇ではない。クリント・イーストウッドの西部劇なのだ。

きっかけは、ある申し出だった。「ガントレット」の撮影中、脚本家のマイケル・バトラーとデニス・シュライアックから、彼のために書きたいと思っている新作西部劇の構想があると言われたのだ。あらすじを聞いただけでイーストウッドは夢中になった。皮肉的な彼のトレードマークもしっかりと有していた。『荒野のストレンジャー』が真昼の決闘(1952)に暴力の虚無感というテーマを付加した映画だとするなら、1850年のカリフォルニア辺境にある金採掘コミュニティを舞台にした「ペイルライダー」は、「シェーン」(1953)からセンチメンタリズムを剝ぎとったような映画だ。ロマンチックなタムス紙のマイケル・ヴィーミントンは、この映画には「現代と過去(の両方の世界)に通じる鮮烈な哀歌[8]の質がある」と詳しした。撮影はアイダホで、ボルダー山脈とソートゥース国立森林エリアを背景に行なわれた。この映画には彼が崇拝する黒澤明の自然美を思わせる佗しげな美を感じることができる。

「荒野のストレンジャー」の復讐の天使と同じように、この映画でイーストウッドが演じた牧師もまた、この世のものとは思えない雰囲気を漂わせている。彼は

亡霊なのだろうか？　その背中には6つの弾痕がある。過去に遺恨のあったジョン・ラッセ演じる彼を見て自分の目を疑う。イーストウッドはヨハネの黙示録に書かれている第四騎士(つは広帽を被った死を司る騎士)を引き合いに出しながらこの映画を描いている。タイトルもこの映画示録からヒントを得たものだ。シドニー・ペニー演じるティーンエイジャーのミーガン・ウィーラー、地元の金鉱採掘で財を成したコイ・ラフード(リチャード・ダイサート)から執拗な追い立てを受ける金採掘者コミュニティの一員だ。彼女は、助けを求めた自分の祈りに神が応えてこの牧師が現れたと信じている。このような設定にはやり過ぎ感が出てしまうリスクがあった。

結末は、金採掘のために作られた山間の佗しい町中で牧師がひとりで保安官とその手下たちと対決するという、古き良き伝統で締めくくられる。イーストウッドが演じる死を司るアンチヒーローはこの戦いの中で好きなように姿を消したり現れたりできるように見える。とはいえイーストウッドは繰り返し「これには無力な者たちが権力の前に立ち向かう典型的な物語なんだ」[9]と語っている。新方式の水力採掘で山々を削るラフードの大掛かりな採掘装備の描写には、反大企業主義のメッセージを感じることもできる。イーストウッドはこの西部劇を使って「現代が抱える懸念」[10]を表現しようとしてい

た。環境問題に切り込んだこの映画の声高なメッセージは、彼の想いを反映したものだった。『ペイルライダー』は確信に満ちた厳粛なエピック映画であり、ジョージー・ウェールズのような愛嬌はなかったにもかかわらず、4100万ドルの興収を記録した。牧師が無傷のまま立ち去る姿を見ながら、わたしたち観客は、イーストウッドの伝説を培えるのはイーストウッドだけであることを思い知らされるのだ。

『ハートブレイク・リッジ／勝利の戦場』からは、世間がイーストウッドに抱いている理想的な男らしさというステイタスを自ら揶揄するユーモアセンスを、もうすぐ56歳になる彼が未だ失っていないことを知ることができる。トム・ハイウェイというキャラクターは、抽象的ではないが原型的でもない。彼は深く考えずに感じたまま行動する海兵隊一等軍曹で、まるでアリアでも歌うかのように不敬な言葉を吐きまくり、ラシュモア山の胸像

右ページ：『ペイルライダー』（1985）でイーストウッドが再び馬の背にまたがり、今回は牧師を演じた。金採掘企業に脅されている採掘者コミュニティの祈りに応えてやってきた超自然的な見た目の存在だ。

下：イーストウッドと『ペイルライダー』の共演者シドニー・ペニーとマイケル・モリアーティ。ヒットを狙った映画会社からの要望をことごとく拒否しながらも、この映画は米国内だけで5000万ドル近くという堂々たる興行成績を上げた。

のように顔をしかめながら、『地獄の黙示録』のロバート・デュバル演じるキルゴア中佐のようにアメリカの権威主義的な威圧感を反映した頑強さを漂わせている。もっと端的に言うなら、血の気の多いバリバリのクリントだ。イーストウッドも「彼は超マッチョだね」とジョークに便乗して語っている、「しかも、でたらめなことばかりやっている。要するに無知なのさ」[11]。朝鮮戦争にもベトナム戦争にも出兵したハイウェイは、ずっと軍人として生きてきたせいで、妻（マー

シャ・メイソン）との結婚生活を壊してしまっただけでなく、ダーティハリーよろしく、指揮命令系統にいる上司にたいしても、そして部下にたいしても頑なに抵抗する。物語の冒頭、すっかり落ちぶれていた彼は、うだつの上がらない生意気な小隊を鍛え上げる任務に追いやられる。

　ベトナム帰還兵のジェームズ・カラバトソスが書いたこの脚本は、1984年からずっとワーナーが権利を保有したまま手つかずの状態にあった。そんなある日、

上：イーストウッドは雪に覆われることの多い起伏に富んだアイダホのソートゥース連峰での過酷な撮影をものともせず、いつも通りの5週間という撮影スケジュールで『ペイルライダー』にいかにもイーストウッドらしい侘しさを伴った気骨を与えてみせた。

下：『ハートブレイク・リッジ／勝利の戦場』（1986）では、イーストウッド演じる偏屈な一等軍曹トム・ハイウェイが無気力な小隊を鍛え直す。彼の神話に加えられたこの役柄について、イーストウッドは自身がこれまで演じた中でも屈指の役柄だったと語っている。

カラバトソスに電話がかかってきた。そして電話口から聞こえてきた「少し散歩でもしながら話さないか？」[12]という声は聞き間違いようのないあのしゃがれ声だった。戦争映画もまたイーストウッドと聞いてだれもが連想するジャンルのひとつだ。長年人々から愛され続けている『荒鷲の要塞』や『戦略大作戦』に出演したほか、晩年には『父親たちの星条旗』、『硫黄島からの手紙』、『アメリカン・スナイパー』という、より複雑な領域にも

足を踏み入れている。コメディ要素を持つ訓練映画というサブジャンル（小隊の面々はハイスクール映画に登場する不承不承の不良たちのようだ）にも当てはまる『ハートブレイク・リッジ／勝利の戦場』の撮影は、（苦労の末にアメリカ国防総省から承認と武器供給を得て）カリフォルニア州のキャンプ・ペンドルトン海兵隊基地で行なわれた。イーストウッドの強いこだわりから第3幕ではハイウェイ率いる小隊がグレナダで小規模な作戦

1986 Heartbreak Ridge
Actor/Director/Producer

を遂行するというおまけが描かれている
が、それらのアクションは見え透いた感
傷的なものだと言わざるを得ない。「イー
ストウッドとこの小隊に勲章とか功労者
メダルを与えようと思っていた観客は、
最後の最後になってそれを思い止まって
しまうかもしれない」[13]とワシントン・
ポスト紙のポール・アタナシオは不満を
漏らしている。

　80年代の米国空軍には人々から祝福
されるなにかがあり、アメリカの武勇と
して崇められていた。あの『トップガン』
（1986）が公開されたのもこの年だ。御
多分に漏れず『ハートブレイク・リッジ
／勝利の戦場』も（彼にとって3作連続
となる）スマッシュヒット作になった
（4200万ドル）。この映画のことを2本の

上：『ハートブレイク・リッジ／勝利の戦場』でイーストウッドが演じた仏頂面の職業軍人は、人々がイーストウッドに求める典型的なキャラクターではあるが、実際には、年老いたマッチョイズムの探求という面白味も兼ね備えていた。この作品の後にもこの監督はそのテーマを頻繁に取り上げることになる。

左：軍からの公認も受けたこの映画は大ヒット作となった……ただし、口汚い言葉遣いと不正確な訓練描写に海兵隊当局は遺憾を表明している。

右ページ：自己破壊的人生を送った偉大なるジャズマン、チャーリー・パーカーの伝記映画『バード』（1988）の劇場公開用ポスター

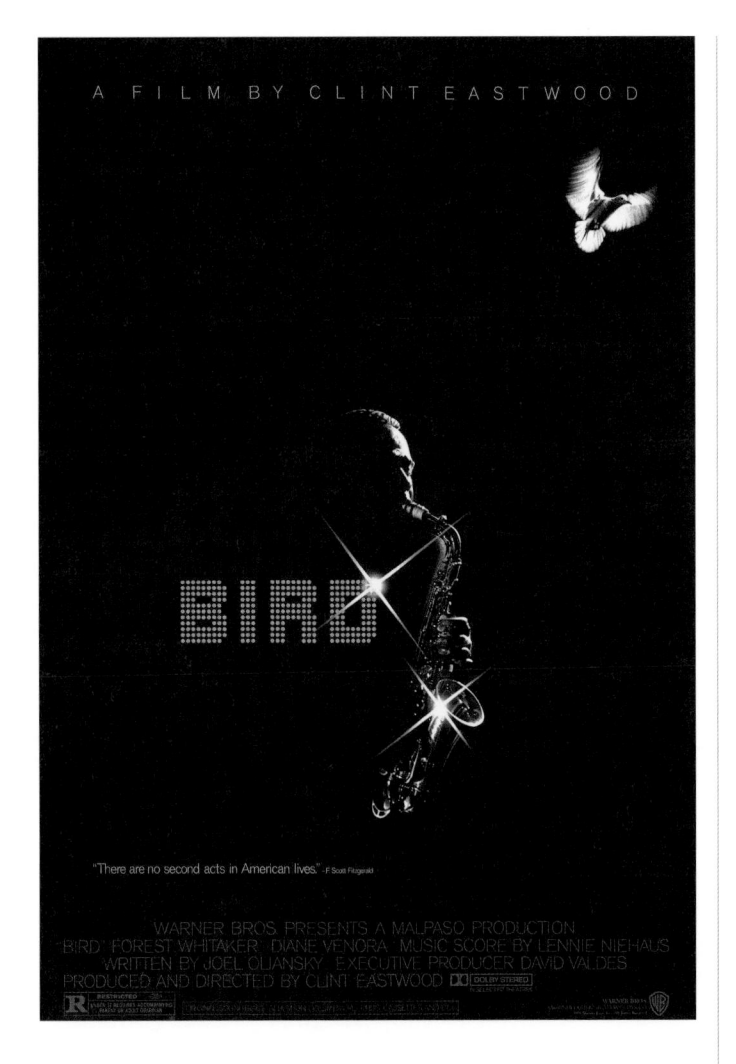

A FILM BY CLINT EASTWOOD

BIRD

"There are no second acts in American lives." —F. Scott Fitzgerald

WARNER BROS. PRESENTS A MALPASO PRODUCTION
'BIRD' FOREST WHITAKER · DIANE VENORA · MUSIC SCORE BY LENNIE NIEHAUS
WRITTEN BY JOEL OLIANSKY · EXECUTIVE PRODUCER DAVID VALDES
PRODUCED AND DIRECTED BY CLINT EASTWOOD

「子どものころに北カリフォルニアで
チャーリー・パーカーを観たよ。
彼の音楽を昔から愛していたんだ……
あの存在感に圧倒されたね」
クリント・イーストウッド

複雑な映画を撮った後の息抜き的な作品だったとするのは間違っている。イーストウッドがこの脚本を読んでフォート・オードでの短い軍務期間の記憶が蘇り、胸を躍らせたことも確かだが、それ以上に大きな魅力を感じたのは、あの素晴らしい役柄だった。イーストウッドも言っているように、ハイウェイには「陰り」[14]がある。あのジーン・ハックマンも、『許されざる者』の撮影の際、イーストウッドが最高の演技を見せた役柄はハイウェイだと思うと本人に伝えたという。同意見の評論家も多い。くたくたの兵士たちを過激に鍛えているときでさえ、彼はこの世界で自分の居場所はどこなのかと疑念を呈している。「戦争がないとき戦士はなにをすればいいんだ？」[15]。旧制度の遺物という意味ではブロンコ・ビリーとさほどかけ離れた存在ではないだろう。また、老化と後悔を描いたこの物語は、ハリウッドにおけるイーストウッド自身の状況を反映したものでもあった。毛量は減り、皺も深くなったが、その眼光と情熱は未だ熱く、どうしたら時代についていけるかを模索していた。

『バード』は興行的には伸び悩んだものの、彼の芸術的高みを体現する映画であることに間違いはない。『バード』によって、イーストウッドは自覚を持って作品に挑むようになり、自分の描きたいものを描き、語りたいことを語るようになった。それまでわたしたちに見せたことの

なかった彼のラジカルな側面がこの映画にはあり、映画以外のもうひとつの彼の情熱、ジャズを描ける機会でもあった。「バード」（噂によるとツアー中に事故で鶏を殺したことからつけられた愛称「ヤードバード」の略称）のニックネームで知られるチャーリー・パーカーを描いたこの伝記映画は、40年代にハーレムのジャズクラブを、そして全世界を魅了した後、ヘロイン中毒と精神病に陥って若死にし、短くも華々しい輝きを見せたこのサックス奏者にたいする世間の固定観念をすっかり変えてしまう作品だ。

イーストウッドにしては珍しく、今回はこの題材を取り上げる心の準備がすっかり整っていた。母が持っていたファッツ・ウォーラーのレコードをはじめて聴いて以来ずっとジャズ・ファンで、20代でオークランドのジャズクラブに通いつめていた彼の音楽的な嗜好遍歴は、キング・オリヴァーやビックス・バイダーベックから、チャーリー・ヴェンチュラ、ブルーベック、マリガンへと徐々に複雑な音楽性のものに移行し、最終的にチャーリー・パーカーやディジー・ガレスピーに行きついていた。彼の芸術観、人生観、アメリカ観を育んだのはジャズだった。シカゴ・トリビューン紙でデヴィッド・ケールは「（イーストウッドもジャズも）大衆と個人の狭間、臆面なき商業主義と純粋な理想主義の狭間にあるグレイな領域で活動している」[16]と述べている。イーストウッドは今や世界中で慕われている

ジャズが「アメリカの都市のはらわたから生まれた革新的なもの」[17]だったという事実を気に入っていた。ジャズを題材にしたドキュメンタリーの製作もしているし、（『恐怖のメロディ』や『タイトロープ』などでは）ジャジーな音楽を追い求めてもいる。自分でもコルネットやトランペットやフリューゲルホルンやジャズピアノを演奏していたが、プロになれるほどの実力ではなく、偉大なジャズを鑑賞することに甘んじていた。

「子どものころに北カリフォルニアでチャーリー・パーカーを観たよ」と彼は振り返る、「彼の音楽を昔から愛していたんだ」[18]。パーカーは自身の技量を誇示する（ジャズ用語で言うところの「ホットドッグする」）必要すらない名手だった。彼は自信と魅力にあふれていた。「あの存在感に圧倒されたね」[19]とイーストウッドは言う。

ここ数年、パーカーを題材にした一本の脚本が業界を巡っているという噂を彼も以前から耳にしていた。ジョエル・オリアンスキーが書いたその脚本はコロンビアの手に渡り、リチャード・プライアーを主演に据える案が浮上していた。当時はまだ出版されていなかったチャン・パーカーによる伝記「My Life in E-flat」をベースに書かれたこの脚本を読んだイーストウッドは、その素晴らしさに驚嘆した。様々な時代を織り交ぜながら、記録に残っている事実から大きく逸れることなく、天才が自己破壊の道をたどる様子を一貫

して明確に書きあげたものだった。イーストウッドはワーナーに連絡して、これは素晴らしい脚本だと伝えた。それまでは、ジャズ映画と言えば、『セントルイス・ブルース』（1939/1958）や『グレン・ミラー物語』（1954）など、ビッグバンドジャズを題材に大衆に迎合した作り方をされる傾向が強かった。しかしこの脚本はジャズの本質を捉えて描ける大チャンスだと彼は思った。この契約をどうしてもほしかった彼は、この映画のポストプロダクション中にダーティハリー・シリーズをもう一度やる（『ダーティハリー5』）という約束さえしてのけた。

ワーナーがコロンビアと取引（『リベ

下：『バード』で妻チャンを演じたダイアン・ヴェノーラと伝説的サックス奏者チャーリー・パーカーを演じたフォレスト・ウィテカー。イーストウッドが偶像視するこの男の伝記映画を作ろうと決心するまで、この脚本は80年代初頭から長い間ずっと日の目を見ずにいた。

ンジ』というタイトルのノワール・サスペンスと権利を交換──ちなみにこれは1990年にケヴィン・コスナー主演で作られた）をしてくれたおかげで、イーストウッドはチャーリー・パーカーの複雑さと偉大さと卑しさをすべて描き切ることのできる映画企画を手にした。

『バード』は、ある角度から見れば、炎に魅せられて近づきすぎた虫のようなアーティストを描いた物語で、そういう意味では『ブロンコ・ビリー』のビリーや『センチメンタル・アドベンチャー』のレッドと同じ系譜にあると言えないこともない。ただしパーカーは実在した人物だ。1920年にカンザスで生まれ、11歳でサックスを吹きはじめ、20歳でジャズのまったく新しい形態（ビバップ）を即興で奏で、34歳で亡くなった。亡くなった時点の身体があまりにも酷い状態だったため、検死官はこの死者の年齢を50歳から60歳と推定したという。メロディを急上昇させながら抽象的にサックスを奏でるステージ上の神聖な瞬間を別にすれば、彼はまったくの役立たずで、依存症を克服できず、すっかり衰弱して精神科病院で過ごすこともあった。

イーストウッドにしては珍しく、この映画の製作は2年も延期されている。立候補したカーメル市長選の選挙運動と、それに当選したことで生じた市長としての責務のため、時間が取れなくなったのだ（P119「カーメル市長」コラム参照）。この題材に見合った良い作品にしようと

心に決めていたことも理由のひとつだ。そうするためにはしっかりと心を込めて作り上げなければならない。彼が監督だけに専念したのは『愛のそよ風』以来だ。イーストウッドは自身の監督作品に出演することを好む。特に最初の頃は、主演を兼ねなければ映画を作らせてもらえないという事情もあった。「大変な仕事さ」[20]と彼はため息交じりに言うが、演じることと監督することは間違いなく共益関係にあった。しかし今回の作品では、たとえ小さな役についたとしても、おそらく障害になっていただろう。自分の存在感を出さずにこの映画を描きたかったからだ。

　イーストウッドはフォレスト・ウィテカーを主演に起用すべきだと思っていた。テキサス生まれのこの俳優が『ハスラー2』(1986)、『プラトーン』(1986)、『グッドモーニング, ベトナム』（1987）の助演で見せた傑出した演技を見ていたからだ。ウィテカーには真の存在感があるが、決してスターのそれではなかった。それだけにリスクを伴う起用だが、観客に観せるべきはパーカーの姿であり、ウィテカーには身体的にパーカーと似たところがあった。また、苦しみながらも夫に献身したチャン・パーカーに鮮烈で複雑な息吹を吹き込んだのはダイアン・ヴェノーラだ。本物のチャンはこの女優にも製作陣にもアドバイスをあたえた。記憶とトラウマで構成されたこの映画に必要不可欠なこのキャラクターもまた強い女性だ。

わたしたち観客は、ほとんどの場面で、傷つきながらも理性的な彼女の目を通してパーカーを見ることになる。

　『バード』は、イーストウッド作品にしては珍しく、時系列を追わない語り方をしている。表向きにはパーカーが死ぬまでの数か月の人生をカバーしたストーリーだが、一連のフラッシュバックが時系列を無視してほとんど自由奔放に挿入され、彼の過去における重要な出来事が描かれている。表層の下にどのような構造を組み込んでもかまわない、その形式自体がまさにジャズだ。この作品はまた道徳的な結論を避けている。これはひとりの男の人生の物語であり、それをどう解釈するかは観客次第だ、とイーストウッドは言いたいのではないだろうか。

　イーストウッドがこの映画の映像スタイルをあらかじめ決めておくという、これまでとは違う方法を採用したのは、バードが独自スタイルを持つ名ミュージシャンだったこと、当時のジャズ界は熱と煙に覆われた地下のジャズクラブ・ネットワークだったこと、そしてパーカーが自身の空虚な精神に巣食われていたことを踏まえてのことだ。撮影監督のジャック・グリーンはこの映画の映像スタイルについて話し合ったときのことをよく覚えている。普段のイーストウッドは、ストーリーから映像スタイルが自然とにじみ出てくるよう仕向ける手法をとっていた。しかしこの作品では、彼が若かったころのナイトクラブの雰囲気を捉えるため、

上：ウィテカーは自分が演じるパーカーに真実性をもたせるため、昼夜を問わずレコードをかけたり、本物のチャン・パーカーに会って話を聞いたり、偉大なミュージシャンであるパーカーの指使いを真似たりと、徹底した努力を重ねた。

動く闇の中にスポットライトで光の穴を開けるような映像にしようとあらかじめ心に決めていた。それを反映させてグリーンが撮ったテスト映像では、ウィテカーの顔にエッジライトを当て、彼の持つサックスには少しだけ光を反射させる以外はなにも光を使わないものだった。陰鬱な暗闇を背景にして無形のなにかが霊のようにチラチラ光っているような感覚だ。試写室でグリーンの隣でテスト映像を見たイーストウッドは、この撮影監督のあ

ばら骨を肘で小突いて言った、「やったな、ビンゴだ」[21]。その映像がこの映画全体の基盤になっている。
　撮影は1000万ドルの予算で1987年10月に開始された。40年代のエッセンスを捉えるため、ネオンサインがあふれるニューヨーク西52丁目のハーレムのジャズのメッカがワーナーのバックロットに再現された。イーストウッドは現場で様々なアイデアを思いついては試す方法で撮影を進めたため、この映画の撮影期間は

1988 Thelonious Monk: Straight, No Chaser
Executive producer

彼にとっては前代未聞の9週間に及んだ。

真実味こそがすべてだった。特にサウンドトラック（物語の中で使われる劇中音楽）については一切の妥協を許さなかった。そこで起用されたのがレニー・ニーハウスだ。彼はセントルイス生まれのジャズ・サックス奏者で、イーストウッドとは1950年代前半にフォート・オードの軍事訓練で出会い、どちらもジャズを愛することを知って意気投合した仲だ。除隊後はお互いに連絡を取ることもなくなっていたが、『タイトロープ』の製作時にイーストウッドからいきなり電話がかかり、その映画のためにジャズ調のオーケストラアレンジを手伝ってほしいと頼まれた。縁がふたたび繋がったのをきっかけに、ニーハウスはイーストウッドの創作ファミリーの一員となり、『ペイルライダー』から『スペース・カウボーイ』まで、12本のイーストウッド作品で音楽を作曲している。その中でも『バード』における彼の役割は極めて重要なものだった。

イーストウッドも「あんな音は他の人には出せない」[22]と主張しているように、この映画ではパーカー本人が演奏した音源が使用されている。イーストウッドとニーハウスは、オリジナルのモノラル録音音源を掘り当て（これにはかなりの時間がかかった）、それを再処理して、他のミュージシャンの音をすべて消しパーカーのサックスだけを抽出した（その処理がうまくできなかった音源については、

サンディエゴのサックス奏者チャールズ・マクファーソンが代役で吹いている）。

ウィテカーはニーハウスから特訓を受けて、いかにもバードらしい指使いをものにし、彼の自由精神をたずさえた無意識的な才能を引き出している。幸運だったのは、パーカーの世界に深く飛び込んだウィテカーが、そもそもクラシック音楽のトランペット奏者で、大学では声楽も学んでいたことだ。ウィテカーは数々の伝記を読み、残っている断片的映像をいくつも鑑賞し、パリに行ってチャン・パーカーと会い、レコードを昼夜問わずかけまくった。撮影に先駆けて1日6時間から7時間のサックス練習も敢行した。「俺の指がクローズアップされる場面も」とウィテカーは胸を張る、「ピッタリと音に合っているよ」[23]。彼は徹底的に自

上：『バード』の撮影中、フォレスト・ウィテカーと話し合うイーストウッド。この映画はチャーリー・パーカーを一切美化することなく、麻薬依存や精神崩壊など、天才にはつきものの自己破壊衝動にフォーカスが置かれている。

らを注ぎ込んで演じている。パーカーを一切美化することなく、苦痛と怒りと絶望と嘔吐をわたしたち観客に見せつける。「フォレスト・ウィテカーの素晴らしさが『バード』の散漫なストーリーを引き締める大きな力になっている」[24]とハル・ヒンソンはワシントン・ポスト紙で評している。

カンヌ映画祭で『バード』が世界初上映されると、フランスの映画評論家たちはクリント・イーストウッドに大いなる尊敬の念を示した。3時間弱という疲れる心の長旅であるにもかかわらず、熱烈な評価を得ている（この映画は「ネズミの巣［のようにぐちゃぐちゃ］」[25]であるというポーリン・ケイルの酷評に耳を貸す者はほとんどいなかった）。カンヌ映画祭でウィテカーは男優賞を受賞し、イーストウッドも監督賞をものにするのではないかだれもが囁いていたが、審査員のひとりでもあった脚本家ウィリアム・ゴールドマンは、おそらく有名人であるという烙印が仇になったのではないかとし、こう語っている、「彼がシリアスな映画を作るとはなにごとか？　しかも見事にやってのけるとは、なんとけしからん！とね」[26]。アカデミー賞に至っては、あきれたことに、『バード』は音響賞の1部門にしかノミネートされなかった。そのせいで興収を伸ばすチャンスにもブレーキがかかり、200万ドルを少し上回るだけに留まった。とは言え、『バード』はパズルの重要な1ピースだ。芸術家で

あるとはどういうことなのかを探求したこの映画は、イーストウッド作品の中で最も挑戦的で刺激的な作品ではないだろうか。

自己破壊衝動への興味は次作でも再燃したが、そのアングルは前作とはまったく違っていた。イーストウッドはカンヌからの帰路で「ホワイトハンター　ブラックハート」を読み、即座に夢中になった。「あれにはものすごく惹かれたね、わたしは強迫行動の物語にいつも惹かれてしまうんだ」[27]と彼は振り返っている。これもまた彼好みの役柄で、愛嬌と残酷さが混在し、イーストウッドにしては珍しく、モデルとなった実在の人物がだれなのか敢えてわかるように描いている。主人公のジョン・ウィルソンは伝説的映画監督ジョン・ヒューストンに似ている、などという表現ではもの足りないほどだ。50年代初頭のロケ地で『アフリカの商人』という戦時中を舞台にした恋愛映画を撮影中のウィルソン監督は、現地での雄象狩りに「白鯨」の船長を思わせるほどの執着心を燃やしはじめる。ジェームズ・ブリッジスとバート・ケネディが書いたこの脚本の原作は、キャサリン・ヘップバーンとハンフリー・ボガートの主演映画『アフリカの女王』の撮影を一旦休んでまで象狩りに出かけたヒューストン監督を回顧したピーター・ヴィアテル（映画ではジェフ・フェイヒーが彼をモデルにした役を演じている）の書籍だ。

上：『ホワイトハンター ブラックハート』（1990）のエレフ
ァント・マン——イーストウッドはこの映画でハリウッドの
ヘビーウェイト級レジェンド監督ジョン・ヒューストンが
1951年の『アフリカの女王』撮影中に見せた雄象狩猟へ
の執着を描いた。

1990　**White Hunter Black Heart**
Actor/Director/Producer

イーストウッドは自身の演技について「ジョン・ヒューストンに倣って役作り」[28]をしたと説明している。ヒューストン独特のゆっくりしたハスキーボイスを真似ていることも確かだが、それ以上に「わたしがやろうとしていたのは、彼のように考えることだった」[29]と語っている。イーストウッドはヒューストンのドキュメンタリーをすべて見た。その中には従軍中のイーストウッドが映写技師としてフォート・オードの新兵たちのために映写した『サン・ピエトロの戦い』（1945）という第二次世界大戦のドキュメンタリーもあった。また、ヒューストンが出演した作品で彼の演技も研究したほか、娘のアンジェリカ・ヒューストンからも長々と話を聞いている。

どの映画にも独特のリズムがあるものだ。『バード』のリズムがチャーリー・パーカーの即興演奏に見られるような狡猾さだとすれば、ジンバブエとウガンダのロケ地で撮影された『ホワイトハンター ブラックハート』のリズムは、ヒューストン映画を思わせる明瞭で真っすぐなリズムだ。『バード』と比べれば野心的でも感動的でもないが、『ホワイトハンター ブラックハート』は『バード』がジャズを語るのと同じ熱量でフィルムメイキングを語っていた。

ヒューストンはヘミングウェイのような活力の持ち主だった。創作することと同じくらいに生きることを楽しみ、そのふたつがお互いに栄養を与えあっていた。

イーストウッドは彼のそういうところに自分との共通点を見いだしている——ただしウィルソンにはあの堂々たる獣を倒すことができない。そこもまた象徴的で、ヒューストンとイーストウッドは人としても芸術家としてもまるで違う存在だ。ヒューストンは、はっきり言って、異常なほど自己中心的だった。徹夜でウイスキーを飲んだ翌日でも撮影現場で平然と監督していたという逸話などは、イーストウッドから見れば信じられないような行動だろう。リチャード・ブロディはザ・ニューヨーカー誌で、この映画は善悪の両面をどちらも捉えている、と満足げに評している。「イーストウッドはハリウッド黄金時代の伝説的栄華と破壊的放縦さの両面を見事に描き出してみせた」[30]。『ハートブレイク・リッジ／勝利の戦場』と同じく、この映画もまたマッチョイズムの風刺パロディだ。公開当時の興収こそ芳しくはなかった（わずか230万ドル）が、この映画はイーストウッドが自己を反映させて彼自身のイコノグラフィ探求を一層深めた作品である。その探求は後の『許されざる者』や『ミリオンダラー・ベイビー』に繋がっていく。

1990年、イーストウッドは、ワーナーへの義理もあって、少しギアを下げ、売れ線狙いの映画を作った。しかしその作品は酷評されることになる。深みのない自己パロディ的な『ルーキー』は、『リーサル・ウェポン』映画シリーズに対抗すべく作られた無邪気なバディ刑事モノで、

ダーティハリー神話をなぞったような気難しいベテラン刑事（イーストウッド）が、まだ尻の青い刑事（チャーリー・シーン）とチームを組む。彼らは苦労を重ね、息を切らしながら、ラウル・ジュリア演じるキャラクターが率いる大々的な自動車窃盗グループを追う。全長50フィートの車両運搬コンテナをひっくり返したり、メルセデスのコンバーチブルを駆って倉庫4階の窓から飛び出したりと、イーストウッドがスタント・シーンをここまで強く押し出したのは『ガントレット』以来だ。ただそこまでやっても効力はなく、評価は厳しいものばかりだった。ニューヨーク・タイムズ紙は「見飽きた」[31]と

書いている。シカゴ・トリビューン紙は「情けなくなるほど見覚えがある」[32]と呻いている。ワシントン・ポスト紙は「まったく代わり映えのしない彼の専売特許のしかめ面のオンパレード」[33]と唸っている。イーストウッドは60歳間近だったため、スポットライトのほとんどはチャーリー・シーンに譲っていた。今になって観直してみると、あの映画には羽目を外したチャーミングさがあるのがわかる。アクションヒーローとしてのイーストウッドの引退パーティだと思えば、ちょっと乱雑な作りには目をつぶるとして、楽しむこともできるだろう。

上：近いけれど葉巻がない〔「いまいちなにかが足りない」を意味する常套句〕──イーストウッドは、『リーサル・ウェポン』映画シリーズのような売れ線を狙ったが惨憺たる結果に終わったバディ刑事サスペンス映画『ルーキー』（1990）でチャーリー・シーンとチームを組んだ。

1990 The Rookie
Actor/Director

カーメル市長
クリント・イーストウッドの短期政界進出の物語

イーストウッドはカーメル・バイ・ザ・シーを愛してやまない。太平洋を臨み、モントレー郡の岩々の中に心地良く横たわるこの小さな街は、60年代後半からずっと彼の地元でありつづけている。静かな街、というのが多くの人々が持つこの街の印象だ。彼が市長に立候補した時点の人口は4500人だった。ちなみに彼ははじめから市長になりたいと願っていたわけではなかった。

事の起こりはちっぽけな不満だった。彼は自身が経営するレストラン《ホッグス・ブレス・イン》の裏手にあった崩れかけの建物を営利目的で改修しようと購入した。ところが、カーメル市開発計画委員会に建築許可申請を提出すると、即座に却下されてしまった。彼は激怒した。長くて面倒な部分をかいつまんで説明すると、カーメル市では慣例だけに従って建築許可を出す判断をしており、整備された許可基準は一切存在しないことが判明した。そして、その慣例とは、街の「住居特性」[1]を保つべし、というほとんど狂気じみた立場にもとづくもので、ツーリズムが促進されそうなことはすべて脅威とみなされていたのだ。もちろんこれには地元のビジネス関係者たちも憤慨していた。低木の植え込みですら、町役場に登録しなければならなかったからだ。

役所と地元の商人たちは事実上の睨み合い状態にあった。そして、イーストウッドほど睨み合いに長けた人物はいなかった。「立候補してくれ、クリント」と地元の民宿経営者が集会で彼に迫った、「俺たちの手でこの街を開け放とう」[2]。

イーストウッドはその説得を飲んだ。なににたいしてもそうするように、彼は選挙にも真剣に取り組んだ。自分でも当選したいと思うようになっていた。政治コンサルタントや政治運動マネージャーなど、アメリカの政治キャンペーンに必要なものをフルに揃えた。当然ながら、彼はクールに立ち回ることも忘れなかった。名声を利用した勝ち方をしたくなかったからだ（それは不可避なことだが）。様々な選挙フォーラムに参加するときも、演説原稿を用意したりせず、その場で自分の言葉で喋った。有名人目当てに集まった野次馬たちの前に立った彼の表情はシャイにさえ見えた。全国の報道関係者やレポーターがこぞってこの街に押し寄せたが、それでもなお、この選挙戦はとても趣のあるものになった。

イーストウッドの政治観については、今日までずっと熱い議論がつづいている。彼の映画は彼の政治的信条を反映しているのだろうか？　そもそも彼の政治的信条とは？　彼は共和党のメンバーでこそあるが、時には民主党を支持することもある。「わたしは昔から、自分はあまりにも個人主義的すぎるから、右派にも左派にもなれないと思っているんだ」[3]と彼は言う。彼はリバタリアン（自由意志論者）を自称し、個人的権利への不介入を支持している。これは彼の演じるキャラクターの根底にあるドン・キホーテ的な本質にも反映されているように思える。

上：1986年4月9日の就任演説において、彼がカーメルの新市長だと書かれたTシャツを掲げるイーストウッド。彼の地方行政進出は2年間で終わった。

現職市長だったシャーロット・タウンゼント（彼女は『ダーティハリー』のこともまったく知らなかった）を相手にした選挙は、彼が72％の得票率を得て圧勝した。「これでこのコミュニティーを少数派の手から取り上げ、多数派の手に、カーメルの市民の手に渡すことができたと思いたい」[4]と彼は就任演説で宣言すると同時に、「市長」と呼ばれることを拒否した。「それはだめだ、ただクリントとだけ呼んでくれ」[5]と反駁したのだ。

イーストウッドの逸話にはカラフルなものが多く、彼の存在は今もなおカーメル市の呼び物だ。彼がまだ市長をしていると誤解してやってくるツーリストも後を絶たない。しかし彼には政治の道を進みつづけるつもりなどまったくなかった。作家ノーマン・メイラーから「大統領の顔」[6]をしていると断言されたが、ホワイトハウスを目指すのではないかという憶測など、彼にとっては笑止千万だった。市長任期中の1986年から88年にも、彼は『ハートブレイク・リッジ／勝利の戦場』と『バード』を撮っている。市長として地元に残した功績の中には、道端でアイスクリームを食べることの合法化もあった。この街ではそもそもファストフードが非合法だったのだ。また、彼のおかげでアメリカ国民の地方行政にたいする認知度が高まったことも確かだ。市議会には数百人もの傍聴者が来るようになった。しかし2年の任期を終えた彼は再立候補の要請を断った。市長も彼にとってはひとつの役柄にすぎなかったのだ。

最後の大仕事

『許されざる者』(1992) の素晴らしさ

クリント・イーストウッドの皮肉的な趣味を感じることができる逸話がある。クリント・イーストウッドのオフィスはワーナーブラザーズ撮影所の静かな一画にあるマルパソ・プロダクションズ社の日干しレンガ造りのバンガローの一室だが、そこの壁には、あるストーリー・エディター（脚本家の選出から助言までストーリー創作に深くたずさわる仕事）による報告書が額に入れて飾られている。1984年1月25日付のその報告書には、イーストウッドが採用を考えていたある脚本の分析が書かれている。報告書を書いたストーリー・エディターは、『アウトロー』の脚本も手がけたソニア・チャーナスで、その実績からも高い評判を得ている人物だ。彼女は、当該脚本には重大な欠点がある、と歯に衣着せることなく報告している。「わたしにはこの脚本になにひとつ良い点を見いだすことができない」[1]と彼女は断言している。言葉は荒削りで、セリフは回りくどく、プロットは長々した余談に逸れてばかりで、英雄的な行為がすっかり欠如している。こんな脚本のことはすぐに忘れるべきである、と彼女は力説している。

いずれ歴史書には、イーストウッドは

この優秀なストーリー・エディターの助言を完全に無視したと記録されることになるだろう。彼はこの脚本になにかを感じていた。荒削りで冗長なスタイルは、彼に言わせればリアルさの現れであり、むしろそこが魅力だった。この脚本にはポテンシャルがあった。語られるべきものがあると感じられたのだ。結果的にこの脚本は、彼のキャリアの核となる西部劇映画に生まれ変わり、彼にアカデミー賞の栄誉をもたらせることになる。それどころか、彼のハリウッド殿堂入りを確実なものにした作品でもある。『許されざる者』の出現は彼にとって決定的な出来事だった。そもそもこのときイーストウッドは切実なまでにヒット作を必要としていた。『ホワイトハンター ブラックハート』を採算度外視で作り、主演作の『ピンク・キャデラック』と『ルーキー』は収益面で大きな誤算となっていたため、彼の名声の普遍性に疑問符がうたれはじめた時期だった。現実として、彼はもう10年間も確固たるヒット作に恵まれずにいた。マスコミの刃には磨きがかかり、彼をワーナーの「衰えゆくお抱えスター」[2]と呼びはじめていた。ワーナー内部にも彼を疑問視する空気があった。イースト

右ページ：足を洗っていた世界に引き戻される年老いたガンマン、ウィリアム・マニーを演じる『許されざる者』(1992) のイーストウッド。この役柄によって彼のスターおよび芸術家としての見方が再定義された。

ウッドの全盛期はもはや終わったのでは？　しかし、フィッツジェラルドの名言〔「アメリカの人生に第2幕はない」〕を打ち消すかのように、そしてまた、スターの不幸を蜜の味とするハリウッドの記者たちの意見を全否定するかのように、イーストウッドは『許されざる者』で栄光のキャリア第2幕の幕開けを飾ることとなった。この17本目の監督作品を契機にイーストウッドは高みへと上り詰めてゆく。かつてロディ・イェーツだった彼が記念碑的な存在になってゆくのだ。実際、このときの彼の見た目には記念碑像のような威厳があり、彫の深い顔立ちは岩肌みたいに風雨にさらされ、険しい表情のままじっと動くことなく、遠い地平線の先を鋭い眼差しで凝視していた。彼のシビアさがここまで極まったことはかつてなかった。映画史家デヴィッド・トンプソンの言葉を借りるなら、道徳と対峙するダーティハリーがさらなる「グレイな高み」[3]に足を踏み入れ、このジャンル全体のルーツをむき出しにしてみせたのだ。神話性の脆さを語っているこの映画がイーストウッドを伝説的存在に押し上げたという事実はまさに皮肉だ。

この脚本が彼の手に渡るまでには紆余曲折があった。テレビニュース編集者から脚本家に転身したデヴィッド・ウェブ・ピープルズは『ブレードランナー』（1982）も書いた人物だ。彼は、マーティン・スコセッシ監督の血とネオンに染まるニューヨークのノワール映画『タクシードライバー』（1976）に触発されて「The Cut-Whore Killings（切られた娼婦の殺戮）」という脚本を書いた。時代背景に趣を出すため、ピープルズは改革派西部劇を手本に、古きハリウッドが作り上げた道徳的な民話風物語の背後に隠されている真の現実を描くことを目指した。ウィリアム・マニーという名のかつてガンマンだった真のクソ野郎の物語だ。必要に迫られたマニーはすでに捨て去っていた暴力の世界に舞い戻ることを余儀なくされる。

「思い立って『タクシードライバー』を観ていると、人が殺されれば現実ならそうなるだろうな、と思える描き方で登場人物が描かれていた」とピープルズは振り返る、「だけど同時にあれは娯楽映画でもある。そこをわたしはずっと大切にしてきたんだ」[4]。もっと直接的な『許されざる者』との類似性は、『タクシードライバー』では、凄惨な過去を持つ迷える男が、若い娼婦を守ろうとしたことがきっかけで心の奥に潜んでいた暴力性を目覚めさせることだ。『許されざる者』のマニーの旅路は顔を切られた娼婦のために賠償を求めるところからはじまっている。

この脚本は「The Cut-Whore Killings（切られた娼婦の殺戮）」から、もっとソフトな「The William Munny Killings（ウィリアム・マニーの殺戮）」に改題されてハリウッドに出回ったが、ジャンルが不自然だという理由で各所から却下さ

れていた。しかし、ジャンルへのアプローチが普通でなかったことに興味を持ったフランシス・フォード・コッポラが1983年にオプション契約をとりつけた。伝統的映画の表面下に隠されたリアリティを探り当てる能力があるコッポラなら監督として確かに有望だ。しかしコッポラは、実験的ミュージカル・ロマンス映画『ワン・フロム・ザ・ハート』（1981）の興収が散々だった直後で予算調達が困難な状況に陥っていた。そんなわけで、その1年後、イーストウッドが権利を買い取ることになった。それを運命と呼ぶ人もいるだろうが彼自身はそう思っていない。自然な流れという程度の認識だったようだ。ピープルズにしてみれば、このスター以上の適役など考えられなかった。「フランシスでもきっと彼の他の作品同様に素晴らしいものに仕上げていた

だろうけど、イーストウッドみたいに真っすぐに妥協なく作れる人物は他に考えられないね。あんな風に、ダークに、ムーディに作り上げることは、きっとどの大映画会社にもできなかっただろう」[5]。しかもイーストウッドはこの作品に素晴らしい心理的な重荷を吹き込んでいる……それは心の中にある善と悪と醜さ〔『続・夕陽のガンマン／地獄の決斗』の原題「The Good, the Bad and the Ugly」をもじった表現でもある〕だ。それらの心理は拳銃ダコだらけの彼の手の中で鳴り響いている。

ウィリアム・マニーは彼がこれまで演じてきた西部の男たちが持つ苦々しさの集大成だ。名無しの男の軽蔑的なしかめ面のクールさ、戦争で人が変わったジョージー・ウェールズ、『奴らを高く吊るせ！』や『荒野のストレンジャー』や『ペイルライダー』の幽霊的な復讐者たち。『ロー

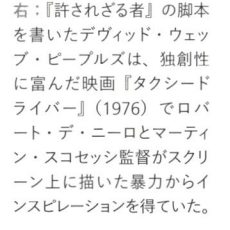

右：『許されざる者』の脚本を書いたデヴィッド・ウェッブ・ピープルズは、独創性に富んだ映画『タクシードライバー』（1976）でロバート・デ・ニーロとマーティン・スコセッシ監督がスクリーン上に描いた暴力からインスピレーションを得ていた。

ハイド』以降、彼が典型的な英雄の鋳型にはまることは一度もなかった。『荒野のストレンジャー』を観たジョン・ウェインはイーストウッドに宛てて「西部劇というのはそういうものではない」[6]という戒めの手紙を書いている。ジョン・ウェインの偉大なる師ジョン・フォードが作った鉄則によれば、若手はレジェンドの跡をたどるべきだ。しかしイーストウッドは伝統的な西部劇が礼賛するヒロイズムの地下深くに横たわる暗い部分に強く惹かれるものを感じつづけていた。「これまでも、これからも、わたしはジョン・ウェインの跡取りにはなり得ない」[7]と彼は主張している。皮肉と省察は彼の得意分野だ。この手の自己探求衝動は『ダーティハリー』に遡ることができるだろう。著作家ピーター・ビスキンドはその探求を「自らのペルソナの影をめぐる彼の心の旅路」[8]と呼んでいる。

それが「サイコバブル（中途半端に心理学を解釈すること）」[9]であろうとも、自己分析を促すインタビュアーにイーストウッドがいかに身をこわばらせようとも、彼に現代西部劇の父という称号が与えられ、様々な人が口々にその地位について解説するようになったことは事実だ。彼にその看板をもたらせたのは、ジョン・フォードでもなければ、ハワード・ホークスでもない、歴史オペラ映画の名手である皮肉的なマエストロ、セルジオ・レオーネだ。実際に『許されざる者』のエンドクレジットには「セルジオとドン」[10]への献辞を見ることができる——どちらもこの映画が作られる前に亡くなったふたりの偉大なマエストロ、セルジオ・レオーネとドン・シーゲルだ。

レオーネが死んだのは、イーストウッドが『バード』のプロモーションでローマを訪れた際に会食したわずか1カ月後の1989年4月だった。それまで会っていなかった長年の間に、ふたりにはぎくしゃくした感情がたまっていた。イーストウッドが全盛を極めていく一方で、かつての彼の監督は映画作りに苦しんでいたからだ。しかし彼らはその夜の会食を心から楽しみ、一緒に仕事をしていた頃よりもずっと良い関係になれた、とイーストウッドは振り返っている。レオーネは自身の死期が迫っていることを知っていたが、そのことについては一切触れなかった。「彼はさよならを言うために連絡してきたのかもしれないね」[11]。シーゲルが1982年からずっと映画を作ることなく死んだのは、レオーネが逝った2年後の1991年4月だ。これで大きな力がまたひとつ姿を消した。筋肉質なリアリズムを、現実の一片の味を、人の持つ原初的衝動の本質をイーストウッドに教えたのがドン・シーゲル監督だ。

『許されざる者』が暴力の報いを描く映画になったこと、人を殺した者の魂にのしかかる重圧を描く映画になったことは必然だ。「途方もないことさ、人を殺すというのはな」とマニーは断言する。そ

上：イーストウッド演じるウィリアム・マニーが採石場で銃を構える──『許されざる者』の脚本の権利を買い取ったこの映画スターは、この役を演じるにふさわしい年齢になるまで10年以上待つことにした。

「思い立って『タクシードライバー』を観ていると、人が殺されれば現実ならそうなるだろうな、と思える描き方で登場人物が描かれていた……」

デヴィッド・ウェッブ・ピープルズ

れは脚本に書かれた記憶に残る説教的セリフのひとつだ。イーストウッドは花崗岩を擦るようなしゃがれ声で唸るようにその言葉を発する。

「そいつの持つすべてを奪ってしまう、未来も含めてな」[12]。マニーが銃を手にするのは11年ぶりのことで、馬の背に這い上がるのさえ苦労するほどになっていた。イーストウッドが西部の大空の下に身を置くのは7年ぶりだ。「俺はもうただの人間だ」とマニーは自分に言い聞かせる、「そこらにいるだれとも変わりはない」[13]。イーストウッドも身をもって知っているように、過去はその人の人生につきまといつづける。過去に犯した罪の中には、決して許されざることもあるのだ。

伝記作家リチャード・シッケルも指摘しているように、この映画は人殺しの顛末を分析した映画、もっと端的に言うなら、天罰を描いた映画だ。この映画では「どの死者にも人格を持たせている」[14]とシッケルは看破している。イーストウッドは似たようなセリフを繰り返す。彼がこの映画を気に入っているのは「人が殺されたり、暴力が振るわれたりすると、必ずなんらかの報いを受けている」[15]ところだ。西部劇の陳腐なシチュエーショ

右：雇われたものの疲労困憊なガンマンたち──スコフィールド・キッド（ジェームズ・ウールヴェット）、ネッド・ローガン（モーガン・フリーマン）、そして高熱を出したウィリアム・マニー（イーストウッド）がビッグ・ウイスキーの町に向かい、過去に犯した罪と対峙する。

上：宣伝写真撮影で大真面目なポーズをとるモーガン・フリーマンとイーストウッド——このふたりの俳優による実りある素晴らしきパートナーシップは『許されざる者』からはじまった。

右：説得されてようやくこの役についたジーン・ハックマンは、サディスティックな理想主義者の保安官"リトル・ビル"・ダゲットを演じてアカデミー賞に輝いた。『許されざる者』では意図的にスターが起用され、多くの有名俳優が登場人物を演じている。

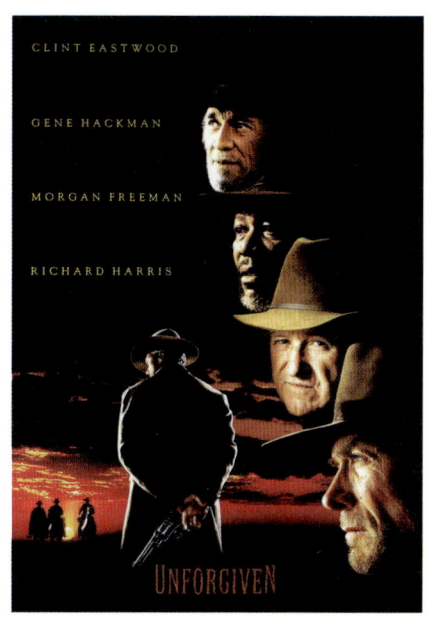

ンが、この映画では心理学的リアリズムによって改造されている。復讐を果たしても満足感はなく、得られるのはむしろ狂気に近い心理だけだ。「結局は永遠の苦悩でしかない」[16]とイーストウッドは説いている。

　ピープルズは完成した映画を観る日まで監督と直接会うことはなかったが、電話を介して改筆について議論したことがあった。間もなくイーストウッドは、大幅な改筆は脚本の良さを台無しにしかねないことを悟った。大仰なセリフや説明的なセリフがいくらかトーンダウンされたが、一番大きく変更されたのはタイトルだった。イーストウッドは、もっとぜい肉をそぎ落としたタイトルを求めていた。そして『許されざる者（Unforgiven）』

に改題された。

　監督兼主演の彼は良い作品にするためなら待つことも厭わなかった。別所で「他の事をやっている」[17]間、この脚本はずっと引き出しの中にしまいこまれている。その時点では、ちょうど『ペイルライダー』を作り終えたばかりだった。『ペイルライダー』は従来通りの西部劇のレガシーを受け継ぎ、鞍ずれなどのリアルな描写などまったくない映画だ。それだけになおさら彼は新しいアプローチで『許されざる者』を作りたかった。しかも、あの主人公を忠実に演じるには、その時の彼の年齢ではまだ少し若すぎた。これほどハリウッドらしからぬ考え方はないが、「老けることが利益になることだってある」[18]ことを彼は知っていた。マニーは

人生に疲れ果てた男だ。「(待つことで)その味わいを出そうとしていた」[19]とイーストウッドは、皮肉にも、マニーが断っていたウイスキーにたとえて語っている。

わたしたち観客がこの映画でマニーと最初に出会うのは1880年だ。イーストウッド演じるこのアンチヒーローは、大草原の崩れかけた柵囲いの中で養豚を営みながらギリギリの生活を送っている。妻に先立たれた60歳間近の男だが、見た目はそれ以上に老けて見え、ふたりの幼い子供たちと共に暮らしながら、彼自身がほとんど遺跡みたいになりつつある。そんな折、救済の手、いやむしろ、破滅への道と呼ぶべきオファーが遠方の町の娼婦のグループから舞い込んでくる。娼婦に小さな一物を笑われて腹を立て、その娼婦の顔を切って傷つけたバカ男の首に報奨金をかけたのだ。ちなみに一物についての見解はこの映画の中でコンスタントに登場する。マニーは、かつて銃撃戦を共にした仲間のひとりでマニーと同様になんとか生き延びているが年齢により丸くなったネッド・ローガン(モーガン・フリーマン)と、かっこいい名前さえあれば評判を高められるとばかりにザ・スコフィールド・キッド(ジェームズ・ウールヴェット)を名乗る向こう見ずな青二才の若者と共に3人で馬の首を並べてその町に向かう。目的地はワイオミングにあるビッグ・ウイスキーという町で、そこの保安官"リトル・ビル"ダゲット(名優ジーン・ハックマン)が断固た

る態度で町の治安を維持している。ダゲットは、彼らが作り上げようとしているアメリカと呼ばれる国家は、無法者によってではなく、法によって築かれるべきだと確信している。文明の基盤とはなにか、というテーマもこの映画は取り上げているのだ。なにをもって国家に魂が吹き込まれるべきなのか。しかし、実際には事はそれほど単純ではなく(そもそもこれはイーストウッド映画なのだから当然だが)、ダゲットはとてもサティスティックな人物でもある。評論家たちはこの描き方についてダーティハリーの手法に通じるものがあると論じている。

1991年8月26日にカナダのアルバータ州の撮影地に向かったイーストウッドは、彼の名が刻まれている西部劇映画というジャンルに弾丸を撃ちこみ、自らのキャリアの縫い目を解きほぐそうとしていた。それは間違いなくリスクを伴う行為だ。映画ファンは彼と共に暗闇まで着いて来てくるのだろうか？ しかも、行き先がどこであろうと、彼に着いてゆくことをだれもが躊躇していたような時期だ。しかしイーストウッドには、以前から常に、広く世間に行きわたる厳しい見方に対抗心を燃やす傾向がある。「そんなものクソくらえさ。そもそも恐れているようでは俳優なんかやっていられないからね」と彼は言う、「失敗を恐れているわけにはいかない。顔面から地に倒れることを恐れているわけにはいかないのさ。結局のところ運次第なんだからね」[20]。

彼は当然のこととして予算をしっかり管理しており、製作費を1400万ドル以内に抑えた。派手にやったり、奇をてらったりすることなく、いつも通りのやり方でこの名作を作ることにしたのだ。とは言え、彼に近い常連のコラボ仲間たちは、今回はどこか違っていることに気づいていた。今までのような直球の表現ではなく、もっと野心的でシリアスなものを彼はこの作品で目指していた。言うなれば、いつもの自然主義に気高さが加えられていたということか。セットはより精巧で、リハーサル時間はより長く、撮影スケジュールは『ペイルライダー』の

右：自慢屋の賞金稼ぎイングリッシュ・ボブを演じるリチャード・ハリス──このカメオ役が登場する付随的なシーンはイーストウッド一行が到着する前にこの街で起こった残忍な序章として機能している。

倍にのぼった。テイクもこれまでよりもずっと多く撮り、どこか捉えどころのないもの、マジカルとさえ呼べそうなものを追い求めた。そのことにもコラボ仲間たちは気づいている。また、これまでは無名のキャラクター・アクターをふんだんに使うことが多かったが、今回の出演陣にはこれまでにない人数のスターが顔を揃えた。そして彼らのパフォーマンスは非の打ち所がなかった。

　運の尽きるネッドを演じたフリーマンの温かい存在感をわたしたち観客は堪能できる（フリーマンとこの監督のほろ苦く創造力に富んだパートナーシップはこの作品からはじまった）。虚栄心したたる自慢話をたらたらと楽しむ「高名な」ガンマン、イングリッシュ・ボブを演じるリチャード・ハリスのしわがれ声をわたしたちは味わうことができる。彼がハスキーボイスで語る怪しげな自慢話は、法と秩序のために一切の妥協をしないリトル・ビルとの手痛い遭遇によって中断される。面白いことに、ハリスがイーストウッドから出演オファーの電話を受けたとき、彼はたまたまテレビで『荒野のストレンジャー』を見ていたため、最初はドッキリを仕掛けられたと思ったという。わたしたちはまた、イングリッシュ・ボブと同じくらい冗長で、病的なほど自己中心的なこの町の保安官を演じるハックマンの存在感に畏怖の念を抱く。実はハックマンはこの役柄のオファーを2度にわたって断っていた。最初にコッポラ

からダゲット役をオファーされたとき、彼はまったく心を動かされなかった。「わたしがそれまでずっと演じてきた様々なキャラクターの暴力性にたいして、苛立ちのようなものを感じはじめていたところだった」[21]と彼は告白している。この映画についても、イーストウッドには明確に見えていたものに彼は目を向けることなく、とても暴力的だと疑問を呈していた。厄払いのつもりでやってみないかというイーストウッドの強い説得に応えてようやくハックマンはこの役についた。結果的に彼は自身2度目のアカデミー賞に輝くべくして輝いた。彼は役作りの一部として、当時全米でマスコミを騒がせていたロサンジェルスの警察官たちによ

上：元の生活を取り戻そうと努力するイーストウッド演じるウィリアム・マニーと険しい表情を浮かべるふたりの子ども（シェーン・メイアとアリン・レヴァシュー）は、どうやら生き延びるのがやっとな生活を送っているようだ。

るロドニー・キングへの暴行事件を参考のひとつにしたという。

『許されざる者』では、一つひとつのシーンから重厚さと真実味と機知がにじみ出ている。また、どの登場人物にもフルに生命が吹き込まれている。イーストウッドが監督としてここまで全面的に作品作りをコントロールしたことはなかった。イングリッシュ・ボブは、リトル・ビルとの対峙で泥土の地面に殴り倒されるという屈辱を受けるが、あの場面は西部劇の神話を脱構築しようとしているこの映画の縮図だ。伝説的ガンマンが実は自慢話ばかりの臆病者だったことが証明されているからだ。そのイングリッシュ・ボブを見下ろす保安官の方は、はっきりと物を言う猟奇的な男だ。三文小説を書いて西部の伝説を文字通り吹聴するソウル・ルビネック演じる大衆小説家W・W・ボーチャンプの存在によって、この論点はさらに強調されており、ボーチャンプはリトル・ビルの庇護のもと、開拓地生活の残酷な現実を存分に目撃する。そのボーチャンプと同じ役割を果たしているのが、カナダ人俳優ウールヴェット（意図的に無名俳優が起用された）演じるザ・スコフィールド・キッドだ。キッドは名を上げようと必死になっている平凡な若者だが、実は絶望的な近視眼だということが判明する。この設定もまた象徴的だ。暴力とはマッチョ的な振る舞いの産物であるとわたしたちはこの映画に教えられる。それと同時に『許されざる者』は、

名声についても疑問を呈しているのだ。

すでに広く知られていることだが、イーストウッドはハリウッドから離れた土地で映画を撮ることを好み、ときには奥地まで赴き、厄介なうるさがたがいない快適さと引き換えに、ストーリーテリング根性が大いに試される困難なロケ地で撮影をしている。そのような土地で撮影を果敢にやり遂げるには入念な準備が必要だ。カルガリーから60マイルのところにあるE・P・ランチもまた厳しいロケ地のひとつだった。360度どこを見回しても地平線が広がる光景からは、本当は20世紀であることなど微塵もうかがうことができない。しかも彼は、1台のカメラ・クレーン・トラックの例外を除いて、ベースキャンプと撮影現場の間で自動車を使うことを禁じた。ビッグ・ウイスキーまでの上り坂を馬の背か馬車か徒歩で向かうしかなかった。その目的は、時代設定にそぐわないタイヤ跡がつくことを避けることと、過去の時代へ足を踏み入れる圧倒的な感覚を出演者たちに与えることにあった。西部劇映画とは風景映画でもあるとするこの監督は、別時代の空気と陽光に身をさらすことに強い魅力を感じていた。肉体すら切り裂きそうな強風にも見舞われたが、それでもなお、彼はかつてないほどこの撮影現場に満足していた。また、この現場には静かな落ち着きが浸透していた。監督が静かにしろと指示したことは一度たりともなかった。

　撮影は8月から9月にかけて、この地方特有の早い冬の到来に急かされながら行なわれた。太陽に照らされた荒野から、不機嫌な曇り空のビッグ・ウイスキーに向かい、その土地で嵐に遭遇するマニーとネッドとキッドの旅路を描く上で、天候の変化は雰囲気を出すために必要不可欠な要素だった。「『許されざる者』で描かれている嵐は、それ自体が登場人物と言えるほどの決定的要素だ」[22]とイーストウッドも説明している。その土地でマニーは熱を出して悪夢にうなされ、ずっと以前に亡くしたはずの妻の姿と死の天使を見る。過去に犯した罪が夢の中で泳ぎ回るのだ。シッケルはこれについて「魂の病い」[23]であると解釈している。マニーは、イーストウッドの伝統を継ぐ者（正義の復讐者）として生まれ変わる（もしくは、死の淵から生還する）。しかし彼がそれまで演じてきたどのキャラクターとも違い、この殺人者は、自らの行為が破滅に繋がることを理解し尽くしているのだ。その事実が観客にスリルを味あわせるというよりは、むしろ、ゾッとさせる効果を生み出している。

　彼の没頭ぶりを反映するように、ヴィジュアル・スタイルも以前より精巧で、カメラはより近いところから登場人物たちを一心不乱に見つめている。これまでも美化されて描かれたことのないイース

上：歴史は繰り返す──ウィリアム・マニー（イーストウッド）はこの映画の最終決戦で殺人者に逆戻りし、彼が送ってきた人生がすべて露わになる。

右ページ：荒野のストレンジャー──『許されざる者』の脚本に可能性を感じたイーストウッドは、今まで以上に真剣なアプローチで時間をかけながら素晴らしい真実味を産みだそうとした。

トウッドの西部だが、さらに険しく虚無的なものへと進化しているのだ。歴史を泥まみれのリアリズムで描こうとする彼の方向性は、もはや神的な領域にまで高まっており、登場シーンのマニーなどは実際に豚の糞にまみれている。アメリカが広大であることについて疑いの余地はない。この映画に「疲れ切った冷淡な様相」[24]をもたらす責務を担ったのは、プロダクション・デザイナーのヘンリー・バムステッドだ。また、あの時代の照明

器具はオイルランプなので、屋内ではなにもよく見えないことが普通だった。そこで彼は撮影監督のジャック・グリーンに「白黒映画のような」[25]照明を求めた。

　この映画で最もパワフルなシーンにして、イーストウッドの全キャリアを通じて間違いなく屈指の重要なシーンは、丘の上でウイスキー瓶を抱えたキッドが、あの娼婦を切りつけたカウボーイをついに自分の手で撃ち殺したこと（彼にとって最初にしておそらく最後でもあるその

殺しは、相手が屋外トイレで用を足している間に行なわれた不面目な殺害だった）に取り乱しているシーンだ。マニーは顔に風を浴びながら、目を細め、歯をむき出し、禁酒していたにもかかわらず瓶のウイスキーを煽ると、唸るように『許されざる者』の厳粛なる精神とも呼べるセリフを吐く。

「人はだれしも報いを受けるものだ、キッド」[26]

その後の展開はこうだ……ネッドが捕まって叩き殺され、見せしめとして彼の死体が酒場にさらされていることをマニーは知る。これでマニーの運命が定まる。この映画でもようやく伝統的な西部劇の銃撃戦と呼べそうなものが繰り広げられ、マニーは憑りつかれたように、暗闇に染まる酒場でリトル・ビルとその手下たちを相手に対決する。セットで行なわれたこの接近戦の撮影は、煙霧機が熱く湿った霞を充満させて空気を抑圧し、イーストウッドの小道具のピストルが何度も目詰まりを起こし、重い緊張感に包まれた撮影となった。

「俺には相応しくない……こんな死に方は」撃たれて瀕死のリトル・ビルが言う、「家を建ててたんだぜ」[27]。

「相応しいかどうかなど、関係ない」[28]とマニーは答える。善人、悪人、醜い者……人間はそう単純には括れない複雑な存在なのだ。

ビッグ・ウイスキーでの最後のショット（容赦なく雨が降る中、馬にまたがっ

たマニーが、だれもいない通りに向かってやけくその脅し文句を怒鳴るショット）を撮るときの天候は、いつ雪が降ってもおかしくない状態だった。製作総指揮のデヴィッド・ヴァルデスはイーストウッドに、2日の予定を1日に縮め早朝から休みなしで最後まで撮り切らなければ、公開日に間に合わない危険性があると伝えた。この監督／主演俳優は躊躇なく決断を下し、撮影クルーも覚悟を決めてボスに従った。地面も降雨機も凍る中、イーストウッドは奥歯をガタガタ震わせながら怒りに満ちたマニーの罵りを演じ切ってショットを撮り終えた。ちょうどそのとき、夜が明け、最初の雪片が空から落ちはじめた。

『許されざる者』現象はイーストウッドがピープルズにこの映画を見せた瞬間からはじまった。「あれほどダークで容赦がなくてパワフルな映画をわたしはそれまで見たこともなければ想像したことすらなかった」[29]とこの脚本家は振り返っている。それところか、彼のオリジナル脚本以上に妥協のない映画が作り上げられていた。イーストウッドは周囲の期待を抑えようと努力したが、それでもなお、ワーナーブラザーズの内部ではこの映画を極めて重要な作品として扱おうとする雰囲気が生まれていた。夏の名作映画にしてイーストウッドの代表作……そんなものが生まれるとは予測もしていなかった評論家たちは、この映画を観てさっそ

く驚嘆の念を表明した。「おそらくは1956年のジョン・フォードの『捜索者』以来となる最上質の名作西部劇映画」[30]とロサンゼルス・タイムズ紙は、皮肉なことに、ジョン・フォードの豊潤な神話的作品を引き合いに出して書き立てた。オブザーバー紙は「荘厳」[31]、エンパイア誌は「心を奪われる」[32]と絶賛した。インディペンデント紙日曜版は、映画に使われている深みのある説教的なセリフをもじって「全面的に、途方もない」[33]と書いている。評論家の中には、最後の銃撃戦はレオーネの不合理性に回帰しており、あの酒場でマニーが単に幸運だっただけだという宣言がなされていないのは疑問だと眉をしかめる者たちもいた。この年の年末『許されざる者』は、200以上のマスメディアの年間トップ10リスト入りを果たした。

この1992年には殺人シーンをともなう輝かしいブロックバスター映画の数々（『氷の微笑』、『バットマン リターンズ』、『リーサル・ウェポン3』など）が公開されたが、それでもなお、映画ファンはイーストウッドに暗闇まで着いてゆくことを選び、この陰鬱な映画は、全世界で

下：設定上はワイオミングにあるビッグ・ウイスキーのセットは、カナダのアルバータ州の広大な大地に位置する牧場に建てられた。カルガリーから60マイルのところにあるこの土地はハリウッドから遠く離れているため、気を散らされることなく製作チーム全体が過去の時代に遡ることができた。

1億5800万ドルを売り上げ、彼のキャリアで最大のヒット作となった。

妻の墓の傍ら（イーストウッドが繰り返し用いるモチーフ）にいるマニーに夕陽が当たって影を作るオープニング・ショットからずっと、一つひとつのシーンが、わたしたちの持つ西部劇というジャンルへのイメージを揺るがしている。これは改革主義のテンプレートをさらに改

革させたもの（シッケルはこれを「改改革主義」[34]と呼んでいる）であり、彼のこれまでのニヒリズムや死のテーマをフルに掘り下げているだけでなく、自身の年齢、評判、ハリウッドの歴史における彼の立場についても探求している。タイム誌でリチャード・コーリスが使った表現を借りるなら、この作品は「クリンテッセンス（クリントのエッセンス）」[35]に想

上：共演者のジェームズ・ウールヴェットと並んで休憩するイーストウッド——骨の髄までとどきそうな強風の中での撮影は肉体的に快適なものではなかったが、そんな逆境もまた西部劇映画製作の魅力のひとつであるとこの監督は主張している。

いを巡らせた瞑想なのだ。そこには歳を重ねたこの監督による、これまで以上に内省的な新しいバージョンがあった。「たぶん『許されざる者』あたりから」と語るのは、高みに登ったクリントと共に間もなく『マディソン郡の橋』に臨むことになるメリル・ストリープだ、「彼は（観客を）乗せたまま左に急ハンドルを切って、バイオレンスではないものに快感を求める場所へとわたしたちを連れ出しているのよ。それはとても恐ろしいことだわ。しかも、観客をそこに連れ出すことができる人なんて、彼以外にはいなかったのよ」[36]。一夜にして、そしてキャリア30年目にして、彼は人々から芸術家として見られるようになった。

　これは最後の大仕事なのだろうか？最後の西部劇なのだろうか？　彼自身はそういった大々的な宣言をせず、その話題を振られても肩をすくめるだけだ。「ウィル・マニーがその後どうなったのかはだれも知らない」[37]という碑文がこの映画には記されている……それはまた、西部劇の象徴としてのイーストウッドがウィル・マニーをもって終わりを告げたことの証しでもある。『許されざる者』で彼は彼の過去を断ち切ったのだ。

　イーストウッドはそれまでの19年間ずっとアカデミー賞に出席していなかった。彼が呼ぶところの「カントリークラブ」[38]の一員になったことは一度もなく、1973年に残念な出来事を経験して以来、授賞式への出席を避けつづけていた。彼

が初めて参加した1973年のアカデミー賞授賞式がとても不愉快な夜だったからだ。4人のホストの内のひとりであるチャールトン・ヘストンがまだ到着していなかったため、彼がその代役を務めることになった。オープニングだけという約束でだ。本番の数秒前に急かされてステージに上がると、テレプロンプターに映っていたカンペのセリフは、ヘストンが口にすることを前提にして書かれた浅はかなジョークだった。『十戒』をもじったセリフをなぜかイーストウッドが吐くことになり、客席からの失笑が高まったところで、やっとヘストンが到着し、赤面していたイーストウッドはようやく救われた。ちなみにこの年のアカデミー賞では、主演男優賞を受賞したマーロン・ブランドが映画業界のネイティブ・アメリカンにたいする扱いの悪さを訴える目的で、賞を受け取る代役としてサチーン・リトルフェザーを差し向け、客席からブーイングを浴びている。さらにイーストウッドは（大いなる栄誉として）正式に依頼されていた最優秀作品賞のプレゼンターをするにあたり、「ジョン・フォードのすべての西部劇映画で撃たれたすべてのカウボーイたち」[39]に本来ならこの賞を捧げるべきだとアイロニーのつもりで言ったのだが、人々からは負け惜しみだと捉えられてしまった。それ以来彼は断固としてアカデミー賞への出席を拒みつづけていた。そもそも自分が作るタイプの映画は今後もノミネートされることな

上：監督兼主演のイーストウッドは、カメラの前からカメラの後ろへと直ちに立場を切り替えて衣装の帽子のツバの奥から現場に指示を出しながら仕事を進めることに慣れ切っていた。

上左・右：「相応しいかどうかは大いに関係ある」『許されざる者』は当然の結果として1993年アカデミー賞で大勝利を収めた——まだまだ終わることのない彼の並外れたキャリアの絶頂がここにある。

どないだろうと思ってもいた。しかし、その状況が変わったわけだ。

　各部門のノミネートが発表されたときは眠っていた、と彼は語っている。『許されざる者』は、作品賞、監督賞、イーストウッドの主演男優賞、ハックマンの助演男優賞、ピープルズのオリジナル脚本賞を含む9部門にノミネートされた。彼は突如として本命視される立場になったのだ。

　イーストウッドは、うわべばかりの出席者たちのもとに自分をさらすことにも、雑誌記事にも、大いに警戒していた。必死になって賞を欲しがっているように見せたくはなかったし、『バード』で落胆した心はまだ癒えていなかったからだ。ことアカデミー賞に関しては、相応しいかどうかなど関係ないことが普通だ。しかし、評論家たちは、そしてワーナーブ

ラザーズはなおさら、機は熟したと感じていたし、おそらくはイーストウッド自身も口で言っている以上に認められることを強く望んでいたのではないだろうか。最大のライバルはIRAを題材にしたサスペンスで型破りなラブストーリーでもある『クライング・ゲーム』だったが、この夜はイーストウッドのための夜となり、監督賞と作品賞を手にした。彼が個人的に逃した主演男優賞は、『セント・オブ・ウーマン／夢の香り』で張り詰めた熱演を見せたアル・パチーノの手に渡った。質感のあるイーストウッドの演技の方が受賞に相応しかったようにも思えるが、それはともかく『許されざる者』は世間の彼の見方を大きく変える作品となった。わたしたちは彼のことをまず監督として考えるようになった。

不敵の象徴

『パーフェクト・ワールド』(1993)、『マディソン郡の橋』(1995)、『目撃』(1997)、
『真夜中のサバナ』(1997)、『トゥルー・クライム』(1999)、
『スペース・カウボーイ』(2000)、『ブラッド・ワーク』(2002)、『ミスティック・リバー』(2003)

『許されざる者』以前と『許されざる者』以降では彼の状況はまったく違う。それは歴史的事実として（伝説あるいはそれに近いものとして）世間でも受け入れられているだろう。『許されざる者』以降、クリント・イーストウッドは偉大なる映画人として神聖視され、彼が作る映画はどれもその作品自体が一大事として扱われるようになった。彼の作品への判断は、もはや興行収益で一喜一憂するハリウッドの法定会計的な物差しではなく、もっと高尚な条件が基準となった。映画芸術作家として扱われるようになったのだ。偉大なる先人たちと並んでも見劣りしない一流のアメリカ人映画作家に彼が生まれ変わった証拠に、ニューヨークのミュージアム・オブ・ムービング・イメージで過去作品が展示され、カンヌ映画祭には審査委員長として招かれ、フランスの映画評論家たちが長文の評論文を書き、伝記作家たちは鉛筆を研ぎ澄まして待ち構えるようになった。

ただしそれは単なる相対的な見方にすぎず、その後の卓越したキャリアにおいても誤算や興行面の失敗はある。そもそも、これまでもそうであったように、彼はとても私的な監督なのだ。それでもやはり、彼が偉大な映画芸術作家の方向に向かっていたことに間違いはなく、実験的な作品作りへの意欲は増し、独自のスタイルで別の側面に持ち前のアドベンチャー精神を適用させていた。『許されざる者』によって彼は《クリント・イーストウッドでいなければならない》という呪縛から解き放たれたのだ。

それに付随して、ハリウッドの怪物としては極めて珍しい立場を確立させた。老けることを受け入れるスターという立場だ。皺の多い顔も、白髪も、レガシーも、彼は他ならぬ恩恵として利用している。

端的に言うなら、彼は90年代前半からずっと典型的なハードな男というイメージからの脱却を図りつづけているのだ。『目撃』や『ミスティック・リバー』のようなサスペンス系の作品でさえ、それまでの慣例を破り、時間をかけて役柄を掘り下げながら人としての弱さを見せつけ、設定に身を預けてアメリカ社会を探求している。人生のある時点において

右：『マディソン郡の橋』(1995)の撮影でショットを準備するイーストウッド——監督として次のフェーズに入った彼はこれまで以上に大胆な映画作りをするようになった。

は、「たとえそうすることが商業的ではなくとも、キャラクター・スタディを探求する」[1]べきときがあるのだと彼は言う。非商業的かどうかは主観の問題だ。彼自身も『許されざる者』は商業的に失敗するだろうと信じていた。伝統的なアクション映画の慣例に従っていなかったからだ。あの映画の成功は、観客が深みと質感に飢えていたことの証であり、その後の『パーフェクト・ワールド』や『マディソン郡の橋』でもさらに強固に証明されることになる。結局のところ、商業性と芸術性のバランスはいつだってデリケートなものなのだ。

しかし、まずはその例外となる作品について語ることにしよう――『ザ・シークレット・サービス』（1993）だ。ウォルフガング・ペーターゼン監督（ダイナミックに『U・ボート』［1981］を作り上げたこの人物を監督に選んだのはイーストウッド）のもと、イーストウッドは古風な主役に専念した。これは興行収入優先で作られたスマッシュヒット作品でしかないが、それでもここで語るに値するのは、このタフな男のストーリーが老齢について描いた物語だからだ。この主題は《アイロニーを持ち合わせた巨匠》という『許されざる者』以降のイースト

上：イーストウッドは『パーフェクト・ワールド』（1993）を監督すると同時に、主演俳優のケヴィン・コスナーの懇願を受けて、テキサス・レンジャーのレッド・ガーネットという助演役につくことになった。

ウッドのステイタスを一層強化させている。彼が意図的に息切れしながら演じた気難しいシークレット・サービスのフランク・ホリガンは、1963年にケネディ大統領暗殺を阻止できなかった失敗を心に引きずりつづけている。ホリガンは、現在の大統領を暗殺しようとしている元CIA工作員の異常者ミッチ・リアリーから愚弄され挑発を受ける（ちなみに、この卑劣な役柄を名演したジョン・マルコヴィッチによると、イーストウッドはこの作品以来ずっと彼にとってエレガントだが神経質な父親のような存在だという）。イーストウッド演じる主人公は新たな大統領暗殺の企てを阻止するため頭をフル回転させなければならない。

評論家たちは、イーストウッドがやる気満々でこの役柄を演じていることに気づいた。ペーターゼン監督も彼が心理的に「喜んでリスクを冒そうとしていた」[2]ことを見て取っている。『ザ・シークレット・サービス』の成功は彼に新たなアメリカの象徴というステイタスをもたらした。『許されざる者』と『ザ・シークレット・サービス』という2本の映画によって、イーストウッドは古いスーパースターという立場から脱却したのだ。彼はもう以前の彼とは違っていた。清々しく、影響力があり、自己決定的で、興行成績も言うことなし。堂々たる勇敢な象徴だ。

彼のデスクに行きついた『パーフェクト・ワールド』の脚本からは、脚本家ジョン・リー・ハンコックの才能がひしひしとにじみ出ていた。イーストウッドは、当初、主役のブッチ・ヘインズ役を自分で演じてみたいと思ったが、それをやるには20歳ほど年をとりすぎていた。時

下左・右：脱獄囚ブッチ・ヘインズ役のコスナーと人質になった過保護に育てられた少年フィリップ役のT・J・ローサー。コスナーはあらゆるディテールについて細かく話し合うことを好み、監督の指示とは違う演技を試したりもする厄介なスターぶりを存分に発揮して、ストレートに考えることを信条とする監督を怒らせている。

1993 **A Perfect World**
Actor/Director/Producer

上：撮影現場での満ち足りたひと時──
90年代初頭に最もビッグだったふたりのス
ターがタッグを組んだ『パーフェクト・ワ
ールド』だが、その期待どおりの作品に
はならなかった。この映画は後になってか
らずっと高く評価されている。

「エキストラから代役を選ぶんだ。
そして、そいつに彼のシャツを着せろ……
こんなところでマスを掻いてる暇はないからな」
クリント・イーストウッド

代設定は、またもやアメリカが「不安定な状態にあった」³1963年だ。脱獄したヘインズは子どもを人質にしてテキサス南部を目指す。太陽の愛撫を受けるこの農業地域は、この監督のいつもの陰鬱な景観とは対照的な土地柄だ。人質となった少年とこの犯罪者の間で絆が育まれてゆくことで、この作品に情感がもたらされる。エホバの証人の信者である母を持つこの少年は、ブッチが子どものころに喜びを感じていたことをなにひとつ経験させてもらっていない。そんなふたりの道行を追うのが、年老いて人生にすっかり疲れ果てているテキサス・レンジャーのレッド・ガーネットと彼が率いる不協和なチームだ。この映画のペースはイーストウッドの狙い通り比較的ゆっくりしたものになっており、そのトーンには憂いがあり、失われた少年時代と父親の不在（ブッチも少年フィリップもそうであると同時に、アメリカ国家も間もなく大統領を失おうとしている）というテーマがそこにはある。オースティン周辺の景観を存分に引き出しながら、その温暖な空気感にサスペンスとバイオレンスを衝突させて揺さぶりをかける。そこには彼の大好きな寓話的クオリティ（アメリカの田舎、忘れられた生活、失われた夢）がある。

しかもケヴィン・コスナーがブッチ役に名乗りを上げたのだ。ボックスオフィス・ヒット作を連発するこの俳優の存在は強力で「コスナー効果」⁴と称されてい

ただけに、ワーナーは興奮を隠し切れない様子だった。コスナーは『シルバラード』（1985）やアカデミー賞作品『ダンス・ウィズ・ウルブズ』（1991）によって、もうひとりの西部劇ご用達俳優という地位を築いていた。そのふたりがタッグを組むという発想は、マーケティング面で非常に価値の高いものだが、イーストウッドはブッチの心の奥底に潜む猟奇的な凶暴性を好人物のコスナーから引き出せるかどうか不安視していた。ボガートやキャグニーやミッチャムやイーストウッドのような「あの類のタフさ」⁵をこの主演俳優からも感じられるようにとこの監督は苦心している。コスナー側からも出演にあたってひとつの要望が出された。それは、この映画のレッド役を、出番こそ主演ほど多くはないが、ぜひ監督に演じてほしいというものだった。イーストウッドはこの要望を快諾し、1993年4月、彼らはテキサスでの撮影に乗り込んだ。

この撮影で監督はフィリップ役についた7歳のT・J・ローサーから素晴らしくもナチュラルな演技を忍耐強く引き出してみせたが、その一方で、監督と主演俳優との関係はあまりうまくいかず、イーストウッドの既定路線である冷静沈着な撮影現場の雰囲気が、短期間であったとはいえ、損なわれていた。『許されざる者』のアカデミー賞受賞に向けてイーストウッドが活動できるようスケジュールが再調整されて撮影開始時期が遅れてしまったため、コスナーがその次に撮影を

左：『許されざる者』（1992）
で栄光を手にして以降のイーストウッドは、明らかにより感傷的な脚本に興味を持つようになっていた。『パーフェクト・ワールド』は父と息子の絆について、『マディソン郡の橋』は遅咲きのロマンスについて探求している。

予定していた改革主義的映画『ワイアット・アープ』（1994）のスケジュールが圧迫されてしまい、そのあたりから、ふたりの関係性に緊張感が生まれていた。コスナーはまた、撮影現場で自分の考える演技プランについて監督と気が済むまで徹底的に話し合うことを好む。そんなふたりの緊張状態が頂点に達したのは、撮影中、遠くのトラクターで待機していたエキストラ俳優が監督のキューを見逃したときのことだ。やり直しのテイクでも同じミスが起こると、コスナーは怒って小道具の鞄を地面に投げ捨て、控室に引っ込んでしまった。このショットはブッチを背後から捉えるカメラアングルだったため、イーストウッドは躊躇なく決断した。

「エキストラから代役を選ぶんだ」と彼は指示した、「そして、そいつに彼のシャツを着せろ」[6]。

　頭を冷やしていたコスナーの元に、あのショットが彼不在のまま撮影されたというニュースが飛び込んできた。イーストウッドは、何十年もずっとカメラの前に立ってきた先輩俳優として、あたかも地殻変動のような荘厳さで、彼に頭ごなしに言い放った、「きみが立ち去るなら、この男に全編演じてもらうまでだ。俺にはこんなところでマスを掻いてる暇はないからな」[7]。

『パーフェクト・ワールド』は、作品の出来は上々だったが、それに見合った評価を得ることはできなかった。この作品は、西部劇の長老と若手がタッグを組む

ことへの期待には応えてはいない（ふたりが顔を合わせるシーンはあまりない）が、イーストウッド作品に頻出する道徳への疑念と彼の感性を見ることのできる映画だ。イーストウッドが提供したのは、世間が求めていた西部劇ジャンルの傑作ではなく、親密な寓話を脱獄囚の逃亡劇という枠組みで包みこんだ作品であり、コスナーの演技もまたキャリア屈指の好演だ。それなりの収益もしっかりあげている。全世界合計で1億3500万ドルの興収は、1440万ドルという比較的控えめな製作費を余裕で回収した。

『許されざる者』との近似性が裏目に出て、アメリカの男らしさとはなにかをより柔らかい形で探求したこの作品は見劣りしてしまったのかもしれない。しかし、映画評論家ウォルター・チョウはフィルム・フリーク・セントラルに寄せた記事で、今から思えばあの作品はイーストウッドの最高傑作の一画を担うものだったと熱弁を振るっている。「この作品はテレンス・マリックが『地獄の逃避行』（1973）や『天国の日々』（1978）や『ツリー・オブ・ライフ』（2011）で捉えたのと同じ方法でこの世界を捉えている。圧倒的な情熱も圧倒的な絶望もどちらも起こり得るこの世界を、黄金の光と花粉の舞う大気を通して撮っているのだ」[8]。それは後の『ミスティック・リバー』や『ミリオンダラー・ベイビー』にも共通して見られるもので、これらの作品には密やかに闇が漂う物悲しいノスタルジアに浸った雰囲気がある。

彼はその次の作品でさらに人々を驚かせた……あのイーストウッドがラブストーリーを？　元経済学教授で作家のロバート・ジェームズ・ウォラーによる小説「マディソン郡の橋」はセンセーションを巻き起こしていた。アイオワの片田舎を舞台に偶然の出会いからはじまる中年のロマンスを描いたこの小説は、ベストセラー・チャートに残りつづけ、売り上げ部数950万部に迫った時点で映画化権が委託された。1965年を時代背景にしたこの甘ったるい物語は、有名な屋根付きの橋の写真を撮るためアイオワ州マディソン郡にやってきたダンディなナショナル・ジオグラフィック誌のフォトグラファー、ロバート・キンケイドの物語だ。この土地で彼は、孤独を抱えるイタリア人の主婦フランチェスカに出会う。戦争花嫁として嫁いでからずっとここでの平凡な生活を受け入れてきた彼女だが、ある日、庭先にぼさぼさ髪のフォトグラファーが現れる。そして短いけれど人生感が一変するふたりの恋愛がはじまる。

これをどのように映画化するにせよ、小説の読者に愛されている要素（遅咲きの大人のラブストーリー、ふたりのキャラクターの深み）をしっかりと保ちながらも、似非哲学的で大げさなウォラーの文体をすっかり捨て去る必要があった。それができる適任者は、少なくとも最初は、スティーヴン・スピルバーグだった。ポップカルチャーに敏感な彼は、大衆が

この小説の映画化について想像力を働かせはじめるよりも前にオプション契約を結んでいた。そして、無骨さとしかめ面を併せ持つキンケイド役には、当時64歳のクリント・イーストウッドしかいないと直感していた。大衆の中にはロバート・レッドフォードを推す声も多かったが、スピルバーグは、レッドフォードでは二枚目アイドル的過ぎると感じていた。このおとぎ話には底流にリアリティをもたらせることが肝心だったのだ。

「クリントとは70年代前半の『恐怖のメロディ』以来の友人なんだ」とスピルバーグは振り返っている、「現実のクリントは、あのウォラーの小説のキンケイドをずっとドライにしたバージョンだと

わたしは感じていたんだ。わたしの中で彼を第一候補にする気持ちは揺るがなかったよ」[9]。

2本のタフな映画を作った後で少し方向性を変えてみたいと思っていたイーストウッドは、この役に挑戦することに興味を持ち、スピルバーグのオファーを受けた。彼にとってこれまで演じてきた中で最も純粋でロマンティックなこの人物は、現実的なところも持ち合わせた孤独な魂の持主で、オンボロのピックアップトラックでひとり旅をしている。イーストウッド自身も過去に一度だけロケハンで同じことを経験したことがある。「ピックアップトラックにひとり乗り込んで、気に入ったロケーションを探しながらシ

上：例のごとく、イーストウッドはアイオワのそのままの景観をロケーションにして、ウィンターセット周辺の有名な屋根付き橋の数々を利用しながら『マディソン郡の橋』を撮ろうと決意していた。

上：フランチェスカ役について イーストウッドはメリル・ストリープしか考えていなかった――彼女の才能にインスピレーションを感じた彼は、彼女にアドリブを入れる余地をあたえると同時にリハーサルすることを禁じている。ふたりの恋愛を可能な限り現実的に描きたかったからだ。

エラスまで運転したんだ……」[10]。イタリア人の主婦と出会うことはなかったが、そうなったとしてもおかしくはなかった、と彼はつけ加えている。だからこの役はそのときの経験をちょっと過剰にしたようなものだ、とも。彼のコメントを総合すれば、今回の演技はスクリーン上にリアルなイーストウッドを映し出したものにとても近いものということになる。

　まだフランチェスカ役のキャスティングがなされていない段階で、この企画は問題に直面した。『シンドラーのリスト』（1993）で体力を使い果たしたスピルバーグがこの映画の監督を降り、プロデューサー役に回ったのだ。後釜の監督候補に挙がったシドニー・ポラックは、キンケ

イド役はレッドフォードが良いという考えをチラつかせ、煮え切らない様子だったため、オーストラリア人監督のブルース・ベレスフォード（『ドライビング Miss デイジー』［1989］の監督）の起用が決まった。しかしそれでもこの素材の扱い方についての方向性がまったく定まらなかった。

　「4バージョンあった脚本のうち3つはまとまりがなさすぎた。しかもそのうちの1、2本は（小説の）ストーリーラインをすっかり変えてしまっていたんだ」[11]と語るイーストウッドは、どんどん失われてゆく時間に怒りを増していた。

　イーストウッドとスピルバーグのふたりが気に入ったのは、リチャード・ラグラヴェネーズが書いた脚本だ。小説版はキンケイドの視点で語られていたが、ラグラヴェネーズはフランチェスカの視点からストーリーを語るという聡明な選択をしている。成長して大人になった彼女の子どもたちが当時の母親の日記を見つけ、そこに奥深い秘密が隠されていたことを知るという枠組みの中で物語が語られていた。

　ベレスフォード監督はフランチェスカ役にレナ・オリンかペルニラ・アウグストを推した。どちらも素晴らしいスウェーデン人女優だが、まだ看板女優と呼べるほどの名声がなかった。イーストウッドはキャスティング契約にあった拒否権を発動して、このふたりの起用を却下した。次いでベレスフォードが提案したのは、

イタリア人ハーフのイザベラ・ロッセリーニだった。イーストウッドがその提案も拒絶すると、ベレスフォードは撮影開始まであと2週間に迫っていたその段階で監督を降りた。これで『マディソン郡の橋』はフランチェスカだけでなく監督も不在になってしまった。撮影予定地のアイオワ州ウィンターセットの見事な秋の景観を逃したくなければ一刻の猶予も許されないことも彼らの切迫感に拍車をかけた。

ワーナーブラザーズ（スピルバーグのアンブリン・エンターテインメント社と共に製作にあたっていた）のトップのテリー・セメルは、だれから見ても明らかな解決策を単刀直入に提案するため、この主演俳優に電話をかけた。「きみが監督するというのはどうだろう？」[12]。「24時間だけ猶予をくれ」[13]と答えたイーストウッドは、屋根付き橋の数々を自分の目で確かめるべく、ワーナーのジェット機でウィンターセットに向かった。実物を見てすぐに、これらの本物の橋を使って撮影したい、偽のセットを作るべきではないと彼は思った。あの原作の甘ったるさをそぎ落とすことと、正真正銘の景観で描くことのふたつを条件にできれば、イーストウッド調の恋愛映画が作れそうだと彼は考えた。彼はセメルに電話をかけ「うん、わたしがやろう」[14]と伝えた。

彼にはこの映画についてあるヴィジョンがあった。センチメンタルな作品になってしまうことを絶対に回避しようと決意

していた彼は、静かな口調でこう語っている、「描かれる出来事は……アメリカのド真ん中でふたりのよそ者が出逢うこと」[15]ただそれだけだ。彼はその単純明快さを気に入っていた。この設定から大きく逸脱させてはいけない。この映画では時代と後悔と失われた機会を描くことに専念する。現実を描くことに専念するのだ。そしてまた、フランチェスカをだれが演じるべきなのかも彼にはわかっていた。

電話口に出たメリル・ストリープは、その声の主があのアメリカの象徴本人だったことに驚いた。ことをスムーズに進めるため、エージェントやスタジオの重役を介するのではなく、イーストウッドが直接電話をかけて、彼女がフランチェスカを演じるべき理由について説明し、この物語が彼女の視線から綴られること、相手役は彼自身がつとめることも告げた。「（あの状況で）断ることなんてできないわよ」[16]と彼女は笑いながら振り返る。

ストリープと組んだことで感化されたイーストウッドは、彼にしては珍しく、撮影現場でアドリブを大いに推奨した。彼に言わせれば、彼女にはジーン・ハックマンやモーガン・フリーマンと共通するものがあった。持っているすべてをぶつける準備が常に整っているのだ。そこで彼は過剰なリハーサルも禁じることにした。そのせいでやり取りがギクシャクしたとすれば、それこそ望むところで、より現実的に描くことができるからだ。

悪いタイミングで愛を発見し身動きがとれなくなってしまったこの女性の心の中に、情熱と疑念と怒りが不安定に渦巻いていることをストリープは見て取った。しかしイーストウッドの効率的な映画の撮り方に慣れるには多少の時間を要したという。

「監督のときの彼と、演じはじめたときの彼を、見分けられずに苦労したわ」[17]と彼女は言う。イーストウッドは撮影するとき、カメラの背後からおもむろにシーンの中に歩いて入ってきて、ただ「オーケイ」と言うだけだった。その「オーケ

イ」という言葉が演技開始の合図だと彼女が気づくまでには数日かかったという。それほど境界線がはっきりしないものだったのだ。「彼は幅広い色々なタイプの役柄を演じ分けているわけではないわ……いつだって、見た目も話し方もクリント・イーストウッドのまま……だけど役者として全身全霊で挑んでいるの」[18]。撮影を1テイクで済ませようとする彼の信条についても、彼女は徐々に慣れていかなければならなかった。「今のは良い感じだったな」と彼は微笑し「じゃあ次のシーンを撮ろうか」[19]と言うのだ。

下：『マディソン郡の橋』でアカデミー賞にノミネートされたのはメリル・ストリープだが、俳優イーストウッドにとっても、この作品は賜り物のような作品だった……これまでスクリーン上で演じてきたどの役柄よりも脆くて優しく、彼の友人たちの証言によれば、現実の彼にもっとも近い役柄だった。

1995　**77 Sunset Strip (TV Movie)**
Executive Producer

　この映画はどの角度から見ても予想外の大成功をおさめた。全世界で1億8200万ドルを売り上げ、ストリープはまたもやアカデミー賞にノミネートされた（彼女と同様に名演を見せた主演俳優はノミネートされなかった）。なによりも評論家たちの度肝を抜いたのは、あのウォラーの小説からこれほどリアリスティックなラブストーリーを掘り出したことに加えて、それをスラント誌が呼ぶところのイーストウッドならではの「ミニマリスト的な詩情」[20]で描いてみせたことで、それは言わば二重の奇跡だ。起伏のないこの土地の秋の景観は、西部劇に精通した手腕を活かして撮影されているため、単なる背景ではなく、むしろ文脈と化している。しかも感傷的な演出は皆無だ。この映画にパワーを与えているのは、拒みの概念だ。「この映画で描かれる悲痛の源は、永遠に先送りされる愛を描いているところにある」とシカゴ・サンタイムズ紙でロジャー・エバートは述べている、「ふたりはお互いがふさわしい相手だとわかっていながらも、その自覚に従うことはない」[21]。これをイーストウッド調と言わずしてなにをイーストウッド調と言えるだろう。

　意外な器用さで描かれた箇所もあれば、型通りに描かれた箇所もある『目撃』は、イーストウッド調ストーリーテリングを代表する1997年の作品だ。年老いた空き巣（金品をふんだんにため込んだ億万長者の豪邸ばかりを狙うこの泥棒は、イーストウッド特有のぶっきらぼうな魅力にあふれている）は、アメリカ合衆国大統領（ジーン・ハックマンがいつものように非道徳的な役柄を名演）本人が当事者として関わっている（暴力的な）不倫中の殺人事件を目撃してしまう。元ワシントンDCの法律家で作家のデヴィッド・バルダッシが書いた徹底的に荒唐無稽なこのサスペンス小説は、かつてであれば、大きな売り上げを見込める原作として扱われ、カーチェイスや銃撃戦や相手を震撼させる決め台詞をふんだんに盛り込んで描かれたことだろう。しかしイーストウッドがこのベストセラー小説に魅力を感じたのは登場人物の方だった。ページをめくる手が止まらずに読み切ったこの小説を、ゆっくりと炎が燃え広がるようなドラマ映画として描こうと彼は心に決めた。偶然に犯罪を目撃した空き巣のルーサー・ホイットニーは、疎遠になっていた娘（ローラ・リニー）で弁護士のケイトに助けを求める。

　そもそもこの企画を立ち上げた製作会社は『ザ・シークレット・サービス』の製作も手がけていたキャッスル・ロック社だったため、年老いたアクションスターが必要となったとき、彼らは迷わずイーストウッドにオファーを出した。彼が主演だけでなく監督としても契約を交わしたこの映画の製作費は4000万ドルと（彼の作品としては間違いなく）かなりの大金で、また、エド・ハリス、ジュディ・

上左・右：ローラ・リニーやエド・ハリスといった頼りになる役者たちが脇を固め、イーストウッド演じるキャラクターが隠蔽と陰謀を目にする『目撃』（1997）は、一見すると商業主義的な映画ではないかと思えそうな政治サスペンスだ。

デイヴィス、スコット・グレンら出演陣にも恵まれた。著名にして率直な物言いでも知られるウィリアム・ゴールドマン（『大統領の陰謀』［1976］）の脚本を土台にして、1996年の夏にボルティモアとワシントンで行なわれた撮影は、予定より17日前倒しで開始された。ゴールドマンは後に、原作の小説や彼の初稿脚本ではしっかり利いていたエッジ（特にホイットニーが物語の半ばで殺されること）をイーストウッド監督が鈍らせてしまったと不満を述べている。監督は、このキャラクターが「生きのびて大統領を失脚させる」[22]ことを脚本家に求めたのだ。ゴールドマンはため息をつきながらスターの権限を受け入れたが、書き直した脚本にはこの映画に必要な切迫感が完

全に出しきれているとは言えず、父と娘がお互いの相違について議論するだけのテンポの遅いシーンも垣間見えた。

もちろんこの映画を支持する者たちもいた。ミック・ラサールはサンフランシスコ・クロニクル紙の評論記事で「全能の官僚と《俺にかまうな的に生きる》自立した一匹狼という二種類の典型的アメリカ人が対決する」[23]一級品のサスペンスであると讃えている。腐敗した組織に立ち向かう個人の勝利……それはあの説得力に満ちたハリー・キャラハンの哲学に根差したものだ。

67歳のイーストウッドの生産力は、若手監督がこぞって恥じるほど旺盛だった。『目撃』が劇場公開（結果的に5000万ドルという地味だが満足のいく興行成

績をおさめた）されるよりも先に、彼はもう次の企画に動いていた。それもまたベストセラー小説の映画化だったが、今度はまったく毛色の異なる作品だ。

ジョン・ベレントの小説「真夜中のサバナ」は220週間連続チャート入りという記録を打ち立てたが、映画化は不可能だろうとされていた。小説という芸術形態でしか表現できないリッチな筆致で描かれたこの物語は、ジョージア州サバナで実際に起こった事件をもとにしたものだ。ダークなコミュニティのど真ん中で、地元の美食家ジム・ウィリアムズ（ケヴィン・スペイシー）は、自らの恋人で不快な男ビリー（ジュード・ロウ）を殺した罪で逮捕される。イーストウッドは『パー

フェクト・ワールド』の撮影中にジョン・リー・ハンコックの脚本版を小説よりも先に読んだため、原作にたいする先入観がまったくなかった。彼が気に入ったのは、そのタイトルと、アメリカの片隅で暮らす風変わりな人々の昔からまったく変わらないコミュニティだ。彼にはいつもこの手の舞台設定に強く惹かれる傾向がある。成金骨董商、ブードゥー教祈禱師、トランスジェンダーの著名人、ジンをすりながら夫の自殺を笑う未亡人。イーストウッドによれば、この人々は「自由意志論者の視点から」[24]お互いを許容し合って暮らしている。この作品の雰囲気は、むしろ、ストレートな法廷ドラマのそれだ。同時に、ハンコックはライター（ジョン・キューザック演じる記者）に

左：ケヴィン・スペイシーとジョン・キューザックの主演でイーストウッドが実話のエキゾチックな殺人ミステリーを映画化した『真夜中のサバナ』（1997）だが、その主題はリアリズムの追求に定評のある監督にマッチするものではなかった。

1997 **Midnight in the Garden of Good and Evil**
Producer/Director

右：死刑囚監房ドラマ『トゥルー・クライム』（1998）でイーストウッド演じるみすぼらしい新聞記者は、ジェームズ・ウッズ演じる気難しい編集長と激論中だが、実は心の中ではずっと別のことを考えている。

探偵的な役割を果たさせることで、本題から逸れがちな小説版の特徴を回避している。イーストウッドはこの脚本のことを、『冷血』をずっと温かくして裕福に描いたバージョンのようだと感じていた。

　正直に言うなら、この物語で描かれている奇抜でゴシック的なトーンには、イーストウッドの本質とは相容れないタイプの華麗さがある。それでも彼は1997年の夏、地元民たちをエキストラに使って、律儀に撮影をこなした。ザ・レディ・シャブリ本人がドラグクイーンのザ・レディ・シャブリを可憐に演じてもいる。この映画は結果的に、元から味気がないのではなく、むしろ様々なフレーバーを混ぜすぎて味を失ったカクテルみたいに凡庸な作品となり、ウィリアムズにまつ

わる謎によって事件の解釈が変化してゆくという根本的な要素も抜け落ちてしまった。評論家たちは小説を読んでイメージしたサバナがスクリーン上に描かれていないことへの落胆を示した。「カメラを回したことで、言葉では言いつくせないなにかが失われてしまった」[25]ようだとロジャー・エバートは評している。興収は全世界で2500万ドルにとどまった。あの小説は確かに映画化不能だったのかもしれない。

『トゥルー・クライム』は必要条件をすべて満たした物語だ。人生に疲れ果て、心に傷を負っている事件記者（イーストウッドはいつも以上に心が擦り切れている）が、ひとりの死刑囚（イザイア・ワ

シントン）の無実を証明しようとするが、残された猶予は12時間しかない。彼はまた、上司である地方紙編集長（デニス・リアリー）の妻（ライラ・ロビンズ）と不倫関係にある。償おうにも、もはや手遅れのところまで来ているようだ。『トゥルー・クライム』は20年前に公開されていたらきっと大ヒットしただろう。グレイとブラウンの色使いも、この記者の日々のルーティーン（コーヒー、論争、締め切り、水筒にしのばせたバーボン）も、一般人の目線でアメリカ（この作品の場合はオークランド）を捉えているところも、観客に喜んで受け入れられたはずだ。唯一イーストウッドの演技の腕を見せつけているシーンは、ジェームズ・ウッズ演じる好戦的な編集長との口論の場面だけだ。キース・フィリップはオンラインニュースサイトA.V.クラブの記事で、この映画が最後まで観られるクオリティであることは認めながらも「この作品には時代遅れの感があり、セリフも陳腐、プロットも緩慢」[26]と不満を述べている。

　陰鬱な犯罪ストーリーを描いた映画がこれで3本続いてしまうことから、イーストウッドは安全策をとったのだが、そのせいでかえって観客にインスピレーションをあたえることができなかった。5500万ドルの製作費で作られたこの映画の興収は1600万ドルと伸び悩み、彼にとっては『ホワイトハンター ブラックハート』に次ぐ大赤字となった。ただ、

少なくとも、彼が次に宇宙へ向かうきっかけにはなったのかもしれない。

　『スペース・カウボーイ』でイーストウッドは『ファイヤーフォックス』以来2度目となる特殊効果撮影との愛情ある馬鹿らしい戯れを楽しんだ。ただし両作品の類似性はそれだけだ。『スペース・カウボーイ』には間違いなく（エキセントリックな）独自の雰囲気があり、そのエネルギーは爽やかなまでにおおらかで、総じてスリリングで、クリント・イーストウッドが『アルマゲドン』（1998）を監督したらきっとこうなったに違いないと思えそうな作品だ。とても面白いシーンが散りばめられている気取りのないこのスペース・サーガは、ひとりどころか4人の年老いた名優たち（イーストウッド、トミー・リー・ジョーンズ、ドナルド・サザーランド、ジェームズ・ガーナー）のイコノグラフィという大役も背負っていた。

　ケン・カウフマンとハワード・クラウスナーはひるむことなく荒唐無稽なプロットを書き上げている。そこがこの作品のミソなのだ。主人公たちと同じくらいに老朽化した人工衛星が軌道を外れてアメリカに落ちそうな脅威に瀕したとき、その大災害を阻止できるのはかつてこの誘導システムを設計したフランク・コーヴィン（イーストウッド）をおいて他にいない。しかし彼は、当時のチームメイト（前述の60代の面々）、つまり40数年前に中止の憂き目にあったが今なお実力

上：老宇宙飛行士たちのアドベンチャーを描いた滑稽な『スペース・カウボーイ』（2000）で、イーストウッドとトミー・リー・ジョーンズ（左）、ジェームズ・ガーナー（奥）、ドナルド・サザーランド（右）といった皺だらけの仲間たちが、コートニー・B・ヴァンス（手前）やローレン・ディーン（右端）といったNASAの現役を見事にへこませる……

を保っている5人の宇宙飛行士と一緒でなければできないと主張する。ずっとノリを軽くしたバージョンではあるけれど『許されざる者』にも通ずるところがある。

　実際にイーストウッドはこのストーリーをNASAの西部劇として再構築しており、その事実はタイトルにも表れている。「カウボーイはアメリカ開拓のパイオニアだった」と彼は言う、「宇宙が新たな開拓地なら、宇宙飛行士は宇宙のカウボーイというわけさ」[27]。この映画もまたジェネレーションを語っている。現代に過去が寄りかかり、宇宙開発競争

時代の神聖なるアメリカがフラッシュバックで登場する（トビー・スティーヴンス演じる若き日のイーストウッドには説得力がある）が、SF作品であることをわきまえた描き方を律儀なまでに忘れていない。NASAもこの作品に乗り気だったため、撮影はヒューストンのジョンソン宇宙センターとケープ・カナベラルで行なわれた。リアルな背景が必要不可欠だとイーストウッドがインダストリアル・ライト＆マジック社に訴えたことから、製作費は6500万ドルまで膨らんだ。しかし、この映画を全世界で1億2800万

ドルというそこそこの（いや、かなりの）ヒット作にした真の要因は、老いと男らしさの虚勢を質の良いユーモアで探求したことと、シカゴ・サンタイムズ紙が指摘するように「4人のベテラン俳優のあふれんばかりの魅力とスクリーン上で見せた存在感」[28]にあった。イーストウッド本人のキャリアとこの物語の類似はもちろん意図的なものだ。

イーストウッドは70代に突入すると犯罪ものに回帰し、マイケル・コナリー

下：……しかし、70歳を過ぎたイーストウッドが心臓疾患を抱えるキャラクターを演じた『ブラッド・ワーク』（2002）は、機械仕掛けのように単調なスリルしか生み出せなかった。

2002　**Blood Work**
Actor/Director/Producer

の小説を原作に、より活気があり、よりダーティハリー的で、よりハイコンセプトな事件捜査映画『ブラッド・ワーク』の製作に乗り出し、ワーナーブラザーズを大いに喜ばせた。彼が単純に気に入っていたのは、心臓移植手術から再起中の元FBI心理分析官テリー・マッケイレブという主人公だ。彼はその人物設定を「脆弱因子」[29]と呼んでいる。言うなれば、ダーティハリーが1日34錠の薬を飲む生活を送っているようなものだ。マッケレイブは、ある未解決殺人事件の被害者が彼の心臓の提供者であることを知り、再び捜査の世界に飛び込む。そして彼が心臓発作を起こす直前まで追っていた連続殺人犯の痕跡をたどってゆく。この映画にはジェフ・ダニエルズとアンジェリカ・ヒューストン（マッケレイブ担当の心臓専門医役で！）が出演しているが、後者はイーストウッドが『ホワイトハンター ブラックハート』で題材にしたジョン・ヒューストンの実の娘であり、その事実がこの映画に更なる味わいを与えた。ロングビーチ周辺で撮影されたこの《ホワイトハンター バッドハート（悪い心臓）》ノワールは、イーストウッドが得意とする効率性ではなく、むしろ彼にはないゴシック的な感性が求められる素材だった。フィルム・フリーク・セントラルは「『ブラッド・ワーク』はこのジャンルになにひとつ新しさをもたらすことのない機械仕掛けの行進みたいな展開の即席サスペンスだ」[30]と、まるで頭を横に振っているのが目に浮かぶような論調でまとめている。観客もおおむね同意見で、イーストウッドによるルネサンスも、もはやここまでかと憂慮する声も上がりはじめた。

24本目の監督作にして、『愛のそよ風』、『バード』、『真夜中のサバナ』以来4本目となる彼の象徴的な顔がスクリーンに登場しない映画のプロモーション・インタビューで、イーストウッドは「無垢の喪失というテーマにわたしは取りつかれていた」[31]と語った。『許されざる者』で得た信頼と称賛を取り戻したその映画は、彼自身の過去を重ね合わせた数ある映画のひとつでもある。デニス・ルヘインの小説をもとにブライアン・ヘルゲランド（『ブラッド・ワーク』の脚本を書いた人物）が脚色した『ミスティック・リバー』は、犯罪サスペンスというイーストウッドのキャリアを形作ったもうひとつのジャンルがずっと犯しつづけてきた罪を冷静に見つめている。

新聞であらすじを読んだ彼は、いかにも彼らしく直感的に、この小説の映画化権を購入した。彼の分析は今回もまた極めてシンプルで、「これをもとに興味深い映画が作れそうだと思った」[32]からだ。ただしその「興味深い」という言葉を彼は重みある語調で発していた。ここ何年も経験したことのないインスピレーションを感じていたのだ。この物語もまた暴力の遺産を探求している。表題となった川に隣接するボストンの荒れた地域を舞

上・右ページ：デニス・ルヘインの小説を映画化したボストンが舞台の『ミスティック・リバー』（2003）は、イーストウッドを再活性化させ、『許されざる者』が西部劇というジャンルを掘り下げたのと同じように、警察サスペンス映画の底流にある道徳観の複雑さを掘り下げている。ショーン・ペンは自らの手で裁く地元の男を演じて主演男優賞を受賞した。

台に、歳月を経て展開されるジミー、ショーン、デヴィッドという3人の幼馴染みの悲劇だ。荒廃地沿いに流れるごく平凡なこの黒い川は、表面こそ穏やかだが、その下は荒れ狂っている。少年デヴィッドが顔のわからない大人に暗い色のセダンで連れ去られ4日の間行方不明になって以来、この3人の仲は引き裂かれる。デヴィッドは色魔による囚われの身からは脱せたかもしれないが、彼の心は永遠のトラウマに囚われたままだ。

　無垢な者への虐待というテーマは、

『ダーティハリー4』と『パーフェクト・ワールド』でも扱って観客の道徳観を刺激しているほか、後の2008年にも『チェンジリング』で作品の中心に据えられている。しかしここまで生のまま、もしくは、情を込めて彼がこのテーマを扱ったのは『ミスティック・リバー』だけだ。あの事件から25年が経ったとき、もはや友だち同士ではなくなっていたこの3人の人生がふたたび絡み合う。きっかけはケヴィン・ベーコン演じる刑事ショーンがある殺人事件の現場に呼び出されたことからだ。発見されたティーンエイジャーの少女の遺体は、ショーン・ペン演じる前科者で闇社会を牛耳るジミーの娘だった。そして嫌疑の目がティム・ロビンス演じるおどおどしたデヴィッドに向けられる。きちんと仕事もこなせない抜け殻のようなデヴィッドは、その日、血だらけの服で帰宅していた。彼のトラウマが新たなトラウマを産みだしたのだろうか？　この作品は「殺ったのはだれか？（この場合はむしろ「殺ったのは彼なのか？」）」という推理小説の枠組みをとりながらも、イーストウッドならではのやり方で、コミュニティ（複雑な暗黙の了解、秘密、苦しみの多い夫婦間や父子間の関係性、友人同士の絆）を深く探求している。ジミーの妻とデヴィッドの妻を演じたローラ・リニーとマーシャ・ゲイ・ハーデンのふたりが、観客の心を虜にする演技を見せつけている。

　ほとんど時代を超越した陰鬱で悪夢的

な雰囲気と、彼のトレードマークでもある墨のような薄暗さを駆使した映像で、この映画はリッチに描かれている。骨の髄まで徹底的なノワール作品だ。撮影は2002年の秋にボストンで行われた。寂しいバーや荒廃した店舗を捉えながら場所とプロットが見事に絡み合っている。「(登場人物)全員が、彼らの育ったこのコミュニティを作り上げている」とオブ

ザーバー紙でフィリップ・フレンチは評している、「そして、それぞれのバックグラウンドによって引き起こされる道徳的葛藤もまた、彼ら全員が作り上げたものなのだ」[33]。

　自分に合う役柄がなかったため、イーストウッドはエゴを微塵も出すことなく、喜んでカメラの後ろに控え、出演陣から傑出した演技を引き出すことだけに専念

した。「彼はダメ出ししかしない親父みたいな監督ではないんだ」とペンは尊敬を込めて語っている、「クリントはなんでも認めてくれるわんぱくな兄貴みたいな監督さ」[34]。撮影現場は笑いにあふれていた。また、一部でしか知られていないが、(マカロニウエスタン時代からの付き合いの) イーライ・ウォラックが地元の酒屋店主役で出演している。

イーストウッドが演じそうな登場人物がこの映画にはふたり登場する。40代の彼ならば、きっとベーコンが演じた善良な警察官役についたことだろう。ベーコンもイーストウッドのような演技を見せていて、共演者たちの華やかな演技とは違い、抑制がきいていて、冷静で、ドライなユーモアを持ち合わせている。しかもダーティハリーがかけていたのと同じサングラスをつけることさえ許されていた。彼だけではなく、ペンが演じた、この境界地域で生き、どんな報いを受けることになろうとも、暴力に身を投じる覚悟を決めるジミーという人物にも、イーストウッドが何度も演じてきた正当な憤怒を見ることができる。そこにあるのは、無垢の喪失と同じであり正反対でもある復讐への欲求だ。ビッグ・ウイスキーに舞い戻ったウィリアム・マニーがそうだったように、ジミーが自分の手で復讐する覚悟を決めたことは、だれが見ても手に取るように明らかだ。

「ギリシャ神話をボストンに移して描いたとしたら、おそらくこの映画ととても似たものになっていたことだろう」とマーク・ステインはザ・スペクテーター誌で絶賛している、「クリント・イーストウッドはソフォクレスに匹敵するとまでは言わないが、間違いなく及第点の感動を提供している」[35]。

『ダーティハリー』から『ミスティック・リバー』に至るまで、イーストウッドはそのキャリアを通してずっと同じテーマに頭を悩ませていた。制度化された正義の限界というテーマだ。アメリカはそんな限界のある危うい教義によってひとつにまとめられている国だ。避けて通ることのできないこの議論をイーストウッド自身がいくら避けて通ろうとしても、多くのコメンテーターたちはこぞって『ミスティック・リバー』について、ダーティハリーやそれに類する彼の作品の生き生きした形式に回帰した作品であるだけでなく、次々と人が死んでもその報いを受けなかったあれらの作品が残した遺産への反撃でもある、と騒ぎ立てた。『ミスティック・リバー』では、油が浮かぶあの川の水面のさざ波のように、あらゆるものが暴力と繋がっている。

この作品は、彼がアカデミー賞を受賞したあの西部劇以来の、強力でダークな作品に仕上がり、イーストウッドに栄誉や称賛を浴びるに値するストーリーテリングの才能があることを世間に思い出させた。『ミスティック・リバー』はカンヌ映画祭で激賞され、1億5700万ドルの興収を記録し、アカデミー賞各部門にノ

上：イーストウッドは、ケヴィン・ベーコンやローレンス・フィッシュバーンをはじめとする自分よりも若い出演陣を監督する仕事に集中できたことを心から喜び、おかげでスニーカー姿で仕事場に来られるよ、とジョークを飛ばしている。

ミネートされたが、その表彰台に上ったのはロビンス（助演男優賞）とペン（主演男優賞）だけに終わった。「クリント・イーストウッドが、仕事の上でも、人間としても、わたしの人生にかかわってくれたことに心から感謝します」[36]とペンは高らかにスピーチしている。その後イーストウッドがこの表彰台に戻って来るまでには、長い年月は必要なかった。

2003 **The Blues** (TV Mini Series)
Producer/Director (1 episode)

アメリカン・ソウル

『ミリオンダラー・ベイビー』（2004）という感動の偉業

　フィルムメイカーとしてのクリント・イーストウッドはでしゃばらない。その事実を如実に示している場面があるとするなら、それは2005年のアカデミー賞授賞式だ。賞レースが活発に展開されはじめた時期、ハリウッドの千里眼たちは、この年のアカデミー賞はマーティン・スコセッシ一択だろうと予想していた。現代の偉大な監督のひとりであるスコセッシがこれまで受賞していなかったことの方が不思議なほどだ。しかも、最有力候補とされていた彼の最新作『アビエイター』（2004）は、シリアス好みのアカデミーを意識した下心こそあったものの、ハリウッドそのものを描いたエピック作品であり、実在した大富豪の変人プロデューサー、ハワード・ヒューズが精神的な病に落ちてゆく物語だ。そこにはかつて『バード』で描かれたものと通ずるものがある。対抗馬のダークホースと目されていたのは、中年期症候群を扱ったコメディ映画『サイドウェイ』（2004）で、予想ではこの作品はおそらく演技賞を数部門、もしかしたら脚本賞も獲るかもしれないとされていた。それはもう決定事項という感があった。そもそもイーストウッドはもう十分に栄光の日々を謳

歌したのでは？『許されざる者』が認められたことで、彼はすでに西部劇における揺るぎのない地位を手に入れていたのだから。

　2004年の夏、イーストウッドは淡々と次の映画作りに精を出していた。淡々と動きつづける、それが彼のやり方だ。次にやるべき企画があればそれだけで十分だった。しかし、完成したその映画が8月の下旬にワーナーブラザーズで内部試写されたとき、この『ミリオンダラー・ベイビー』という作品は明らかに特別な作品だという声が社内で広がりはじめた。それでもまだ慎み深く公開日は12月5日に決まった。賞レースという観点から見ればかなり遅めの参入だ。部外者がその状況だけから冷静に判断しても、イーストウッドの今回の新作は彼が時々作る趣のある小品だろうと考えて当然だった。おそらくロサンジェルスのささくれだった郊外を舞台にしたささやかなボクシング・ドラマに違いないと。

　21世紀のイーストウッドの代表作はどの映画だろうか？　彼の企画選びはインディ映画作家のそれのように独特だ。にもかかわらず、いかにも彼らしい落ち着きのある形で、彼の存在は広く世界に

右ページ：これまで彼が作った映画の中でも格別に優れた作品『ミリオンダラー・ベイビー』（2004）にイーストウッドが出演することを決めたのは、物思いにふけるボクシング・トレーナーのフランキー・ダンこそが自分の演じるべき完璧なキャラクターだと思えたからだ。

知れ渡っている。ケネス・トゥーランなどはロサンゼルス・タイムズ紙の記事で彼のことを「ハリウッド最後にして最良の古典主義者」[1] と呼んでいる。彼はずっと魂を込めて映画を作ってきた。

しかし、2005年2月27日の夜には、もはやこの作品の素晴らしさはすっかり知れ渡っており、ハリウッド大通りとフランクリンの角に建つ豪華なコダック・シアターにおいて、この映画の存在はもう衝撃ですらなかった。評論家からも映画ファンからも人気を博した（全世界で2億1700万ドルを売り上げた）この作品でイーストウッドはふたたび大勝利をあげ、スコセッシはまたもや受賞を逃すこととなった（良くも悪くも彼は2007年に『ディパーテッド』でこの栄光を手にする）。作品賞のプレゼンターをつとめたのはダスティン・ホフマンと（イーストウッドと共演し損ねた過去を持つ）バーブラ・ストライサンドだった。「クリント、あなたにまたこれを手渡せるなんて嬉しいわ」[2] とストライサンドは作品名を読み上げる直前に口を滑らせている。実は彼女は1993年にも『許されざる者』の監督賞を彼に手渡す役を果たしていた。今回もまた、ふたりの間には打ち解けた雰囲気があった。

より優れた映画が勝利した。アカデミー賞にしては珍しく、その年に公開された中で一番優れた映画に栄誉が授けられた。しかもこの映画が獲得したのは作品賞だけではない。イーストウッドも2度

目の監督賞に輝いている。彼は『許されざる者』で受賞した1993年の授賞式にも母親を同伴したが、今回もまた96歳になる母親と一緒だった。「母が授けてくれた遺伝子に感謝したい」[3] と彼はニヤリと笑ってオスカー像を受け取りながら言った。主演女優賞（ヒラリー・スワンク）、助演男優賞（モーガン・フリーマン）も受賞したほか、主演男優賞部門にイーストウッドが、脚色賞にポール・ハギスがそれぞれノミネートを果たしている。

じっくり考えてみると、『許されざる者』よりも『ミリオンダラー・ベイビー』の方がクリント・イーストウッドの代表作なのかもしれない。

それが意図してなされたものかどうかはさておき、彼は『ミスティック・リバー』でそもそもの原則に回帰している。質の高い脚本を手に入れ、そのストーリーを前進させることだけに集中し、テーマやメッセージの解釈は評論家に任せる、という原則だ。余計なことはなにもしない。ただそれだけのこと。しかし『ミリオンダラー・ベイビー』は、彼のキャリアにおける最高のタイミングで良い脚本と良い作り手が重なり、効果が倍増されていた。「威厳こそ『許されざる者』の方が優っているかもしれないけれど、『ミリオンダラー・ベイビー』の方がずっと力強い芸術作品だ」とエイミー・トービンはフィルム・コメント誌で力説している、「ある意味、『許されざる者』のように怒りと復讐心を映画の活力にすることの方が、

右ページ：イーストウッドはふたたびオスカーの栄光に輝き作品賞と監督賞を受賞したが、『許されざる者』（1992）のときとは違い、『ミリオンダラー・ベイビー』はだれも気づかないうちにいつの間にか台頭した作品だった。

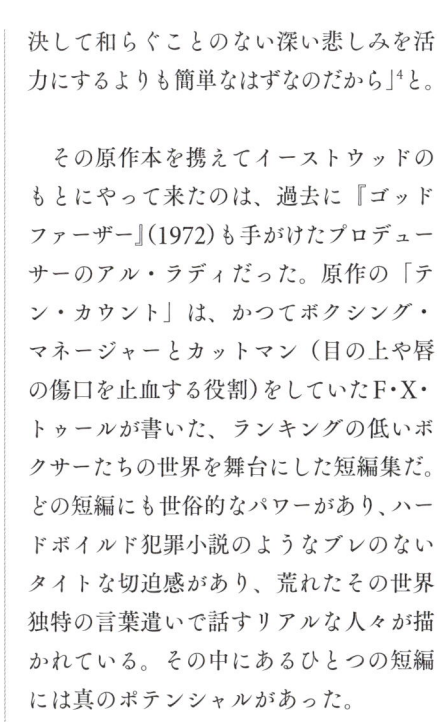

「この映画は、様式的であると同時に反様式的、
大々的であると同時に機微に富み、
あからさまに観客の心を操ろうとしていると同時に
純粋に感動的で、不意打ちパンチであると同時に
リアルな道徳心の重さを描いた作品でもある」
クリストファー・オア（アトランティック誌）

決して和らぐことのない深い悲しみを活力にするよりも簡単なはずなのだから」[4]と。

その原作本を携えてイーストウッドのもとにやって来たのは、過去に『ゴッドファーザー』（1972）も手がけたプロデューサーのアル・ラディだった。原作の「テン・カウント」は、かつてボクシング・マネージャーとカットマン（目の上や唇の傷口を止血する役割）をしていたF・X・トゥールが書いた、ランキングの低いボクサーたちの世界を舞台にした短編集だ。どの短編にも世俗的なパワーがあり、ハードボイルド犯罪小説のようなブレのないタイトな切迫感があり、荒れたその世界独特の言葉遣いで話すリアルな人々が描かれている。その中にあるひとつの短編には真のポテンシャルがあった。

短編「ミリオン・ダラー・ベイビー」は、勝算の低い挑戦とセカンド・チャンスを描いた物語だった。フランキー・ダン（イーストウッド）は、古くからの友でかつては高ランクのボクサーだったエディ・"スクラップ・アイアン"・デュプリス（フリーマン、彼はそのナレーションで『ショーシャンクの空に』[1994]を素晴らしい寓話に昇華させたのと同じように、この映画に魂のこもったナレーションも提供している）と共にLAのダウンタウンでボクシングジム「ヒットピット」を経営している。口論のスパーリングを満足げに繰り広げるふたりの老人は、もう前を見ることなく人生を歩んでいた。

そんなある日、運に見放された人生に抗って生きようとしているオザーク出身の若い女性、マギー・フィッツジェラルド（スワンク）がトレーナーを求めてジムにやってくる。フランキーはそれを拒み、一旦は断るが、マギーのパンチなら天下を取ることも可能であることを知り納得する。選手を守ろうとする気持ちが強すぎる彼の懸念をよそに、マギーは順調にチャンスをつかむ。物語の要はストーリーテリングの方程式ではなく彼らの人間関係だ。フランキーはある罪悪感を抱えてお

り、それが心の重荷になっていることを観客は知る。彼には、亀裂の原因こそ具体的には描かれていないが、縁の切れた娘がいた。実はマギーが彼を必要としている以上に、彼の方がマギーを必要としていたのかもしれない。

完成した脚本を手にしてラディが戻ってくると、イーストウッドは、またしても直感的に、これは間違いないと悟った。自分が次に撮るべき映画はこれだと思ったという。「下手に計画をたてると失敗する」と彼は言う、「自分のキャリアを

下：凸凹コンビ──この映画の嬉しい見どころのひとつはエディ・デュプリス（モーガン・フリーマン）とフランキー・ダン（イーストウッド）という旧友同士のスパーリングのようなやり取りだ。この経験豊富なふたりの俳優は現実の友情を利用してシーンにユーモアをもたらせた。

計画だてるようなことはやるものではないよ」[5]。彼はだれよりも一瞬一瞬を大切にすることを実践しているのではないだろうか。

これもまたイーストウッドによる手品のような作品になった。監督の慎み深い態度とは裏腹に、この作品の底流には深みのあるストーリーテリングが隠されている。クリストファー・オアはアトランティック誌の記事で「この映画は、様式的であると同時に反様式的、大々的であると同時に機微に富み、あからさまに観客の心を操ろうとしていると同時に純粋に感動的で、不意打ちパンチであると同時にリアルな道徳心の重さを描いた作品でもある」[6]と評している。そう考えれば、スコセッシの複雑かつきらびやかなエピック映画以上に、むしろ『ミリオンダラー・ベイビー』の方がアメリカン・ニューシネマと呼ばれる型破りなムーブメントに当てはまるのではないだろうか。この映画はイーストウッドによる晩秋の名作であり、老い、悔い、希望、悲劇、階級社会、宗教、友情、父性、ボクシング、そのほか様々なことを語っている。スポーツ映画という外見の下に、悲痛なヒネリが隠された人間ドラマ作品だ。

これは簡単に実現できた映画ではない。ラディが奔走しても、ハリウッドに興味を持ってもらえるまでには4年もかかった。インディペンデントの製作会社レイクショア・エンターテインメント社のバッ

クアップこそ得られたものの、彼ら単独では製作費の全額を出すことはできなかった。そこで彼らはこの企画に控えめな3000万ドルという値札をつけて共同制作者を模索した（後にヴァラエティ誌の記事に1800万ドルだったと書かれているが、これは宣伝戦略として誇張された金額だ）。イーストウッドは彼のパトロンのワーナーに働きかけたが、ワーナーはあけすけに顔をしかめた。「ワーナーは乗り気ではなかったんだよ」と今や結果を知る彼はうれしそうに当時を振り返っている、「ボクシング？　そんなものが売れるのか？」[7]。

しかしイーストウッドの意思は最初からはっきりしていた。「わたしはこの映画を作るよ……他社と組むことになろうともね」[8]と彼はワーナーに告げた。（金の卵を産む男であることは言うまでもなく）誇りの息子を失うことはできないとワーナーは思い直した。ワーナーがレイクショア社との共同製作に同意すると、イーストウッドはロサンジェルスの一画にある小汚い街角をロケ地に選び、そこで39日間の撮影予定を組んだが、結局は37日間ですべて撮りきった。スタッフには、編集のジョエル・コックス、プロダクション・デザイナーのヘンリー・バムステッド（当時89歳）、撮影監督のトム・スターンなど、『ミスティック・リバー』も手がけた信頼できる面々が顔をそろえた。彼らは前作にもあった情緒を併せ持つストイックさや深い影を落と

した粗削りなノワール感、そして曲線的な輪郭を今回も保持させている。特にマギーがリングに上がるシーンでは、一瞬の動揺による酔ったような感覚を見事に表現している。イーストウッドは、車を見ればこれが現在の話だと判別することこそできるものの、もし時代設定が30年代とか40年代だったとしてもおかしくないような雰囲気をこの映画に求めた。スターンが各ショットを撮るたびに、「ここでは照明を入れようか、それとも切ろうか？」と確認したが、監督の答えはほとんどのケースが「切ろう」[9]だった。彼はそうすることで、この映画の登場人物たちが、それぞれの思考の暗闇の陰に隠れているかのように描きたかったのだ。『ミリオンダラー・ベイビー』においてイーストウッドの持つふたつの異なる側面がひとつになった。芸術家としての側面と人気スターとしての側面だ。今でもなお彼は異なるジャンルを扱っているが、ワーナーのために無理してそうしているという印象はもはやない。それはあたかもハリー・キャラハンが引退生活を楽しんでいるかのようだ。もちろん彼自身はそんなこと思ってはいない。そちらに目を向けることさえしないことにしていたのだ。それは大きなリスクをともなう選択だ。「わたしはこれまでずっと動物的

左：これぞシャドウボクシング──『ミリオンダラー・ベイビー』のノワール的な様相からも、イーストウッドが登場人物を暗闇の中に留めることでその精神状態をヴィジュアル的に見せることを好んでいることがわかる。

本能に従って素晴らしい幸運に恵まれて
きたのだから、できればその動物性をも
う少しだけ生かしておきたいのさ」[10]。
　そういう本能を最も雄弁に物語ってい
るキャラクターがフランキーなのかもし
れない。2002年の『ブラッド・ワーク』
の後、自分はもう演じることを辞めるべ
きではないかと彼は真剣に考えた。観客
は自分の顔を見飽きたに違いない。それ
に、どちらにせよ、この年齢にピッタリ
の役に出会うことなど、もうあり得ない
だろう、と思っていた。『ミスティック・
リバー』では、（少なくとも彼の目から

見れば）若い出演者たちにスポットライ
トを譲ったことが心地良く、それを楽し
むことができた。しかし、フランキーには
アイルランド系アメリカ人のヤスリをかけ
たようなガサつき（イーストウッドから見
てさえも石臼を挽くような厳しさ）があ
り、監督としての彼が主演俳優としての
彼をなだめなければならなかったほどだ。
「あれはとにかく良い役柄だったね」[11]と
彼は聞きとれないほどの控えめな声で
語っている。
　『ミリオンダラー・ベイビー』で明らか
になったことは、イーストウッドの持つ

上：ロード・オブ・ザ・リ
ング（リングの君主）――
後に映画のボクシング・シ
ーン撮影の典型となるあの
カメラアングルを定めている
最中のイーストウッドと撮影
監督のトム・スターン。

演技と監督というふたつの技術が、お互いの延長線上で共存していたという事実だ。2005年当時、監督と俳優のふたつの役割をまるで舞い踊るように見事にこなせる経験豊かな現役は、彼をおいて他にいなかった。それがこの映画で絶頂を迎えたのだ。カメラの前に足を踏み出した瞬間から、彼はもう監督ではなくなり、役柄に入り込んでいた。「深く入り込まなければならないからね」[12]と彼は言う。そうでなければ、どんよりしたものになってしまう。監督としてカメラに気を取られながら演じていたのでは、役柄の深いところにたどりつくことはできない。アカデミーはどうやらそこのところを見過ごしていたようだ。『Ray／レイ』(2004)のジェイミー・フォックスも確かに素晴らしかったが、フランキーを演じたイーストウッドは間違いなくカメラの前で彼の真髄を見せつけている。ケネス・トューランはロサンゼルス・タイムズ紙で、フランキーは彼のキャリアにおいて「最もむき出しの感情」[13]で演じられたキャラクターであると評した。

映画俳優組合の会員カードを手にしてからもう51年も経過していた当時74歳のイーストウッドにとって、この元ボクシング・トレーナー役はリア王にも匹敵する役柄だった。

監督は主演俳優の顔にカメラを長く留まらせた。昔から彼の顔はカメラに愛されていたが、皺も増え、やつれ、ほとんど風化したとさえ言えそうな晩年の顔は、もはや現代映画における偉大な映像のひとつとなっていた。鉄拳のように獰猛でありながらも、脆さや表情の豊かさは一層増している。「彼の顔の骨格は、むしろ若い頃よりもずっと精巧に彫られたもののように見える」[14]とトービンは指摘している。しかめ面も以前に増して深くなり、瞼には影が溜まるようになった。彼の用心深さは、かつては他人行儀な印象をあたえるだけだったが、今やしっかりと表情として現れている。

フランキーは娘に宛てて長い懇願の手紙を書くが、いつも受け取られることなく返送される。『許されざる者』をはじめとするイーストウッド映画の数々で描かれてきた《過去の罪》というテーマがふたたびここに頭をもたげている。イーストウッドにはけっして手放すことのできないテーマだ。欠陥のある男だからこそ、この人物には魅力がある。フランキーは一体なにをして娘に絶縁されてしまったのだろう、と観客は考えさせられる。頑固なカトリックのアイルランド人である彼は、神と議論するため毎日ミサに向かう。

このフランキーという役柄もまた、老いの享受だけでなく、自身のスターダムや著名性を非神話化しており、だからこそ《真実を語る者》という新たなステイタスが生まれている。彼自身がハリウッドの聴罪司祭のような存在なのだ。「わたしは覚えるのが遅いんだ」[15]とイーストウッドは言うが、ここで描かれるふたり

の老人には、彼のこれまでの一連の作品を感じ取ることができる。スタニスラフスキー・メソッドのような演技手法をまったく使っていないものの、このキャラクターが彼の頭の中でしっかりと出来上がっているので、観客は彼を肌で感じ、夕食を共にし、自分を重ねることができる。

この映画はなにを語っているのか、と質問されたモーガン・フリーマンは、眉を上げて微笑みながら「人生だよ」[16]と答えた。スクラップは所属ジムを転々としながら戦っていたボクサーで、かつて試合をやりすぎたため片目を失明している（フリーマンは特別製のコンタクトレンズをつけて演じた）。そうなったのはどうやらフランキーの判断ミスのせいらしいことが物語の中で匂わされている。フランキーはタオルを投げ入れるべきだったのだ。スクラップの存在も年老いたフランキーの罪の意識を強調している

下：イーストウッド演じるフランキー・ダンがヒラリー・スワンク演じるマギー・フィッツジェラルドの才能を見極める——スワンクはこの役柄に全身全霊で挑み、必要とされる筋力をつけるため撮影に先立ち数か月間のトレーニングをこなした。

というわけだ。彼は世慣れてこそいるが、心が優しく、用心深く、冷静だ。この映画の楽しさのひとつは、フランキーとスクラップの触れ合い、つまりはイーストウッドとフリーマンの触れ合いだ。ふたりはまるで老夫婦のように辛辣な言葉と愛情を交わし合っている。「(ふたりの)会話は電動丸ノコとチェロのデュエット(を聴いているよう)だ」[17]とデヴィッド・デンビーはニューヨーカー誌で表現している。その会話からは、彼らが長年のバックストーリーを経てここにいることを感じることができる。

イーストウッドはシーンのリハーサルからカメラを回すことを好む。そしてセリフがフレッシュに聞こえ、演者がよりリラックスしている場合は、そちらのテイクを採用することも多い。そうならなかった場合にだけ「ビルドアップして形にする」[18]のだ。

『許されざる者』以降、イーストウッドとフリーマンの間には、真にナチュラルな、努力を必要としない関係性を見ることができる(後の『インビクタス/負けざる者たち』では監督と俳優という側面でしかそれを見ることができない)。彼らのシーンはまるでカメラの回っていないところで慎み深くリハーサルしている光景にさえ見えるほどだ。イーストウッドと組んで演じることについて質問されたフリーマンは、「彼は扱い方が違う」[19]と語っている。名声、撮影プロセス、演者の欲求、そういったあらゆることへの扱い方が、他の監督とはまったく違うのだという。「彼は演者のやり方を、それで良いんだと請け合ってくれるんだ」[20]とフリーマンは結んだ。イーストウッドは演者を心地良い気分にしてくれる監督なのだ。

スワンクが、緊張と固い決意を胸に秘めて(これもすでにマギーそのものだ)、イーストウッドとミーティングをするため、あの有名な日干しレンガ造りのバンガローに時間通りにやってきた。イーストウッドはまだ到着していなかったので、スワンクは彼のオフィスに通され、そこで待つようにと言われた。彼女は椅子に座るべきかどうか悩んだ。もし彼のお気に入りの椅子を選んでしまったらどうしよう? 悩んだ挙句、隅にある椅子に座ろうとしたところで彼がやって来た。彼女は嬉しそうにそのときのことを振り返っている。彼はとにかく「背が高くてクールな人だった……優しくて爽やかで。つまるところ……クリント・イーストウッドそのものだったのよ」[21]。サンドラ・ブロックがこの役に決まりかけた時期もあったが、それはイーストウッドがこの企画に参入する以前の話だ。他の候補者にはアシュレイ・ジャッドもいた。彼はソファに深く腰を下ろして足をテーブルに乗せた。「で、あの脚本をどう思う?」[22]と彼はスワンクに質問した。それは一般的なオーディションとはまるで違うものだった。ふたりはあの役柄について、そ

して彼女自らの生い立ちについて話した。ネブラスカ州とワシントン州で育ったことがスワンクにとってデメリットだったこと。女優として注目されるよう努力しなければならなかったこと。これまでずっと流れに逆らうように進んできたこと。よそ者である彼女にとって、演じることはハリウッドに居場所を見つけるための手段だったこと。先進的なドラマ映画『ボーイズ・ドント・クライ』（1999）でアカデミー賞を受賞してもなお、それを十分に生かせる役柄をまだ見つけられ

ずにいること。そういうことを語る彼女の声にイーストウッドはマギーを見出していた。この会話が終わりを迎えようとしたところで、彼はストレートに要点を切り出した。「さて、きみにはボクシングを習っておいてもらった方が良さそうだな」[23]。

体操競技の経験があるスワンクは優れた運動神経の持主だが、それでもなお、後にチャンピオンとなるモーリーン・シェイを相手に4か月間のトレーニングをする必要があった。彼女の起用にイースト

下：イーストウッド独特のタッチ――彼はこの作品でもまた監督としての技量を発揮し、出演者にアカデミー賞をもたらした。ヒラリー・スワンク（マギー・フィッツジェラルド役）とモーガン・フリーマン（エディ・デュプリス役）がそれぞれ主演女優賞と助演男優賞を受けることになる。

上：F・X・トゥールの短編集を読んだイーストウッドは、荒廃したボクシングジムの環境にハードボイルド犯罪フィクションのような切迫性を感じ強く惹かれた。

ウッドがなんらかの不安を抱いていたとすれば、それは彼女の華奢な体つきだったが、彼女はこの役を演じるために18ポンド（8kg強）の筋肉をつけてみせた（そのためには90分おきに食物を摂取しなければならなかった）。この脚本は完璧だし、この役柄も完璧だ、と彼女は感じていた。撮影時に脚本が一言たりとも変更されることはないだろう。だからわたしはマギーになりきりたい、と思っていた。

　現実と芸術が影響をあたえ合っていた。「わたしは彼女に心の繋がりを感じたわ」とスワンクは言う、「それにクリントと一緒に仕事をするのはわたしの夢だったから、マギーとフランキー・ダンの関係は、わたしとクリントの関係にとても似

ていたの」[24]。スワンクはこの貴重な体験が終わってほしくないと思った。マギーを手放したくなかった。イーストウッドの迅速な映画作りを少しでもスローダウンさせられるならセリフを忘れてしまおうかとさえ思ったほどだ。前作の『ミスティック・リバー』が打ちひしがれた男たちを中心に描かれたものだったこともあり、マギーの存在はイーストウッド映画に頻繁に登場する強い女性像が帰ってきたと歓迎された。彼の大好きな、自らを信じる気概を持った女性だ。そんな彼女に悲劇が忍び寄る。彼女は深い思索への触媒でもあったのだ。

　ここで、あの急展開のヒネリについて語らねばなるまい。この映画が繰り出す

不意のパンチをわたしたち観客はまったく防御できない。『ミリオンダラー・ベイビー』は、冒頭から三分の二まではスポーツ映画によくある構成で（情緒的に、真に迫って、パワフルに）展開し、勝ち目のなさそうなボクサーが白髪の老トレーナーのもとで台頭する。しかし、ラウンド終了のゴングが鳴った後に放たれた反則パンチをもらって倒れたマギーは、ひっくり返った椅子の縁に後頭部を打ち、首を骨折してしまう。この時点からこの映画は突如として暗い海図を航行しはじめる。それぞれの人生に活気をあたえていた父娘のような絆、その絆が最終的に行きついた先は、病院でベッドに横たわるマギーが彼女の生命を維持する機器のスイッチを切ってくれとフランキーに頼むという悲壮な結末だ。物語がこのように痛烈に急展開することは、公開前の宣伝期間中は注意深く秘密にされていた。このヒネリのラジカルさは『シックス・センス』（1999）のそれに匹敵する。ジャンルそのものが変化したとさえ言えるほどだ。この映画はあの時点から、白黒はっきりした答えの存在しない安楽死の倫理性という問題に向き合っている。「自分があの状況に置かれたらどうするかわかっている人などいないさ」[25]とイーストウッドは言う。あれはフランキーの心に罪悪感として新たに加わった重荷なのだろうか？

わたしたち観客は『ミリオンダラー・ベイビー』の根本的な真実に気づく……これはボクシング映画ではなく、ひとりのボクサーを描いた映画なのだ。もっと言うなら、そのボクサーのトレーナーを

上：イーストウッド演じるフランキー・ダンは、ヒラリー・スワンク演じるマギーにはタイトルを獲れる実力があるとようやく気づくが、この監督は『ミリオンダラー・ベイビー』をスポーツ映画であると同時に、ふたりの打ちひしがれた人間の複雑な関係性を描く物語と捉えていた。

上：フィストフル・オブ・ダラーズ〔『荒野の用心棒』の原題で「ひと握りの金貨」の意〕――スワンクと'青い熊' ビリー役のルシア・ライカーに動きを演出するイーストウッド。ワーナーは興収を期待していなかったが、『ミリオンダラー・ベイビー』は全世界で2億ドル超を売り上げ、同監督の更なるサプライズ・スマッシュ・ヒット作となった。

左：スワンクは憑りつかれたような執念でマギー役に挑んだ。マギーと似た貧しい環境で育った彼女は、自身とイーストウッドとの強い絆をフランキーとマギーの関係性に反映させて演じた。

描いた映画だ。この作品でイーストウッドは冷静に生死観を論じているだけでなく、今ふたたび男らしくあることの報いを探求した。アカデミーを歓喜させたのはその事実だ。（本編の大半に出てくる）典型的な登場人物や爽快だがありがちなセリフに文句をつける評論家ももちろんいるにはいたが、映画作品として『バード』、『許されざる者』、『パーフェクト・ワールド』、『マディソン郡の橋』、『ミスティック・リバー』の底流にも見られた厳粛さと統制がこの作品で絶頂にたどりついていた。覚悟を決めて重大な行動に踏み切ったフランキーは、もうあのボクシングジムに戻ることはなかった。イーストウッド映画の多くがそうであるように、彼は

エンディングで姿を消す。わたしたち観客は、事実上この映画の全編は、スクラップが画面には登場しないフランキーの娘に宛てて書いた手紙の内容であることを知る。彼女に彼女が見捨てた父親の本当の姿を教えようとする手紙だ。
『ミリオンダラー・ベイビー』には『許されざる者』にも見られた有終の美とも思えるような総括的な雰囲気がある。確かに勇退作にするなら最高の作品ではないだろうか。しかしイーストウッドの頭の中にそんな考えはまったくなかった。彼は次に第二次世界大戦の世界に足を踏み入れ、大々的な戦争映画に挑んだ。それも2本の大作を連続で作るというとてつもない試みだ。

上左・右：優勝パレード──『ミリオンダラー・ベイビー』で全米映画監督組合賞の栄光を浴びるモーガン・フリーマン、イーストウッド、ヒラリー・スワンク。アカデミー賞レースのダークホースだったこの作品は、この賞の受賞で一気に優勝候補に躍り出た。

「クリント」の総てを網羅する
フィルムメイカーとしての50年のキャリアを語りつくすために

上：2007年、『レールズ＆タイズ』のプレミア上映で観客に応えるイーストウッドと娘のアリソン。

マルパソ・プロダクションズ社
このクリント・イーストウッドの製作会社が西部劇『奴らを高く吊るせ！』（1968）以来ずっと彼の主演作品を後ろから支えつづけてきたことを忘れてはならない。それはまた、たとえ彼の名前がクレジットされていない作品であっても、彼が常に脚本作りや監督選びに深くかかわっていたことも意味する。

『世にも不思議なアメージング・ストーリー』の「亡き妻の肖像…魂が棲む画」（1985）
スティーヴン・スピルバーグとの初期のコラボ作となったこの珍しい掘り出し物は、イーストウッドがテレビ作品の一編を監督した唯一の作品だ。この短編ファンタジーは、亡き妻（イーストウッドが頻繁に使用するモチーフで、その役を演じたのはソンドラ・ロック）の肖像画を描きつづけている限りは、彼女を生き返らせることができることを知るハーヴェイ・カイテル演じる画家を描いたものだ。

『ラットボーイ』（1986）
野人の少年と巡り合う未亡人（ロック）を描いたこの風変わりなファンタジーは、監督業に進出することを熱望したロックのためにマルパソ社が製作した映画だ。彼女はイーストウッドを介して800万ドルの製作費を確保したが、結果はどの角度から見てもきまりの悪い作品となってしまった。

『セロニアス・モンク／ストレート・ノー・チェイサー』（1988）
何時間分にもおよぶ未公開映像を駆使して作られたシャーロット・ズウェリン監督によるジャズピアノの巨匠のドキュメンタリー映画。イーストウッドは製作総指揮をつとめて完成に必要な資金を調達した。『バード』と同年に公開されたこの映画の存在は、彼が強力なジャズの擁護者であることの証とも言える。

『ヘンリエッタに降る星』（1995）
ロバート・デュヴァルとフランシス・フィッシャーを配して石油ブーム初期を描いたこの誠実な歴史ドラマは、マルパソ社が製作した作品で、イーストウッドはプロデューサーのみを手がけ、監督にはジェームズ・キーチがついた。

『The Blues』の「ピアノ・ブルース」（2003）
マーティン・スコセッシが製作したブルースの歴史を7話（それぞれ監督が異なる）で語る作品にイーストウッドが貢献した「ピアノ・ブルース」編は、彼が長年愛しつづけたピアノで奏でられるブルースに捧げられたもの。ピアノ・ブルースは真のアメリカの芸術形態だと彼は考えている。

『Budd Boetticher: A Man Can Do That』（2005）
異端の西部劇映画監督バット・ベティカーを題材にした刺激的なドキュメンタリー映画。イーストウッドはクエンティン・タランティーノの横に座りベティカーについて敬意を込めて語っている。ふたりともこのインタビューを楽しんでいるようだ。ブルース・リッカー監督によるこの作品でイーストウッドは製作総指揮もつとめた。

『レールズ＆タイズ』（2007）
死と向き合う鉄道技師（ケヴィン・ベーコン）を描いた名演光るマルパソ社製作のメロドラマ作品。イーストウッドは非クレジットでかかわっているが、それはこの映画の監督が彼の娘アリソンだからなのかもしれない。

『Johnny Mercer: The Dream's On Me』（2009）
有名なアメリカの作詞家で地元ジョージア州サバナ（それはイーストウッドが『真夜中のサバナ』を撮った土地でもある）で絶大な人気を誇るジョニー・マーサーの人生を追ったドキュメンタリー。お馴染みのリッカーが監督したこの映画では、全編を通して、イーストウッドがスタジオで歌のパフォーマンスをアレンジしている姿や、ジョン・ウィリアムスらと共にマーサーから受けた影響について話す姿を見ることができる。

『Dave Brubeck: In His Own Sweet Way』（2010）
ジャズを題材にしたこのドキュメンタリー作品は表題のピアニスト、デイヴ・ブルーベックの人生を追ったもの。監督はリッカー、製作総指揮はイーストウッドがつとめた。

『Indian Horse』（2017）
多くのイーストウッド作品を手掛けるカメラオペレーターのスティーヴン・S・カンパネッリが情熱を込めて監督した小規模であまり人目に触れることのなかったドラマ。アイスホッケーのスターになってゆくひとりのネイティヴ・カナディアンを描いた作品で、イーストウッドは製作総指揮をつとめた。

『アリー／スター誕生』（2018）
最終的にイーストウッドの名前はこの映画から取り去られたが、彼はこの大ヒットしたリメイク映画を初期段階で育んでおり、スーパースターの原石役にビヨンセを据えて自分で監督しようと計画していた。ビヨンセの妊娠で製作が延期された段階で、ブラッドリー・クーパーが監督の座を取って代わり、レディー・ガガを主演に据えて出演も兼ねた。

ハリウッドの巨匠

『父親たちの星条旗』（2006）、『硫黄島からの手紙』（2006）、『チェンジリング』（2008）、
『グラン・トリノ』（2008）、『インビクタス／負けざる者たち』（2009）、『ヒア アフター』（2010）

　『ミリオンダラー・ベイビー』の余光の中でクリント・イーストウッドはハリウッドの巨匠となっただけでなく、利益重視主義のスタジオ・システムにもまだ誠実さが残っていることを証明する生き証人となった。もはや収益のプレッシャーに縛られることこそなかったが、それでもなお彼は、評論家から高く評価されるだけでなく、大ヒット映画を作り出す力を持ちつづけていたのだ。彼の商業面での信頼性はスティーヴン・スピルバーグのそれにさえ匹敵する。

　このふたりはハリウッドのアンタッチャブルな存在という意味で絶好の比較対象だ。また言わずと知れた友人同士で、『マディソン郡の橋』では見事なパートナーシップも見せた。かつてはスピルバーグの方がもっと意識的に観客を喜ばせるための畑を耕していたが、『シンドラーのリスト』（1993）以降は、より大人な、いわばイーストウッド調の素材に惹かれるようになった。一方のイーストウッドは、昔からずっと大人の映画を作っており、商業戦略性はスピルバーグと比べればずっと低いだろう。ただし、主演俳優としての彼は、スピルバーグの持つアメリカのショービジネス界の偉人というス

テイタスに匹敵する人気を誇っていた。とにかく、ふたりとも正真正銘の象徴的存在であることに間違いはない。

　ふたりともキャリアの後半になってようやくアカデミーから認知され、それぞれ2度ずつ監督賞を受賞した。そんなふたりがあることを話し合ったのは、ショーン・ペンとティム・ロビンスが『ミスティック・リバー』で男優賞に輝いた2004年アカデミー賞のガバナーズボール（アフターパーティー）でのことだ。スピルバーグは、第二次世界大戦において最も象徴的とされる一枚の写真にまつわる物語が書かれたベストセラー小説「父親たちの星条旗」の映画化権をジェームズ・ブラッドリーとロン・パワーズから入手していた。1945年2月23日にアソシエイテッド・プレス社カメラマンのジョー・ローゼンタールが撮ったその写真に写されているのは、日本の領土で太平洋の戦略的要だった硫黄島の摺鉢山頂上に苦労しながら星条旗を立てようとしている兵士たちの姿だ。大空を背景にした6人の海兵隊員の姿はヒロイズムと忍耐と苦労を見事に体現している。少なくとも当時のアメリカ政府はそう考え、東洋で長引く戦争に国民の不満がたまる中、この写真を愛

右ページ：ネルソン・マンデラを描いた2009年のドラマ映画『インビクタス／負けざる者たち』の撮影現場のイーストウッド。79歳にしてもなお彼は自らの直観に従って作品を選んでいる。

国心のシンボルに仕立て上げることにした。事実上、あの写真は情報操作のための素材として利用されたのだ。

　イーストウッドもすでにその本を読んで映画化権を熱望していた。2000年にオプション契約を結ぼうと試みていたのだ。彼はそのことをスピルバーグに伝えた。するとスピルバーグは、それなら、きみがうちに来て監督したらどうだ？と応じた。スピルバーグはプロデューサーとして参加するというのだ。ハリウッドの取引のほとんどは数週間もしくは数か月のすったもんだの末にようやくまとまるのが常で、弁護士やエグゼクティブが細かい屁理屈を並べ、作り手たちのやる気を消沈させる危機をはらんでいるものだ。しかし書面上の手続きを別にすれば

（ちなみにワーナーは喜んで7000万ドルの予算を出した）、『父親たちの星条旗』の場合は、このわずか2秒で話がまとまった。

　もしかするとスピルバーグは、『プライベート・ライアン』（1998）を撮った彼自身にはもう言うべきことが残っていないのかもしれないと自問し、似たような作品を繰り返してしまうことを懸念していたのかもしれない。それとも単純にちょうどこの素材を監督できる適任者を模索していた彼が、この会話を好機ととらえただけなのかもしれない。この映画は、戦争映画であることに間違いはないが、（イーストウッドの得意とする）名声のメカニズムを探求した作品でもあるからだ。

上：スティーヴン・スピルバーグは『父親たちの星条旗』を作るプランを以前から持っていたが、イーストウッドが興味を示していることを知り、成功した『マディソン郡の橋』以来となるコラボレーションを熱望した。

この時期はちょうどイーストウッドが『ミリオンダラー・ベイビー』に全力を注いでいるところだったため、脚本家のポール・ハギスには複雑な原作をどう扱うべきか考える時間がたっぷりあった。イーストウッドが魅力を感じていたのは、またもやジャンルの表層の下を探求できそうなところだった。原作はあの写真の背後に隠されていた真実を精査している。原作共著者のブラッドリーの父は、あの写真に写されている不滅の男たちのひとりであるとずっと考えられていたジョン・“ドク”・ブラッドリーだ（その事実が揺らいだのは後年になってからのこと）。ブラッドリーは父の死後にようやくそのことを知った。あの写真がもたらした社会現象の余波について調べれば調べるほど、ヒロイズムについてだけでなく、情報操作、政治利用、トラウマ、そして当時あのスナップショットが人々に提示していたものとは大きく異なる真実についてブラッドリーは知ることになった。

たとえば、最初は別の星条旗が立てられていたのだが、それを海軍長官が記念品として欲しがったため、実はあの写真に写っているのは2度目の旗立ての様子だった。また、あの場所は戦闘の中心地ではなかった。ただし、これをやらせと呼ぶことはできない。なぜなら彼ら自身あの行為を英雄的な行為だとは思っていなかったからだ。「彼らは大したことではないと思っていたんだ」[1]とイーストウッドは言う。6人のうち3人がそれから1週間以内に戦死した。旗が立てられたのは36日間つづいた硫黄島の戦いの5日目だった。海軍衛生兵（海兵隊とは無関係）のドク（ライアン・フィリップ）と生き残ったほかのふたりは、政治家たちによって有名人に仕立て上げられ、戦友たちのいる戦場から引き離されて故国に戻り、戦債を募る全米ツアーをさせられる。国家の財政が破綻寸前だったため、国民の投資で戦争に必要な経費を捻出するのが目的だ。ストイックなドクと共にツアーを回ったのは、より熱心なレイニー・ギャグノン（ジェシー・ブラッドフォード）と、ネイティブ・アメリカンのアイラ・ヘイズ（アダム・ビーチ）で、特にヘイズは3人の中で最もこの釈然としない奉仕に葛藤し、アルコールに溺れ、貧困生活へと堕ちてゆく。彼らのストーリーは様々なタイムラインと場所を織り込んだタペストリーのように構成されており、硫黄島、戦中の米国、そしてドクの息子ジェームズ（トム・マッカーシー）が生存者たちにインタビューする現在の米国との間を、ちょうど『バード』と同じように、フラッシュバックで行き来しながら、記憶がそれぞれのシーンを作り上げるように、原因と悲劇的な結果の因果関係が描かれていく。

「『父親たちの星条旗』は《『リバティ・バランスを射った男』(1962)主義》を戦争に舞台を挿げ替えて描いたような映画だ。戦時中の国民に戦争を売りつけるため、神話と記憶という名の製品に仕立て

上げられた者たちの姿が描かれている」[2] とピーター・ブラッドショーはガーディアン紙に記している。この作品はシンプルな戦争映画ではなく、彼がまたもや虚飾に満ちたジャンルを脱神秘化してみせた映画であると同時に、またもや極端な男らしさを探求した映画でもある。イーストウッドは、この映画は「国のために戦うべく送り込まれたただの少年たちの

集団」[3]の物語であると述べ、見事に核心をついている。この19歳の少年たちは、わずか2週間足らずの間に、45歳のような容姿に老け込んでゆくのだ。

マノーラ・ダルジスはニューヨーク・タイムズ紙で、76歳のイーストウッドのことを「戦争や兵士の使われ方について新たな緊急提言をした、人類と映画の象徴たる偉大な白髪の戦艦」[4]と称した。

下：アダム・ビーチ、ライアン・フィリップ、ジェシー・ブラッドフォードが演じたのは、なにも知らぬまま英雄として故国に戻され、国民からの戦争支援を立て直すために利用される3人の兵士だ。彼らの人生はメディア操作の歯車と化してゆく。

端的に言えば、新たに挑む戦争映画というジャンルの面白味のなさや大きなスケール感に自分がどこまで対抗できるのかを試したかったイーストウッドにとって、この作品を選んだのは自然な選択だった。もちろん以前には俳優として戦争映画を作った経験はある。荒唐無稽なアドベンチャーとして第二次世界大戦を描いた『荒鷲の要塞』や『戦略大作戦』がそうだ（必然的にこれらの映画のテーマはベトナム戦争の本質とは無関係だった）。また、『ハートブレイク・リッジ／勝利の戦場』は、むしろ軍務によって自分を取り戻してゆく男を描いた物語だ。そして念のために記しておくが、『白い肌の異常な夜』（出演）と『アウトロー』（出演／監督）は、どちらも南北戦争という内戦の痛ましさを描いたものだ。余談だが、面白いことに、この新作映画のオーディションに落ちた俳優のひとりにブラッドリー・クーパーがいた。彼はその数年後、イーストウッドが戦争による精神的被害を描いた現代の物語『アメリカン・スナイパー』で主演につくことになる。

58日間という撮影期間は、イーストウッドから見ればものすごく長い期間だが、動きの激しいシーンがたくさんあるこの映画には、どうしてもそれだけの時間が必要だった。彼がここまで大きな規模のアクションを指揮したのは今回がはじめてだ。あの『ハートブレイク・リッジ／勝利の戦場』の第3幕でさえも、これと比べれば単なる小競り合い程度にしか見えないほどだ。製作面だけから見れば、彼が過去に撮った大規模な西部劇と比較できないこともないが、今回の場合は登場する人間の数だけでもめまいがするほど大量で、800隻以上の船から7万人の海兵隊員が海岸になだれ込んでくる。そのシーンをうまく処理しながら撮らなければならなかった。

硫黄島は、東京の南650マイルの位置に浮かぶ、火山島ならではの黒い海岸に縁どられた、岩と低木だらけの、8平方マイルの小島だ。そんな島なら、むしろ月に侵攻した方がずっと意味があるように思えそうだが、実はこの島は日本の首都に突入するための基地として最適な立地だった。崖の洞窟に潜伏する敵の大部隊は、命を懸けてこの島を死守するよう命じられていた。時間をかけてじりじりと占領地域を広めていったこの戦いは、現在でもなお米国海兵隊史上もっとも過酷な戦闘だったと言われている。

この場面が、戦争映画の直観的で個性的な表現形式に新たな指標をもたらせたスピルバーグの『プライベート・ライアン』におけるノルマンディー上陸作戦の場面と比較されてしまうのは必然だ（そもそも今回のプロデューサーがスピルバーグなのだからなおさらだ）。しかもこれは『許されざる者』以降のイーストウッド映画なのだ。戦争は、たとえその戦いが必要不可欠だとしても、必ず「言語を絶する犠牲」[5]を伴うものであり、だ

からこそ自分の撮る戦争映画が反戦映画になることは既定路線であると彼は考えていた。『父親たちの星条旗』は圧倒的な上陸作戦で幕を開けるが、『硫黄島の砂』（1949）でジョン・ウェインが颯爽と闊歩した古き戦争美化の描写とは性質がまったく異なる戦闘シーンなのだ。

本物の硫黄島（この島は1万人の日本兵が眠る墓である）では、基本的なエスタブリッシングショットしか撮影することができないため、代替えのロケ地としてアイスランドのサンドヴィークにある黒い砂地が選ばれた。モノクロをふんだんに使う傾向が強いイーストウッド映画の中でも、この世界は特に色がすっかり干上がっている。灰色の画面の中を、爆発による橙赤色や大砲が噴き出す火色や火炎放射器が吐き出す多量の黄色が切り裂いてゆく。まったくの混沌だ。戦闘車両が前進をつづける中、兵士たちは味方の弾にあたって倒れたり、単なる事故で絶命してゆく。

そんな無法状態を描き切るためには、狡猾なやり方を編み出す必要があった。

右ページ：有名な硫黄島上陸のシーンで、イーストウッドは、単に生き残ろうと努力する男たちにフォーカスを置きつづけることで、この戦闘の混沌と言語を絶する犠牲を強調している。

下：硫黄島での撮影は認められた期間に限りがあったため、イーストウッドは黒い火山砂の代替え地をアイスランドに見つけ、そこで彼のキャリア最大スケールのシーンが撮影された。

そこで、弾薬ケースにデジタルカメラを仕込み、なにも知らずに通り過ぎてゆくエキストラたちの姿を捉えている。イーストウッドは、驚くほど親密な兵士たちの関係性と、命令を受けて混沌の中を突き進み案山子のように倒れてゆく彼らの姿にフォーカスを当てながら、物理的な撮影と悪目立ちすることのない特殊効果を駆使しながら、驚異の映像編集で描き切っている。これらのシーンには彼のトレードマークでもあるメランコリーも吹き込まれている。オープニング・クレジットに被って、伴奏のない男の歌声が聞こえてくる。それは死を予見した優しく切ない嘆きの声だ。

　強烈にして迅速な撮影期間中に、ある不思議な事がなされはじめていた。彼らは、撮ったばかりの同じ場面を、まったく別のアングルから、脚本には書かれていない別のシーンとして、撮り直していたのだ。きっとイーストウッドに尋ねたら「ああ、これは別の映画のためのものさ」[6]と謎めいた微笑みを見せて答えていたに違いない。この映画に献身していた彼の率いる撮影チームも、イーストウッドがどうやらもう1本の対となる映画を計画しているらしいことに気づきはじめていた。それはこの硫黄島での戦闘を敵の視点から語る物語であり、アメリカでも日本でも、学校の歴史の授業ではけっして教わらなかった話だ。
　イーストウッドは『父親たちの星条旗』

のためにリサーチをしていたとき、勝てる見込みのない状況の中で日本軍を率いた栗林中将について、さまざまな伝記を目にした。「この戦術家はどういう人物だったのだろう、と思ったんだ」[7]と彼は説明している。栗林と彼が率いる兵士たちは、自分たちの死を犠牲にして東京のために時間を稼がなければならないことを知っていた。それはアメリカの軍人とはまるで異なる思考回路だ。栗林の伝記には彼が書いた手紙も含まれていた。妻と子どもたちに宛てられたその厚みのな

い数通の手紙には、できるなら夫として父として家族と一緒に過ごしたいという本心が綴られていた。イーストウッドは「異なる視線を通してこの戦争を見たい」[8]と思った。どちらの味方なのかとか、そういう問題ではない、と彼はさまざまなインタビューで苛立たしげに繰り返している。息子を亡くした母も、夫を亡くした妻も、その悲哀に変わりはないのだ。この2本の映画はどちらも犠牲について語っている。戦う理由を描くのではなく、この戦争で戦った人々のことを描いている。

上：『父親たちの星条旗』のアイスランドのロケ撮影で指令を出すイーストウッド――その状況にぴったりな服を身に着けているこの監督は「映画製作は軍事作戦のようなものである」という古い格言を踏襲しているようだ。

左：『父親たちの星条旗』はおそらくイーストウッドがこれまで作り上げた映画の中で最も複雑な撮影をはらんだ作品だったのではないだろうか。世界各地でのロケ撮影、数千人に及ぶ出演者、特殊効果、焦点と時代が移行するストーリーと実に様々な要素をはらんでいる。それでもなお彼は予算以下の製作費で撮り終え、もうひとつの対となる映画を作りたいと考えはじめた……

下：……それが『硫黄島からの手紙』（2006）だ。この映画で彼は同じ戦闘を敵の視点から描くというラジカルな一歩を踏み出した。最終的にこの2本の映画は、両軍まったく異なる軍人心理のコントラストを開示しながら、人としての悲劇という類似点を見せつけている。

そして、ヴィジュアルについては、撮影監督のトム・スターンによると、この2本は「調和関係にある」[9]という。

　そんなわけでイーストウッドは、とても意外な提案をたずさえて、スピルバーグの元に戻ってきた。『父親たちの星条旗』は予算7000万ドルだったが5500万ドルしか使わなかった（これは彼の生まれ持った経済感覚だ）ので、余った予算を「Red Sun, Black Sand（レッド・サン、ブラッ

「この戦術家はどういう人物だったのだろう、と思ったんだ……。
彼（栗林中将）は兵士が死ぬことは効率的なことではないと信じていた、
つまり、とても現実的な男だったんだ」
クリント・イーストウッド

ク・サンド）」という仮題の字幕映画に回したいというリクエストだ。この取引もまた数秒でまとまった。『父親たちの星条旗』のオープニングの大々的な戦闘シーン（数多の巨大な灰色の戦艦、崖に向かって機銃掃射するスズメバチのような戦闘機の編隊、岩をよじ登る兵士たちの大群）をより精巧なものにするため、コンピュータで効果映像が作られている間、イーストウッドは自身のチームを率いてもうひとつの映画を作りはじめた。

最終的に『硫黄島からの手紙』というタイトルがつけられたこの映画の脚本は、ハギスの推薦で、日本人の両親を持つアメリカ人脚本家アイリス・ヤマシタによって書かれた。彼女は新人だったが、ハギスはサンプルを読んでとても気に入っていた。イーストウッドもまた手放しで気に入った。ダイレクトに、そして事実上、より情感を込めて書かれたそのプロットは、栗林が家族に宛てて書いたが送られることなくずっと洞窟に埋もれていた手紙を中心に構成されている。どちらの映画も、現代から見たフラッシュバックを基礎にして組み上げることで、描かれている出来事を歴史として扱っているのだ。

撮影は、マリブのレオ・キャリロ州立海浜公園（火山灰がトラック輸送された）、カリフォルニア州ヤーモにあるオデッサ・キャニオン、そして日本軍が潜伏する様々な洞窟を再現した撮影所で行なわれた。プロダクション・デザイナーのジェームズ・J・ムラカミは、硫黄島に出向いて洞窟の成り立ちを自分の目で確かめながらスケッチした。岩場を掘って作られたこれらの巣穴のような洞窟には、赤痢や飢餓がまん延する中世のような陰湿な雰囲気がある。一方で、『父親たちの星条旗』のモノクロ的な映像には、古い写真のような焼けたセピアの色合いが備わっている。それは彼らがリサーチをしているときに目にした、礼儀正しくこちらを見つめる兵士たちの古い写真を想起させるものだ。この2本の映画の根本的な違いのひとつは階級だ。『硫黄島からの手紙』は、渡辺謙が素晴らしい表現力で演じた中将の心に封じ込められた絶望を通して硫黄島の戦いを掘り下げている。彼は絶大な実力差のある米軍を相手に1ヵ月以上も持ちこたえてみせたが、切腹や神風といった日本の慣例を良しとしていなかった。「彼は兵士が死ぬことは効率的なことではないと信じていた」とイーストウッドは言う、「つまり、とても現実的な男だったんだ」[10]。また、ヤマシタは、士気を失くして栄光の死を遂げることなく生きて故国へ帰ったひとりの歩兵に焦点をあてたフィクションのサブプロットを足しており、召集令状がくるまではパン屋だった西郷（二宮和也）が必死になって生き残ろうとする姿が描かれている。

この2本のうち、『父親たちの星条旗』については予想以上に評論家の意見が割れた。イーストウッドはテーマを広げようとし過ぎたのではないかと疑問視する声があった。もちろん支持者も多くいた

が、アカデミー賞作品賞にノミネートされたのは、そのわずか数カ月後に公開された、よりニュアンス性の強い『硫黄島からの手紙』の方だった。この映画には『ミリオンダラー・ベイビー』にも見られる抑制のきいた悲劇としての品格がある。人々が忘れかけていた高潔さを探求しているこの映画は、実はイーストウッドの最高傑作なのではと密やかに論じる

声もある。ニューヨーク・タイムズ紙のA・O・スコットは、この作品について「映画史上屈指の戦争映画」[11]であると述べている。イーストウッドの憧れの存在である黒澤明の宿命論（戦争には人から人間性を奪い人類の忍耐を殲滅させる力があるという考え）への敬意もこめられている。イーストウッドが「売れにくい」[12]だろうと予想していた『硫黄島からの手

下：侍の掟──中村獅童演じる伊藤中尉は日本軍が占拠する硫黄島の洞窟を守ろうと命を懸ける。

右：『硫黄島からの手紙』で脚本家デビューを果たした日系アメリカ人ライターのユキ・イシマルと打ち合わせをするイーストウッドと主演の渡辺謙。この映画は日本語で撮影されたが、そもそもの脚本は英語で書かれており、それを日本語に翻訳している。

右下：第二次世界大戦を描いた2本の連作のうち『硫黄島からの手紙』の方がより高い評価を受ける結果となり、イーストウッドは自身4度目となるアカデミー賞作品賞ノミネートを果たしている。

紙』は、特に国際市場で予想以上の成績を残し（日本では大ヒットとなった）、全世界で6800万ドルの興収を記録した。それに比べて、より高い製作費で作られた『父親たちの星条旗』の興収は6500万ドルと伸び悩んだ。

　それはともかく、この2本の映画を一対の作品として併せ観ると、ひとりの芸術家が深い思いやりを燃料に作った素晴らしき追悼映画であることがわかる。どちらの映画にも彼の人生経験が吹き込まれているように感じられるのだ。

　『チェンジリング』はイーストウッドが真っ向からフィルムノワールに挑んだ最

たる作品だ。この映画はロサンジェルスを舞台にした時代映画（正確な時代設定は1928年）で、『チャイナタウン』（1974）や『L.A.コンフィデンシャル』（1997）と共にネオ・ノワールのカテゴリーに括られる。イーストウッドは、父親がサンセットのガソリンスタンドで働いていた1930年代前半当時にパシフィック・パリセーズで暮らしたことがある。路面電車で繋がれた、孤立した各地域の記憶の断片をこの作品に吹き込もうと彼は心に決めた。そのためサン・ディマスやサン・バーナーディーノにある歴史的建造物も使用され、製作費は5500万ドルという高額になった。この映画は児童誘拐とそのせいで心を取り乱す母親を描いたダークな物語だ。また、組織的な腐敗というテーマも大きく扱っている。しかもその背後には、さらにそれ以上にダークなものが潜んでいた……子どもたちを狙う連続殺人犯だ。

実のところ『チェンジリング』は様々な外見を装っている。ノワールであり、悲劇であり、法廷ドラマであり、恐怖に満ちたところはホラーに近い要素もあり、イーストウッドならではの感動的なキャラクター作品でもあり、実話ものでもある。これは息子を誘拐されたシングルマザーのクリスティン・コリンズの身に本当に起こったストーリーで、ロサンジェルス市警は、苦しむ彼女をよそに、彼らが見つけたまったく別人の少年を連れてきて、その子が行方不明になっていた息子だと認めるよう彼女に強要する。認めることを拒んだ彼女のことを妄想性障害だとして精神病棟に隔離することまでやってのける。

プロデューサーのブライアン・グレイザーがイーストウッドに連絡を入れた段階で、すでにアンジェリーナ・ジョリーの名前は挙がっていた。脚本を読んだイーストウッドは、これが実話をもとにした作品だとはまったく知らなかった。実話だと聞かされた彼は、脚本を書いたJ・マイケル・ストラジンスキーに電話を入れ、脚本にどの程度フィクション要素が加えられているのか確認した。すると、まったく加えていない、という答えが返ってきた。当時の新聞記事を読んでみると、脚本に出てくる当局の声明とほぼ一言一句同じだった。これは驚くべき話だ。偽の息子として連れてこられた少年は、実は、大好きなトム・ミックス（初期西部劇のスター！）に憧れて役者になることを夢見るアメリカ中西部出身の家出人だったことが判明する。『ミスティック・リバー』のときもそうであったように、イーストウッドは（8人の子を持つ）ひとりの親として、この脚本に共感を持ったのだ。この作品の原動力はセンセーショナリズムではなく「母親の愛」[13]にあると彼は考えている。

彼の映画では初となる本当の意味での主演女優（ジェシカ・ウォルター、メリル・ストリープ、ヒラリー・スワンクは男性との共同主演だったと捉えた場合だ

上：対立を綴ったイーストウッドの時代サスペンス映画『チェンジリング』(2008) で、ロサンジェルスの司法制度の不公正さに消沈するジョン・マルコヴィッチ、アンジェリーナ・ジョリー、ジェフ・ピアソン

が）にジョリーを据えることについて、異論を唱える者はいなかった。「彼女を見ていると40年代の映画黄金期の女優たちを思い起こさせられる……キャサリン・ヘップバーン、イングリット・バーグマン、ベティ・デイヴィス、スーザン・ヘイワード、挙げたら切りがないがね」[14]と彼は言っている。ただし、この作品で演じることはジョリーにとって過酷な心の旅路になる。ひとりの母親でもある彼女にとって、この脚本にはものすごく心が痛んだが、もちろんやらないという選択肢はなかった。イーストウッドの衛星軌道に引き込まれたことを光栄にも思った。しかし撮影現場での彼独特のペースや演出方法は「彼女をとてもナーバスに

させた」[15]という。彼がカメラマンにカメラを回すよう告げるほとんど目に見えない微かなジェスチャーに、彼女はずっと警戒心を研ぎ澄ませていなければならなかった。その焦燥感がキャラクターにしっかりと命を吹き込んでいる。ところがなぜか、『チェンジリング』は公開前こそアカデミー賞有力候補ではないかと囁かれていたものの、いざ全米公開されてみると、思っていたほどの反響はなく（陰鬱すぎたのか、もしくは展開が慌ただしすぎたのか？）、興行収入も爆発的に伸びることなく（トータルで1億1300万ドル）、アカデミーからの評価もそこそこだった。しかし、なんと、イーストウッドはこれと同じ2008年にもう1本の

映画公開を控えていたのだ。

　ハリー・キャラハン刑事を演じること
はもう二度とないと彼はきっぱり言いつ
づけてきたが、いつも不機嫌で毒舌を振
るう『グラン・トリノ』のウォルト・コ
ワルスキーには、ハリーの引退生活を垣
間見ることができる。遅ればせながら持
ち上がった『ダーティハリー』続編企画
をイーストウッドが慌ててもみ消してこ
の作品が生まれたのでは、という噂さえ
あったほどだ。少なくともあの有名な刑
事が「幽霊的な存在」[16]として戻ってき
たようではある、とマノーラ・ダージス
はニューヨーク・タイムズ紙で所感を述
べている。伝説のしかめ面が功を奏して

上：イーストウッドが『チェ
ンジリング』に惹かれた理
由のひとつはパワフルな女
優の演技を核にした映画を
監督できる機会だったこと
だ。彼は1940年代の偉大
な女優たちに通じるものを
アンジェリーナ・ジョリーに
感じていた。

左：『チェンジリング』の撮
影現場にて、撮影監督トム・
スターン（中央）と地元警
察の刑事を演じたマイケル・
ケリーとイーストウッド。こ
の映画のテーマのひとつは
当時のロサンジェルス市警
の救いようのない組織的腐
敗だ。

2007–2008 **American Masters** (TV Series)
Executive Producer/Producer (4 episodes)

上：『グラン・トリノ』(2008)
で予想外の主演復帰を果た
したイーストウッドは、偏屈
なデトロイトの寡夫ウォルト・
コワルスキー役についた。
それは過去に演じた象徴的
キャラクターたちを彷彿とさ
せる役柄で、「ダーティハリー」
のキャラハンは引退後きっと
こういう生活を送っているの
かもしれないと観る者たち
に思わせた。

か、この小品映画は2億7000万ドルとい
う彼のそれまでのキャリアで最も高い興
収を記録した。
　朝鮮戦争経験者で自動車工場を定年退
職した偏屈なデトロイトの寡夫コワルス
キーというキャラクターには、もう演技
を引退したつもりでいた彼が復帰するに
足りる魅力があった。後に作られる『運
び屋』と『クライ・マッチョ』と共に、

彼が老人を演じた非公式的な三部作の第
一弾とも言えるこの作品の主人公コワル
スキーには、人を爽快な気分にさせる効
果があるとイーストウッドは感じていた。
当時78歳のイーストウッドは当然のこ
とながら年齢を意識していた。それは自
虐ジョークであると同時に有力なテーマ
でもあった。自宅のポーチで独りパブス
ト・ブルーリボン・ビールを飲んでいた

い、もしくは愛車のフォード・グラン・トリノを静かに手入れしていたい彼だが、（皮肉にも、しぶしぶと、そして贖いの行為として）隣人であるモン族の移民家族を地元ギャングの略奪行為から守るはめになってゆく。「俺の庭に入るな」[17]と彼はチンピラどもに向かって声を荒げる……これでまたひとつ新たな名台詞が石碑に刻まれた。

　新人脚本家のニック・シェンクは、建築現場で働いていたころ、コワルスキーのような男たちと出会っていた。そして地元のバーでバーテンダーを相手にセリフを試しながら脚本を書き上げた。しかし彼のエージェントからさえも、これは売れないだろう、と言われてしまった。人種差別主義者の老人のアンチヒーロー？　そんなのやめておけ、と。しかし友人のつてを介してこの脚本がプロデューサー、ビル・ガーバーの手に渡ると、ガーバーは賢明にもイーストウッドのことを思い浮かべた。幸運なことに、たまたまイーストウッドは、ネルソン・マンデラの伝記映画「The Human Factor（後に『インビクタス／負けざる者たち』に改題）」企画が2009年まで延期されることになったところだった。彼は休暇旅行よりも別の映画を撮ることを選んだ。

　ふだんの彼と比べてさえも、この映画はあっという間に出来上がった。2008年2月にワーナーからゴーサイン（製作費3300万ドル）が出された『グラン・

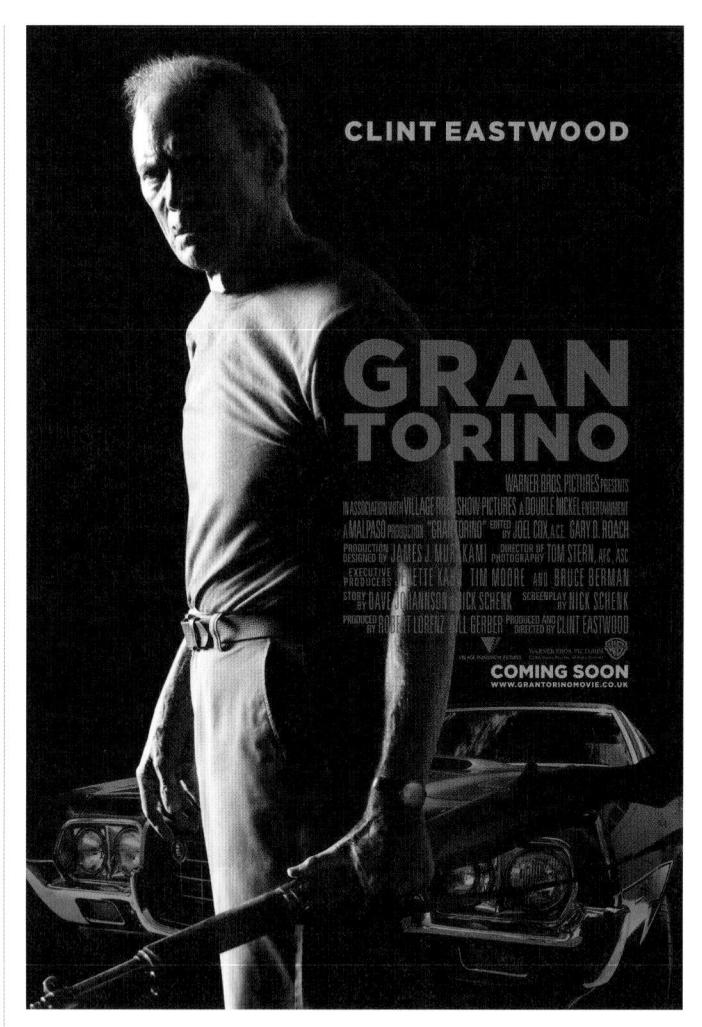

上：『グラン・トリノ』は幸運の連続で実現した——この脚本がイーストウッドの元に届いたとき、スケジュールにちょうど空きがあった彼は、躊躇しなかった。ほんの1カ月強で撮影されたこの映画は、彼による大ヒット映画のひとつになった。

左：街角の正義——イーストウッド演じるウォルト・コワルスキーは隣人のモン族の家族が地元ギャングの餌食になっていることを知り、自分の中にある道徳心を再発見する。このテーマには自分の手で法を裁くという西部の原理のリバイバルを見ることができる。

下：タオ（ビー・ヴァン）とウォルト（イーストウッド）は、ウォルトの愛車である1970年製フォード・グラン・トリノを一緒にメンテナンスしながら絆を深めてゆく。イーストウッドが朝鮮戦争を戦った帰還兵を演じるのは、『ハートブレイク・リッジ／勝利の戦場』（1986）と『目撃』（1997）に続き3本目となったが、彼自身は戦時中に入隊していたものの戦場に出ることはなかった。

2009　Johnny Mercer: The Dream's on Me (TV Movie)
Executive Producer

左：友との再会──ネルソン・マンデラを描いたドラマ映画『インビクタス／負けざる者たち』(2009)はモーガン・フリーマンが情熱を注ぐプロジェクトで、監督をイーストウッドに依頼したのもフリーマンだった。この映画はあの偉大な男と南アフリカ代表ラグビー・チームのキャプテン、フランソワ・ピナール（マット・デイモン）の友情の絆を中心に描かれている。

トリノ』は、6月にデトロイト周辺で33日間の撮影を済ませると、12月12日にはもう劇場公開の準備が整っていた。

　イーストウッドがこの企画に魅力を感じたのは妥協のない脚本だ。偏屈なコワルスキーは汚い言葉で暴言を吐く。「中途半端にやってしまったら、それこそ言い逃れだらけのハリウッド映画になってしまう」とイーストウッドは言う、「こういう男を演じるなら、ソフトに演じるわけにはいかないんだ。きっちり最後までやり切らなければね」[18]。

　評論家の中には、彼にとって大きな退化であると言う者もいたが、スターダムの威力を、そしてまた、クリントがふたたび私的制裁を加える者を演じることの威力を、イーストウッドはけっして忘れていなかった。しかも『グラン・トリノ』には大きなハートが鼓動していた。コワルスキーはダーティハリーの幽霊というよりも、カトリック信仰の喪失や過去の罪が心の重荷になっているところなどは、むしろ『許されざる者』のウィリアム・マニーや『ミリオンダラー・ベイビー』のフランキー・ダンの片鱗をジグソーパズルのように組み合わせた存在だ。コワルスキーは朝鮮戦争で自分が目にしたことを忘れられずに意固地になっているが、心の奥深くには道徳心が根づいている。彼は確かに時代遅れかもしれない、と監督／主演の彼は言う、「しかし彼には学んで変われる余地が残っていたんだ」[19]。それは彼自身の信念でもある。「人というのは成長するものだからね」[20]。

　モーガン・フリーマンが情熱を注いだ

プロジェクト『インビクタス／負けざる者たち』は、ネルソン・マンデラの生涯の一時期に焦点を当てた物語だ。スピルバーグの『リンカーン』(2012)と同じく、この偉人政治家もまた、ある具体的な決断をくださなければならなかった。この場合は、ある具体的な人間関係を築くこともまた、その決断のひとつだった。ジョン・カーリンによる書籍「インビクタス　負けざる者たち」を原作にしたこの映画で、フリーマン演じるマンデラ（実際に友人でもあるマンデラを見事に真似ている）は、来たるラグビー・ワールドカップに向けて、人種の対立が深まる南アフリカをひとつにまとめ（もしくは、少なくとも休戦状態にし）、国民に愛されるスプリングボクス（南ア代表チームのニックネーム）を優勝させようと努力する。「頭に話しかけるのではない、心に話しかけるんだ」[21]とマンデラは主張する。それは彼の数ある信条のひとつだ。彼の試みに不可欠だったのは、チーム・キャプテンのフランソワ・ピナール（この役柄のために身体を鍛え上げたマット・デイモン）と友情を結ぶこと（そして彼を操作すること）だった。

　このころのイーストウッドの映画製作ペースはむしろ早まっていた。彼が『グラン・トリノ』のプロモーションを終えた2カ月後にはもう、13作目となるこの映画が南アフリカで撮影されはじめていた。そして2009年の秋には、ロンドンとパリでその次の作品の撮影をするというハイペースだ。

『インビクタス／負けざる者たち』は、気高い意図を持って気高く作られてこそいるが、勝利を描いたスポーツ映画としては物足りなく（ラグビーの良さが映画スクリーンに出し切れていない）、マンデラの政治的なずる賢さも薄味に終わっている。イーストウッドが部外者として映画作りに参加したのは、これが人生ではじめてだった。友人から監督してほしいと説得されたのだ。「わたしが考えていた候補者はふたりいたよ、ひとりはクリント・イーストウッド、もうひとりはクリント・イーストウッドさ」[22]とフリーマンはジョーク交じりに語っている。フリーマンはイーストウッドが出演者にあたえる安心感を必要としていた。しかしイーストウッドはアメリカの物語を描くことに長けた監督だった。「『インビクタス／負けざる者たち』の問題点は、映画というよりはモニュメントになっていること、堂々としていて、恭しく、重厚なモニュメントであることだ」[23]とガーディアン紙は結論づけている。しかしこの作品はきちんと興収を伸ばしている（1億2200万ドル）。

『ヒア アフター』は、第一印象として、彼らしくない作品に思われがちだ。死後の世界に触れる3人の人々を描いた超自然的な物語だって？　あのハリウッドの偉大なるリアリストが？　ところがこれは相性の良い組み合わせなのだ。イース

左：複数の物語が綴られる風変わりな映画『ヒア アフター』（2010）のロンドンを舞台にした章では、悲劇的な双子マーカスとジェイソンの役柄をフランキー・マクレーンとジョージ・マクレーンが演じている。

左下：イーストウッドは『ヒア アフター』を超自然現象映画ではなく、スピリチュアルな映画、死後の世界を信じなければならない人々を描いた映画として捉えていた。しかし、死を題材にした陰鬱で静かな作品に評論家も観客も困惑してしまった。

トウッドの映画と主人公の多く（もしくはすべて）が、なにかに憑りつかれているのだから。それはもはや彼の執着であるとさえ言えるほどだ。『アウトロー』のジョージー・ウェールズも、『許されざる者』のウィリアム・マニーも、『ミリオンダラー・ベイビー』のフランキー・ダンも、『グラン・トリノ』のウォルト・コワルスキーも、死んだ妻のことが頭から離れない孤独な男たちで、その過去がコンスタントに現在の彼らに忍び寄っている。また、『荒野のストレンジャー』の復讐に燃える流れ者も、『ペイルライダー』の牧師も、生者と神話の中間にいる死の天使のような存在だ。

　しかし、この映画が衝撃であったこと

に変わりはない。徐々に絡み合ってゆく3人のストーリーが宗教とは無関係な死後の世界の疑問を打ち消してゆく。セシル・ドゥ・フランス演じるテレビのジャーナリストは、津波（この映画のスペクタクルに満ちたオープニング）に遭遇して生き残るが、そのとき見た白く発光する光の中のおぼろげな光景を忘れることができない。マット・デイモン演じる霊能者は、本当に死者のメッセージを受け取ることができるのだが、もうそういうことをやりたがらない。そして、ある少年は交通事故で亡くなった双子の兄の存在を感じることができる（双子を演じたのは演技経験のないフランキー・マクラーレンとジョージ・マクラーレン）。

「オカルトを描いているのではない」とイーストウッドは主張する、「スピリチュアルを描いているんだ」[24]と。彼はむしろそこに『ミリオンダラー・ベイビー』で示した自殺幇助の問題提起に近いものを感じている。しかもこれはプロジェクトとして立派なものだった。スピルバーグが製作総指揮として参入し、脚本は有名英国人脚本家のピーター・モーガン（『クィーン』［2006］）だ。イーストウッドは現実の出来事と非現実的な出来事が交錯する仕方に魅力を感じていた。答えが観客に示されることはない。イーストウッド自身も、死後の世界を信じるか、と記者たちから執拗に質問されるたびに、いたずらっぽい表情を浮かべて「……なにもわからないという立場でこの作品に

アプローチしている」[25]と曖昧に答えている。

陰鬱さと率直さを保ったこと（『シックス・センス』の雰囲気も、瞬間的な衝撃に頼るホラーの雰囲気もイーストウッドには合わなかった）が、結果的には良くもあり悪くもあった。ロンドン、パリ、サンフランシスコ、スイスのロケーションは、灰色がかった青色の暗さに包まれている。墓の陰気さに近い雰囲気だ。評論家の意見は真っ二つに割れた（「魅惑的」[26]とシカゴ・サンタイムズ紙は称賛し、「宇宙規模の大惨事」[27]とスコッツマン紙は酷評した）。『インセプション』と同じ年に公開されたこの映画は、落ち着きのある静かな作品ではあるが、全世界で1億600万ドルの興収は悲歌的な作品にしては悪くない結果だ。しかも『ヒア アフター』には鋭く心に刺さるなにかがある。機微と人間味のあるシーンにイーストウッドの誠実さがにじみ出ているのだ。幽霊の物語である以上に、愛する者を亡くした悲しみを描いた物語だ。80歳になった彼の目は、この映画で死を見つめ、それが終わると、次の映画に向けられた。

不滅の名声

『J・エドガー』（2011）、『ジャージー・ボーイズ』（2014）、『アメリカン・スナイパー』（2014）、
『ハドソン川の奇跡』（2016）、『15時17分、パリ行き』（2018）、『運び屋』（2018）、
『リチャード・ジュエル』（2019）、『クライ・マッチョ』（2021）

生き残るスターもいれば、消え去る
スターもいるのはなぜだろう？
ハリウッドから注目を浴びつづける監督
もいれば、忘れられてしまう監督もいる
のはなぜだろう？　同年代の仲間たちが
引退したり故郷に戻ったりする中、すで
に流行も幸運も超越したクリント・イー
ストウッドが、今なお、この業界でトッ
プを走り働きつづけているのはどうして
だろう？　彼ほど徹底的に、経済的に、
そして穏便に（つまり脳みそが吹っ飛ぶ
こともなく）そのキャリアを進みつづけ
た監督はほとんどいない。それは明白な
事実だ。人気に翳りが出てきたように見
えたことはあるが、そうなる度に、『ア
ウトロー』、『許されざる者』、『ミスティッ
ク・リバー』、『ミリオンダラー・ベイビー』
といった作品を産み出して盛り返してき
た。

何度も言っているように、それができ
た要因の大部分は彼独特の個性にある。
イーストウッドはどのカテゴリーにもた
やすく当てはまろうとしない。そして才
能に自信を持っている。「自分のやって
いることに死ぬまで疑問を持ちつづけな
がらやるのか、それとも自分のやりたい
自分に合った方法でやるのか、そのうち

らかを選ぶしかないからね」[1]と彼は言う。
ちょっとやそっとのことではけっして怯
まない彼は、失敗作もヒット作もまった
く同じように受け入れている。街から街
へと馬を駆りつづけるには、そういう前
向きな態度が不可欠なのだ。常に地平線
に視線を向けて……。

パワーが揺らいだり、選択に自信を持
てなくなったりしたことは、ほとんどな
い。もちろんすべての映画がうまくいっ
たわけではない。しかし、結局のところ、
何事もやってみなければわからないのだ。
イーストウッドは《寝言は寝てから言え》
的な強いスタミナを持つ監督の顕著な例
だ。部屋の中で映画について論じるくら
いなら、外に出て映画を作った方がいい
じゃないか？　彼は撮影現場で監督椅子
に座って仕事をしながら散髪してもらう
ことでも知られている。

「60年も実績を積めば、映画を作るの
もずいぶんやりやすくなるんだろうね」[2]
とマット・デイモンは言う。

イーストウッドとワーナーブラザーズ
との長い関係性も大きい。季節が移り変
わるように重役たちが頻繁に入れ替わっ
ても、彼の存在は揺るぎなくワーナーの
社風の一部としてそこに残りつづけてい

右ページ：ありのままを見
る目──90歳で主演した『ク
ライ・マッチョ』のイースト
ウッド。映画スクリーンでの
存在感は少し衰えているが、
それでもなお健在だ。

る。どのような新体制が敷かれようと、イーストウッドは好きなようにやらせてもらえる。2011年のローラの出来事にしても同じだ。ローラというのは、イーストウッドから貰える茶碗いっぱいのピーナツを目当てに、ワルツを舞うように軽やかに彼のバンガローにやってくるリスの名だ。そういう行為は同スタジオの衛生安全規則に真っ向から違反しているのだが、「なんでも長年ずっとやっていれば、色んなことを許してもらえるものさ」[3]と彼は微笑する。

　彼に異議を唱えようとする者がいないのは当たり前かもしれない。なぜなら、けっして消えることのない炎が今なお燃え続けているからだ。実際の話、2011年の段階でもなお、イーストウッド最大のヒット作はこれから出てきそうな勢いだった。80歳代から90歳代の晩年のキャリアは、伝記映画船団到来の時期、と呼ぶことができるだろう。それぞれまるで異なる作品ではあるが、どの作品も、なんらかの形で、ヒロイズムとアメリカと現実VS神話の複雑性を探求したものばかりだ。これはまさしくイーストウッドの領域だろう。これらの映画にはA級ス

ターの出演作もあれば、まったくそうでない作品もある。その中でも特に、いかにもイーストウッドらしい簡潔な作品がふたつあった。

37年にわたってFBI長官をつとめた悪名高きJ・エドガー・フーバーをレオナルド・ディカプリオが演じた『J・エドガー』には、政治伝記映画ならではの荘厳さと重々しさがある。口が堅く、賢く、苦悩に満ちた（この映画で観客はそのことを知る）彼は、秘密取引を交わしてゆく。フーバーは金や権力を持つ者たちの裏情報を集めたファイルを保持し、罪を犯してもいない人々を盗聴して、法規を超えたブラックリストを作り上げていた。陰謀の塊のような男だが、それだけでなく、FBIを創設し、指紋や鑑識研究所の国家データベースを駆使してFBIの犯罪捜査官（イーストウッドが子どものころ読んだコミックブックによく出てきたGメン）の能力を拡大させた人物でもある。つまるところ、彼は狡猾なスパイなのだ。

脚本家ダスティン・ランス・ブラック（『ミルク』［2008］）は、晩年のフーバーが伝記作家に任命した男に向かって自身の人生を振り返る形式で様々な時代を綴ることで、彼の無修正の記憶の中を観客があちこちと徘徊するような作品に仕上げた。イーストウッドは『バード』でも似たような描き方をしているが、今回の舞台は秘密主義者の魂の中だ。しかし評論家たちはこの映画がどこまで率直に描いているかについて議論を戦わせている。

アメリカ国家そのものを守るマントを身に着けたフーバーの人格は、権力とパラノイアによって歪んでゆく。フロイト派の心理学的問題の嵐のように、半抑圧的なホモセクシュアリティ、冷たい母親（ジュディ・デンチ）への献身など、彼の心の重荷となっていたものがすべて外に向かって爆発する。

ニューヨーカー誌で映画評論家デヴィッド・デンビーが指摘しているように「どんな男であっても、そう、あのニクソンであっても、アメリカの大作映画の主人公になり得る」[4]のだ。プロデューサーのブライアン・グレイザーは、当初、この企画をオリバー・ストーンに任せて、ストーンの一連の悲劇作品のひとつに加えたらどうだろうと考えていた。しかしワーナーがその値札を見てたじろいだのを受けて、グレイザーはもっと控えめな予算でフーバーの謎に迫る方法を探ろうと考え直し、イーストウッドに打診した。「あの脚本には強く惹かれたよ」とイーストウッドは振り返る、「なぜなら、わたしは人々がコンスタントにフーバーやその悪行について話していた時代を生きたのだからね」[5]。当時、いつもどこにいるのかわからないフーバーの存在感はとても大きかった。3500万ドルの予算と39日間の撮影スケジュールで、イーストウッドのトレードマークである無情なノワールの空間に、当時の舞台が歴史に忠実に再現された。『J・エドガー』は、その作り方こそ揺るぎのないものだった

が、チョイスに不安定さがあった。この映画は過剰に「趣にこだわりすぎている」[6]とデヴィッド・トムソンはニュー・リパブリック紙でため息をついている。そのためフーバーがいかに危険な人物だったのかを検証するせっかくの機会が失われていた。ダーティハリーが振りかざしたのは警察手帳と拳銃だけだった一方で、フーバーは国家権力そのものを振りかざしていたというのにだ。イーストウッド

が描いたこの作品は、フーバーと主な3人の人物（母親、献身的で口の堅い秘書ヘレン・ギャンディ［ナオミ・ワッツ］、最も親密な恋愛対象であるFBIのナンバー2クライド・トルソン［アーミー・ハマー］）の人間関係を描いた、パンチ力に欠ける作品になった。

ディカプリオは自身のスターダムの限界を押し広げようと精力的にこの役柄を探求していた。「あの役をあそこまで熱

下：『J・エドガー』という映画の形をしたイーストウッドの論文における中心テーマは、ディカプリオ演じる心に重荷を抱えるキャラクターとFBIナンバー2のクライド・トルソン（アーミー・ハマー）との複雑な人間関係と恋愛関係だ。

心にやりたがる人間であれば……だれだって歓迎さ」[7]とイーストウッドは言う。ディカプリオは持っているすべてをぶつけたが、太って見せるメイクアップも、60代の老け役だったことも、大胆さが欠如していたことも、すべてマイナスに働いてしまった。フーバーが男性とキスをするシーンがあることを知った元FBI特別捜査官懇親会は、イーストウッドに手紙を送りつけ、該当シーンは「この映画にたいする我々の暗黙の承認を見直さざるを得ない」[8]と忠告した。しかし、この映画はさほど大きな議論を呼び起さなかった。フーバーには女装癖があったという伝説については、母の死を悼むシーンでディカプリオが亡母の服を自分の体に当てるという形で表現されている。暗がりのオフィスで繰り広げられるセリフの多いシーンには、アメリカの正義を司る中心部で身の毛もよだつほど邪悪なことがまかり通っていたということがまったく描かれていない。この素材の適任者はストーン監督の方だったに違いない。彼ならきっと、そこに地獄の業火を描き出していただろう。パンチ力の欠如に比例して、この映画の興収は8500万ドルにとどまった。

『ジャージー・ボーイズ』の冒頭からの3分の1にはスコセッシ的な信頼感がある。ナレーションがわたしたち観客を1951年のネオンが滲むニュージャージーへと引き込み、トミー・デヴィート（ヴィンセント・ピアッツァ）が、後にフランキー・ヴァリ（ジョン・ロイド・ヤング）となるフランキー・カステルチオと出会う。彼らは些細な犯罪に時間を費やして無駄に過ごし、地元ギャングの仲間に引き入れられるが、その後、まるで違う運命を歩むことになる。ボブ・ゴーディオ（エリック・バーゲン）、ニック・マッシ（マイケル・ロメンダ）と共に、黄金の声を持つカルテットとなった彼らは、ドゥーワップのセンセーションを引き起こすのだ。イーストウッドにとって初の（厳密には監督としては初の──というのも往年の『ペンチャー・ワゴン』[1969]を忘れてはならない）ミュージカル映画となったこの作品は、ザ・フォー・シーズンズを題材にしたジュークボックス・ミュージカル舞台作品が原作で、「1963年12月（あのすばらしき夜）」、「シェリー」、「恋はヤセがまん」といった時代に色あせない名曲の力を借りながら描かれている（これらの歌は出演者たちが演じながら生歌で歌唱した）。

『J・エドガー』から3年が過ぎていた。これはイーストウッドにしては前代未聞の小休止だ。そのため、お決まりの引退説がまた流れはじめていた。しかし彼はまったくなにもしていなかったわけではない。野球界を題材にしたドラマ映画『人生の特等席』(2012)に主演し、次いで、オファーされた『スタア誕生』(1937)のリメイク企画が遅延の苦境に立たされ、フラストレーションをためていた（彼は

後にブラッドリー・クーパー版のこの企画で製作に加わることになる）。このことからも、彼がワーナーから白紙委任状をもらえていたわけではないことがわかる。『ジャージー・ボーイズ』の脚本がマルパソ社に届いたとき、カメラの後ろに立ちたくて仕方がなかった彼は、貧しいニューアーク出身のフランキー・ヴァリが台頭してゆくストーリーの《やればできる精神》に即座に魅力を感じた。ニューヨーク・タイムズ紙も言うように、この映画は「アメリカの成功神話」[9]を描いたストーリーだ。

イーストウッドはそれまで手がけていた予算5800万ドルのあのロサンジェルス・ベースの企画から手を引き、ドラマの基本に立ち返ることにした。これは10年以上にわたって全世界でヒットしているミュージカル舞台なのだから、きっと良いところがあるに違いないと判断したのだ。彼はまず、オリジナルの舞台版を書いたライター、ジュリアンとリタ・Mのフィンク夫妻による初期台本を発掘した。「ブロードウェイで9年、ロンドンで6年、サンフランシスコで5年もロングランした舞台作品を、わざわざ別の脚本家を雇って書き直させるなんてことをするのはハリウッドだけだ」[10]と彼

下：イーストウッド監督のミュージカル映画『ジャージー・ボーイズ』（2014）は、クルーニング唱法で歌う4人組、ザ・フォー・シーズンズの台頭を、装飾を交えながら描いた物語だ。この写真は主演のマイケル・ロメンダ（ニック役）とヴィンセント・ピアッツァ（トミー役）と会話中の監督。

"Everybody remembers it
how they need to"

JERSEY BOYS

JUNE 20

上左・右：自分たちならで
はの声を見つけてゆく──
ニック（ロメンダ）、ボブ（エ
リック・バーゲン）、フラン
キー（ジョン・ロイド・ヤン
グ）、そしてトミー（ヴィンセ
ント・ピアッツァ）。『ジャー
ジー・ボーイズ』は歌の存
在こそ見事だったが、映画
としては典型的な伝記映画
の範疇を超えられなかった。

はため息をつく。ビッグネームの出演者
をそろえるべきだと神経質になっている
ワーナーをよそに、彼は様々な舞台に出
演していた（いうなれば）経験豊富な俳
優／シンガーたちからキャストを選出し
た。ヤングはブロードウェイ版の同作品
でヴァリを演じてトニー賞を受賞してい
た俳優だ。

　この映画では、歌さえはじまれば、そ
れらのシーンは高らかに飛翔している。
しかし、歌と歌の間については、イース
トウッドは初志貫徹することなく、ミュー
ジカル舞台ならではのアップテンポでキ
ビキビした演出を避けようと試み、結婚
生活の破綻、ドラッグ中毒に陥る子ども、
ギャングとの過去のしがらみなどを物語
に織り込むことにした。この映画はミュー

ジカルという衣こそ着ているが、『J・エ
ドガー』と同じく、自己認識の危機を描
いていた映画として作られたものだ。

　「オーケイ、自分のタイミングではじめ
てくれ」[11] とイーストウッドがブラッド
リー・クーパーに告げ、演技がはじまる。
カメラはすでに回っている。公式には同
監督の34本目となるこの映画には、多
くの火薬が放たれているが、それでも現
場で声を張り上げる者はひとりとしてい
ない。デジタルカメラを使用するように
なった（『ジャージー・ボーイズ』から
この実用的な方法へと大きく方向転換
していた）ものの、監督としての方法論自
体は以前と少しも変わってはいない。こ
の年2本目となるこの映画のため、イラ

クのファルージャの廃墟がサンタクラリタの牧場に再現されていた。

『アメリカン・スナイパー』は、アメリカ史上最も多くの敵を射殺した記録を持つネイビー・シールズのスナイパー、クリストファー・カイルの実話を下敷きにした映画だ。カイルは4度にわたってイラクに送り込まれ、確認されているだけで161人の敵を射殺している。イラクの武装勢力は彼のことを「ラマーディーの悪魔」と呼んでいた。しかし遠征を繰り返すたびに、彼の忠実な愛国心は少しずつ崩壊していく。この映画の真の姿はトラウマを描いた肖像画だ。

この企画もまた、いつもと似たような経緯でイーストウッドのもとにたどり着いた。まずは、ワーナーがカイルの回顧録『ネイビー・シールズ　最強の狙撃手』のオプション契約を結び、ブラッドリー・クーパーが主演と製作にあたることになった。クーパーは脚本家のジェイソン・ホールによる「西部劇の枠組みでとらえたコンセプト」[12]に惚れこんでいた。そんな折、スティーヴン・スピルバーグがこの作品を監督することに興味を示し、カイルと反乱勢力側のライバル狙撃手との決闘をもっと強調して描いたらどうかとホールに持ちかけた。しかしワーナーが提示する6000万ドルの予算でそれを描き切るには限界があり、そうと知ったスピルバーグはやる気を失って手を引いた。そこでワーナーはイーストウッドにオファーをかけたのだ。イーストウッド

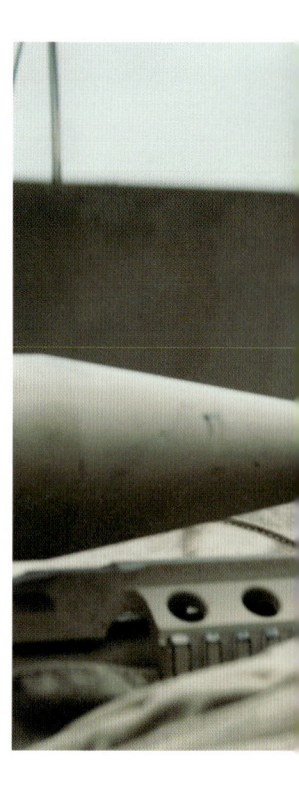

上：狙撃手クリストファー・カイルの精神が崩壊してゆく描写が物議をかもしたイーストウッドの『アメリカン・スナイパー』（2014）は、興行的センセーションを巻き起こしただけでなく、アカデミー賞作品賞にノミネートも果たした。

「わたしたちがやろうとしていたのは
兵士が経験する苦痛を見せること……
人を描いているんだ。
戦争というのは、一般に考えられているのとは
まるで違うものなのだということを
人々に知ってもらえることを願っている」
クリント・イーストウッド

上：イラクの戦場に4度に
わたって送り込まれたカイル
（ブラッドリー・クーパー）
が照準を定める。『アメリカ
ン・スナイパー』の魅力の
ひとつは、脚本家ジェイソン・
ホールがカイルの物語を疑
似西部劇の枠組みで描いて
いたところにある。実際に
クーパーは『許されざる者』
に通じるものをこの作品に
感じていた。

がワーナーから電話を受けたのは、彼が
文字通りその原作を読み終えようとして
いたタイミングだった。イーストウッド
がこのオファーを受けたと知ってクー
パーは興奮した。そもそも彼は、ワーナー
にこの企画をプレゼンする際にも、『許
されざる者』を3度も4度も引き合いに
出していたのだ。

　一方のイーストウッドは古き友人に電
話を入れてこう言った、「スティーヴン、
どうしていつもきみの残り物ばかりわた
しに回ってくるんだ！？　そもそもどう
してこの企画から手を引いたんだい？」[13]。
ふたりは落ち合ってこのプロジェクトに

ついて何時間も話し合った。そして
2014年の4月にはもう、イーストウッド
はモロッコで撮影をはじめている。その
後、カリフォルニアのブルー・クラウド
牧場に戻り、さらなる撮影が行なわれた。

　これはリスクの大きいプロジェクトに
思われた。『グリーン・ゾーン』（2010）
や『告発のとき』（2007）をはじめとす
るイラク戦争を描いた数々の映画が興行
的に大コケしていたからだ。ワーナーの
出資が少なかったのもそこに理由があっ
たのかもしれない。しかし、この映画は
それらとは違っていた。アカデミー賞受
賞作『ハート・ロッカー』（2008）と類

似したテーマを追ったこの作品は、私的描写であると同時に、タイトルも示しているように、アメリカを描いた物語という側面が強い。しかも現実の世界で悲劇的な結末が待っていた。精神を病んだ帰還兵のリハビリを手伝っていたカイルが、その人物に射撃練習場で殺されてしまったのは、ホールがこの脚本を書きはじめたころの出来事だ。イーストウッドは、遺族への配慮から、悲しくも皮肉なカイルの人生の終わり方を巧みに回避して描く道を選んだ（「わたしたちは葬儀のシーンに直接繋いでいるんだ」）。この映画は一夜にして弔詩となった。

完成作への反応はこれ以上ないほど種々様々だ。シニカルな評価をする者たちは、人種差別主義者の人殺しを描いた対外強硬主義映画だと論じた。その一方

上段：『アメリカン・スナイパー』に感情の深みをもたらせた大きな要素は、カイルの結婚生活を掘り下げていることだ。観客はタヤ（名演技を見せたシエナ・ミラー）の目を通して心がほぐれてゆく彼を見ることができる。

下段：撮影現場のイーストウッドとクーパー——カリフォルニア州サンタクラリタのブルー・クラウド牧場の土地に、廃墟と化したファルージャが見事に再現された。

で、アラブ人についてカイルが発言した特定の人々を不快にさせるようなコメントが一気に広まったため、公開時には「この映画はイラクを支持する映画なのか？」という反アラブからの脅迫めいた問い合わせが急激に増えた。製作者たちはあわててこの映画の擁護に乗り出さなければならなくなった。「この映画は我々がイラクに侵攻すべきだったかどうかを語る作品ではありません」とホールは述べている、「戦争がいかに人間臭いものなのかを語る作品なのです」[14]。

「わたしたちがやろうとしていたのは兵士が経験する苦痛を見せることだ」とイーストウッドは主張している、「政治を描いた映画ではない。人を描いているんだ。戦争というのは、一般に考えられているのとはまるで違うものなのだということを人々に知ってもらえることを願っている」[15]。

この映画への見方が明らかに両極化したことは驚きに値する。ある者はプロパガンダ映画として、またある者は精神分析学映画としてこの映画を観ていた。いみじくもJ・ホバーマンがニューヨーク・レビュー・オブ・ブックス誌に載せた長文の考察記事で述べているように、「『アメリカン・スナイパー』には実に大量の種々多様な観客が魅せられたが、この映画の持つ価値についての意見は驚くほど一致していない」[16]のだ。もしかしたら、そこがミソなのかもしれない。

喧々諤々の論争から離れて、イースト

ウッドだけについて考察するなら、『アメリカン・スナイパー』はこれまでの数々の作品に貫かれていた素晴らしいテーマ《暴力の代償》に立ち返った映画だ。カイルは自分のことを単純な男だと思っているが、実は圧倒的なまでに複雑なキャラクターだ。妻のタヤを演じたシエナ・ミラーの助演も光っており、わたしたち観客はタヤのプリズムを通してカイルの心がほぐれてゆく様子を見る。心安らぐ家庭のシーンから戦闘を享受するシーンへと一瞬にして繋いでみせたことについても、イーストウッドは満足している。実に巧みに時空を行き来させて大論争や大成功を巻き起こしているので、監督としての素晴らしい手腕そのものは表に出ていない。この映画が西部劇の律動で語られていることは確かだ。しかしその西部劇とは、イーストウッドならではの、結論を出さない西部劇なのだ。「この映画は暴力を祝福しているように見せかけながら、暴力的な男らしさの実存を批判している」[17]とスレート誌でダナ・スティーヴンスは論じている。

この映画のヒットにはワーナーでさえ驚いていた。クリスマス期の4日間の週末だけで『アメリカン・スナイパー』は1億400万ドルの興収を記録した。これはイーストウッドのそれまでのキャリア最大のオープニング記録だ。最終的には、全世界で5億4700万ドル、全米だけでも3億5000万ドルを売り上げている。

『ハドソン川の奇跡』も大ヒットした（全世界で2億4000万ドル）。この作品もまた、アメリカの英雄としてもてはやされることと、それにともなう問題について探求した作品だ。そして中心に据えられたのもアメリカを代表するA級スターだ。白髪姿で人々を驚かせたトム・ハンクスが、鳥の群れにぶつかり両エンジンの動力を失ったUSエアウェイズ1549便をハドソン川に不時着させたことで有名な、あのチェズレイ・"サリー"・サレンバーガー機長を演じている。この事故ではだれひとり命を失わなかったが、事故調査の結果サリーの判断には誤りがあったと非難された。鮮烈な航空機事故シーンも描かれるため、この企画も大予算映画となった（製作費6000万ドルは『ファイヤー

左：『ハドソン川の奇跡』（2016）もまた実話をもとにヒロイズムの複雑さを探求したヒット作だ。旅客機を無事にハドソン川に不時着水させたものの、事後調査でその決断が誤りだったと責められる機長の物語だ。

下：トム・ハンクス演じる主人公サリー機長とアーロン・エッカート演じるジェフ・スカイルズ副操縦士。災害映画と法廷映画の間でドラマが行き来する中、スカイルズ副操縦士は窮地に立たされた機長の決断を擁護する。

フォックス』の時代を考えれば相当なステップアップだ）。サリーは、冷笑的な当局になにを言われようとも立派な態度を貫き通す、いかにもトム・ハンクス的（これぞトム・ハンクス！といった感じ）な、心の強い人物として描かれている。イーストウッド好みのテンポの速いフラッシュバックを駆使して、事故前、事故のさ中、事故後の出来事を描きながら観客を導いてゆく。泰然としたサリーの態度には、イーストウッドの姿を見て取ることができそうだし、重箱の隅をつつくような事故調査委員会には、ワーナーによる干渉を重ね合わせて見ることもできそうな気がする。そう考えると、この映画は、過小評価されたプロフェッショナリズムの賛歌であると言うこともできる作品だ。

　サスペンス映画『15時17分、パリ行き』は、『アメリカン・スナイパー』に比肩する作品を作ろうとしたことが足かせとなり、失敗に終わってしまった。イーストウッドが目指したのは、過剰気味にリアリティを盛り込みながら、3人のアメリカ人バックパッカーの実話を語ることだった。米軍とかかわりのある3人のアメリカ人の若者が、旅行中のフランスの列車内で遭遇したテロ行為を阻止するという、鮮烈にして時事的でもある物語だ。しかし、いつものように長々とつづいたオーディション（イーストウッドにとって楽しいプロセスではない）を経て、彼

は実話の超本人（アンソニー・サドラー、アレク・スカラトス、スペンサー・ストーン）に本人役を演じさせて描く道を選択した。「彼らがやってのけた素晴らしい行動を、わたしはとても誇りに思っていたんだ」[18]と彼は言う。映画の中心に据えられているアクションシーンは十分に人々を夢中にさせるものだし、そこには真の迫力がある。この男たちが現実でもこうやって戦ったのかと思いながら見ているとスリルを感じるのも確かだ。しかし、彼らの人間性を見せる目的でそれぞれの背景を描いた3つのパートは、どれもぎこちなく、彼らの演技力の限界が大きな妨げになっている。この映画はイーストウッドのキャリアで最低レベルの酷評（『ルーキー』以来となる酷評）を浴びた作品のひとつになった。フィルム・コメント誌はこの映画を「激しいまでに支離滅裂」[19]と評した。ザ・ニュー・リパブリック誌は歯に衣着せることなく「3人ともハンサムだが、役者としては最低だ」[20]と述べている。現実と芸術の交わりにも限界があったのだ。

　88歳になっても活力旺盛なイーストウッドは、引退していたはずの演技の現場に、またもや、復帰した。当然ながら、この映画も老年と不運を描いた作品だが、けっして自己パロディに陥っていない。驚くべきことに、今回もまた、実話をもとにしたストーリーなのだ。『グラン・トリノ』でも脚本を書いたニック・シェ

ンクが今回創作の下敷きにしたのは、あ
るニューヨーク・タイムズ紙の記事だ。
そこにはメキシコの麻薬カルテルのため
に運び屋をしていたデトロイトの90歳
の老人について書かれていた。「わたし
はフッと思ったんだ」とイーストウッド
は顔をゆがめて語っている、「うん、自
分より年上の男を演じてみるのも楽しい
かもしれないな、とね」[21]。このキャラク
ターの経歴は彼が演じるにうってつけ
だった。アール・ストーンは、ウォルト・
コワルスキーほどの理念はないが朝鮮戦
争の帰還兵で、フランキー・ダンと同じ
く娘（アリソン・イーストウッド）と疎
遠になっており、そして自らの園芸の仕
事はうまくいっていない。カルテルから
執拗に誘われた彼は、国境を越えて麻薬

左：『15時17分、パリ行き』
（2018）は、伝記映画であ
るという事実を極限まで押し
広げて、フランスの列車内
でテロ攻撃を阻止した実際
の3人に本人役を演じさせ
た。意図は高尚だったが結
果はまるで伴わなかった。

左：現実と芸術──3人の
主人公のうちの2人（スペン
サー・ストーンとアンソニー・
サドラー）に助言するイース
トウッド。しかし彼らの演技
には限界があった。きっと
プロの役者を使った方がこ
の映画はうまく機能したの
ではないだろうか。

上：『運び屋』(2018) で、メキシコの麻薬カルテルから不法に得た報酬を数えるイーストウッド演じる年老いた運び屋のアール・ストーン。『グラン・トリノ』と『クライ・マッチョ』と共に彼が老人を演じた非公式三部作の第2弾にあたる映画だ。

を運ぶという、晩年の職にしてはかなりリスキーな仕事に手を染める。フォードの1972年型ピックアップトラックに乗った老人ほど怪しまれにくい運び屋はいない。

アメリカの中部地域であるアトランタとニューメキシコ周辺で見事に撮影された映画『運び屋』の前半には、いかにもイーストウッドらしい簡潔な愉快さを見ることができる。アールは若者たちを相手に顔をしかめて当惑する。命を賭けた犯罪に手を染めたことだけでなく、自分の居場所を見つけたことで、元気を取り戻してゆく。これは老人の人権が奪われ

てしまっているという現代社会の問題を感動的な形で解説したものであるとも言えるだろう。しかし、そこから先はギアが切り替わってサスペンス映画となり、カルテルがアールを脅し、完璧とは言えない彼らの犯罪行為に（ブラッドリー・クーパー率いる）麻薬取締局が狙いを定めるあたりから、それまであったロビンフッド的な魅力（アールは不正に稼いだお金を孫の教育資金にあてている）が奪われ、まるで煮え切らない会話劇と化してしまう。しかし評論はおとなしい意見が目立った。わたしも老人を責め立てるつもりはないが、果たして今回の彼のダ

ンスはいつもの通常運転と呼ぶに値するものだったのだろうか？　マット・ブランソンは、フィルム・フレンジー誌に寄せた記事の中で、『運び屋』について「今回もまた、変わりつづける社会の中で自らのアイデンティティと機知を保とうとする世間に忘れられた男を描いている」[22]と評価している。この映画が全世界で1億7400万ドルを売り上げたことからも、幾度も繰り返されてきたこのテーマ（そのはじまりは『ザ・シークレット・サービス』まで遡ることができる）が、今なお人々の心に響いていることは明らかなようだ。

『リチャード・ジュエル』もまた、だれからも敬遠されて手をつける者がいな

左ページ：『運び屋』の撮影現場で人生を謳歌するイーストウッド——人生に意味を持たそうと必死になるアールと、作品を作りつづけるこの監督には、明らかに類似点を見ることができる。

右：齢80代後半でさえ、スクリーン上のイーストウッドには明らかに素晴らしい魅力があったらしく、現代版ロビンフッドとも呼べるこの作品は、そこそこのヒット作となった。

下：罪の報い——朝鮮戦争復員兵のアールは、犯罪に手を染めた報いを受けるが、『運び屋』はむしろサスペンス映画というよりはコミカルなキャラクター作品として機能しているところが大きい。

上：『リチャード・ジュエル』（2019）の撮影現場でじっと
していられないイーストウッド——この象徴的映画監督にと
って、仕事と人生は同義語であり、どんな休暇旅行に行く
よりも映画を撮っていることの方を好んでいる。

かった企画にイーストウッドが命を吹き込んだ好例のひとつだ。またもや実話をもとにしたこの映画は、ある控えめな警備員（ポール・ウォルター・ハウザーの名演が光る）の物語である。彼は1996年アトランタ夏季オリンピックの会場で爆弾を発見して当局に報告し、人々の命を救ったものの、後にFBIから爆弾を仕掛けた張本人だったのではないかという嫌疑をかけられる。結局のところは何事も体裁で判断されてしまう。実家で母（キャシー・ベイツ）と暮らし、警備の仕事に熱が入りすぎた過去があり、銃器に不健全なまでの興味を持つジュエルの体裁は、まさに容疑者にふさわしいものだった。イーストウッドはこの作品を「アメリカの大悲劇」[23]であると捉えていた。

右：『リチャード・ジュエル』（2019）もまた型破りなアメリカの英雄を描いた作品だ。今回の英雄は、1996年に爆弾を発見し、後にFBIから爆弾を仕掛けた張本人として疑われるアトランタ・オリンピック会場の警備員だ。

右：英雄にはふさわしく見えないリチャードにFBI捜査官役のジョン・ハムとイアン・ゴメスが圧力的に迫る。リチャード役は無名時代のポール・ウォルター・ハウザーがつとめた。

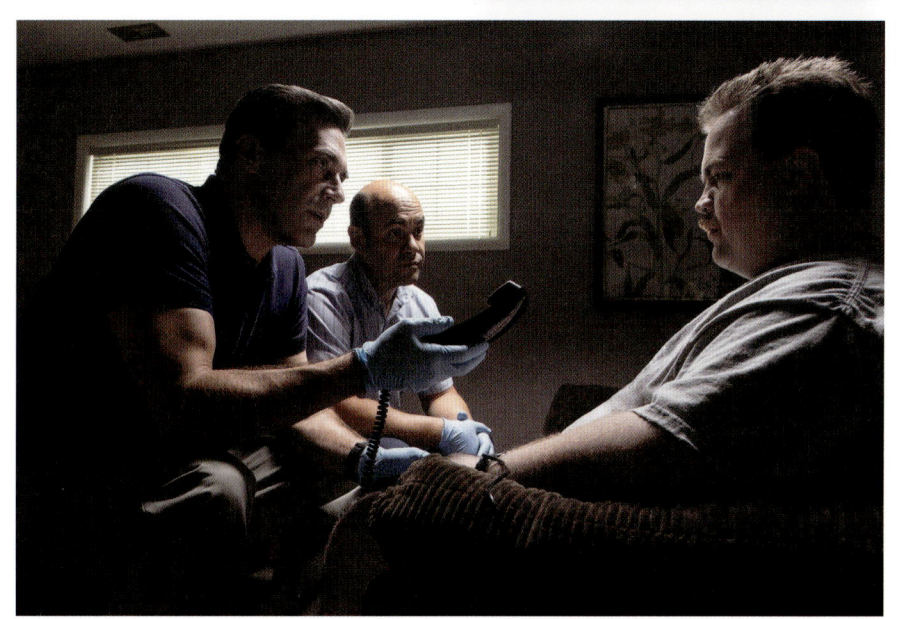

左：『リチャード・ジュエル』のロケ地にて──脚本は直球のサスペンス映画として書かれていたが、イーストウッドの手によって、リッチで複雑な人物探求の映画に生まれ変わった。

ジュエルの無実は地元メディアの努力によってようやく証明される。しかしこの映画は、オリヴィア・ワイルド演じるジャーナリストのキャシー・スクラッグスについて、情報を得るためならFBIの捜査官と寝ることも辞さない人物だったかのように歪曲して描いたため、各方面から攻撃を受けることになった。

　ジュエルの物語を語る企画は何年も前からハリウッドをさまよっていた。ジョナ・ヒルを主演にしたバージョンの製作をレオナルド・ディカプリオが一度試みており、ポール・グリーングラスやデヴィッド・O・ラッセルが次々と監督候補に挙がっては立ち消えになった。そこでイーストウッドは単純化を図り、サスペンス要素や反体制によって真実が暴かれる要素（彼が何度も繰り返してきたテーマ）を弱める一方で、観客に解釈を委ねる人物探求の要素を強めて、英雄の体裁を持たない孤独な男を描くことに的を絞った。『ハドソン川の奇跡』と同様に、この作品は善良な男への執拗な追及を描いた寓話であり、その素材はイーストウッドによる抑

制の効いたドキュメンタリー・タッチの作風に見事にマッチしている。「骨太で信頼できる後期イーストウッド作品」[24]とイアン・フリアーもエンパイア誌で認めている。しかし、スターの出演がなかったこと、そして、2019年にはもうこのジュエルの身に起こった出来事を世間が忘れかけていたこともあり、この映画は公開後ほとんど勢いを得ることができなかった。

そして最後に『クライ・マッチョ』だ。この映画が本当にイーストウッドの最後の映画になるとしたら、彼がカメラの後ろだけでなく再び前にも出てきたという事実は、有終の美を飾るにふさわしいだろう。また、N・リチャード・ナッシュが書いたこの映画の脚本は1970年代からずっとハリウッドをさまよいつづけていたという事実も、彼にふさわしいと言えそうだ。ただしこの脚本は純粋なフィクションだ。皮肉なことに、イーストウッドは1988年に一度この企画を断っている。自分が演じるには若すぎると危惧したからだ。オリジナルの草稿には、もっと年老いたアクションヒーロー的な人物像が描かれていたため、一時はシュワルツェネッガーも前向きに検討したことさえあったという。シェンク（イーストウッドが80歳代の役柄を演じるとき必ず頼りにする脚本家）によって脚本が大きく書き直されたストーリーでは、落ちぶれたテキサスのロデオスター、マイク・マイロ（イーストウッド）が、かつてボス

だった男から、メキシコに行ってティーンエイジャーの息子を連れ戻してほしいという依頼を受ける。この物語は、基本的に、この老人と雄鶏マッチョを連れた我儘だが根は優しい少年（エドゥアルド・ミネット）との波乱に満ちた出会いへと熟してゆく。1890年といってもおかしくないような1980年の背景をニューメキシコに再現して撮影したこの映画は、野心的でこそないが、彼の作品におなじみのノスタルジアとどこか悲しげな雰囲気にあふれている。『愛のそよ風』、『ブロンコ・ビリー』、『センチメンタル・アドベンチャー』、そして『ローハイド』さえも彷彿とさせる柔和なメランコリー感が漂い、登場する様々な物に西部劇を感じることができる。90歳に達する我らが憧れの存在が、『許されざる者』以来久しぶりに馬の背にまたがる姿を拝むことができる作品でもある。彼はスケジュールより1日早くこの映画を撮り終えた。

『クライ・マッチョ』は、2021年のコロナ禍に公開されたため、ヒットしたのか興行的に失敗したのか判断するのが難しい。映画館では1600万ドルの興収しかなかったが、配信サービスを通してかなりの視聴者を獲得した……あの時期に公開された作品の宿命だ。なにより、わたしたちにとってみれば、この小品によってイーストウッドの映画がまたひとつ増えたこと自体が単純に嬉しい。ドナルド・クラークはアイリッシュ・タイムズ紙で

「ほとんどなにもせずにすべてを表現できる彼の才能は、年齢を追うごとに磨きがかかっている」[25]とこの映画を高く評価した。

　本書で彼について語るのはここまでにしようと思う。長い影を落とすマジックアワーに、本領を発揮できる土地で、彼の荘厳な顔が太陽に向けられ、乾燥した景観がその背後に広がる。監督である以上に、そしてスター俳優である以上に、イーストウッドはアメリカ文化の存在を定義してみせた生きるモニュメントだ。彼が生まれたこの国に注がれる世界の人々の視線を定めたのは彼だ。そしてこの国は彼にとって大きな主題でもある。彼は国家の神話を脱構築することで国家の神話を守りつづけている。しかも単独で。彼のような人はほかにいない。イーストウッドは彼の功績を（スターダムも、オスカー像も、興行的成功も、［最終的に］絶賛された評論も）良き人生の中で起こった単なる出来事としか思っていない。おそらくはそこがミソなのだろう。『クライ・マッチョ』が公開されると、マスコミは、（合計で）45本の作品に監督としてクレジットされ、現在91歳になる彼は、この作品をもって引退するのかどうかを知りたがった。それはきっと、まだ堂々としてはいたものの、どこか弱々しさが垣間見え、皮膚の上から骨の形が見えていたからだろう。とんでもない、と彼は微笑みながら青い瞳を輝かせ、あのカサつ

いた声で答えている、「今は次になにを創ろうか考えているところだよ」[26]。

　……と、ここでわたしはこの追記を書いておかなければならなくなった。本書がいよいよ印刷という段階になったところで、イーストウッドの新作映画が製作されるらしいというニュースが飛び込んできたからだ。それは『陪審員2番』というタイトルの法廷サスペンスで、製作はもちろんワーナーブラザーズ、脚本はジョナサン・エイブラムス（『大脱出』［2013]）、撮影は2023年6月に開始予定、ということはつまり、イーストウッドが5月31日に93歳を迎えた直後に撮影がはじまることになる。この映画は名作『十二人の怒れる男』（1954）に似たスタイルで進み、ニコラス・ホルト演じる陪審員が、裁判中の殺人事件の被害者の死亡原因が自分のせいかもしれないことに気づき、自分の罪にはならないようにしながらも、被告人を免罪にしようと他の陪審員たちに働きかけるというもの。検事を演じるのはトニ・コレットだ。このジャンルはイーストウッドがまったく手がけたことのない領域ではない。『真夜中のサバナ』も『チェンジリング』も、ある意味、法廷サスペンスに分類することができるだろう。彼が意図してそこに狙いを定めたかのように、このジャンルもまた今や時代遅れ感のあるジャンルだ。

上：今でも馬上でくつろげる──チャーミングなネオ西部劇映画『クライ・マッチョ』にて、共演のエドゥアルド・ミネットと典型的なポーズを決めるイーストウッド。今のところ（少なくともこの原稿執筆中においての話だが）彼の最後の西部劇だ。

参考資料・出典

参考文献

Eliot, Marc, *American Rebel: The Life of Clint Eastwood*, Three Rivers Press, 2009〔邦訳：マーク・エリオット『クリント・イーストウッド：ハリウッド最後の伝説』、笹森 みわこ＋早川 麻百合訳、早川書房、2010年）

Foote, John H., *Clint Eastwood: Evolution of a Filmmaker*, Paeger, 2009 〔未邦訳：ジョン・H・フート『クリント・イーストウッド：フィルムメイカーの進化』）

Frayling, Christopher, *Clint Eastwood*, Virgin, 1992 〔未邦訳：クリストファー・フレイリング『クリント・イーストウッド』）

Frayling, Christopher, *Sergio Leone: Something to Do with Death*, Faber & Faber, 2000 〔未邦訳：クリストファー・フレイリング『セルジオ・レオーネ：サムシング・トゥ・ドゥ・ウィズ・デス』）

Frayling, Christopher, *Spaghetti Westerns*, Routledge & Kegan Paul, 1981 〔未邦訳：クリストファー・フレイリング『マカロニ・ウェスタン』）

Goldman, Michael, *Clint Eastwood: Master Filmmaker at Work*, Abrams, 2012〔未邦訳：マイケル・ゴールドマン『クリント・イーストウッド：マスター・フィルムメイカー・アット・ワーク』）

Kapsis, Robert E. and Coblentz, Kathie (editors), *Clint Eastwood: Interviews*, The University Press of Mississippi, 2013 〔未邦訳：ロバート・E＆コブレンツ・カプシス『クリント・イーストウッド：インタビュー』）

Kaminsky, Stuart M., *Clint Eastwood*, New American Library, 1974〔未邦訳：ステュワート・M・カミンスキー『クリント・イーストウッド』）

McGilligan, Patrick, *Clint: The Life and Legend*, Harper Collins, 1999 〔未邦訳：パトリック・マクギラン『クリント：ザ・ライフ・アンド・レジェンド』）

Schickel, Richard, *Clint Eastwood: A Biography*, Vintage Books, 1997 〔邦訳：リチャード・シッケル『クリント・イーストウッド：レトロスペクティヴ』、新藤純子訳、キネマ旬報社、2010年）

Tarantino, Quentin, *Cinema Speculation*, Weidenfeld & Nicolson, 2022 〔未邦訳：クエンティン・タランティーノ『シネマ・スペキュレイション』）

Thomson, David, *A New Biographical Dictionary of Film*, Little, Brown, 2002 〔未邦訳：デイヴィッド・トマソン『ア・ニュー・バイオグラフィカル・ディクショナリー・オブ・フィルム』）

参照映像資料

A Cinematic Masterclass by Clint Eastwood, Festival de Cannes, 23 May 2017〔ア・シネマティック・マスタークラス：クリント・イーストウッド』、カンヌ映画祭、2017年5月23日）

Hell Hath No Fury: The Making of The Outlaw Josey Wales, Warner Home Entertainment, 2012 〔『ヘイル・ハス・ノー・フューリー：ザ・メイキング・オブ・『アウトロー』、ワーナーホームエンタテインメント、2012年）

Inside the Actor's Studio: Clint Eastwood, Apple TV, 5 October 2003 〔『アクターズ・スタジオ・インタビュー』、Apple TV、2003年）

An Old Fashioned Love Story: Making 'The Bridges of Madison County', Warner Home Video, 1995〔『アン・オールド・ファッション・ラヴ・ストーリー：メイキング『マディソン郡の橋』、ワーナーホームビデオ、1995年）

出典

イントロダクション

1. Shoard, Catherine, Tom Hanks: *Clint Eastwood 'Treats Actors Like Horses'*, *Guardian*, November 25 2016〔キャサリン・ショアード「トム・ハンクス：クリント・イーストウッドは俳優を馬のように扱う」、ガーディアン紙、2016年11月25日）
2. Ibid
3. Junod, Tom, *The Eastwood Conundrum, Esquire*, 20 September 2012 〔トム・ジュノー「イーストウッドの難問」、エスクワイア紙、2012年9月20日）
4. Thomson, David, *A New Biographical Dictionary of Film*, Little, Brown, 2002
5. Nathan, Ian, *Clint Eastwood on Clint Eastwood, Empire*, July 2008 〔イアン・ネイサン「クリント・イーストウッドについてのクリント・イーストウッド」、エンパイア誌、2008年6月）
6. Ibid
7. Junod, Tom, *The Eastwood Conundrum, Esquire*, 20 September 2012

華麗なる流れ者

1. Thompson, Richard and Hunter, Tim, *Clint Eastwood, Auteur, Film Comment*, January/February 1978〔リチャード＆ハンター・トンプソン「クリント・イーストウッド、作家」、フィルム・コメント誌、1978年1・2月）
2. Ibid
3. Cahill, Tim, *Clint Eastwood: The Rolling Stone Interview, Rolling Stone*, 4 July 1985〔ティム・カヒル「クリント・イーストウッド：ザ・ローリング・ストーン・インタビュー」、ローリング・ストーン誌、1985年6月4日）
4. *Inside the Actor's Studio: Clint Eastwood*, Apple TV, 5 October 2003
5. Ibid
6. Ibid
7. Schickel, Richard, *Clint Eastwood: A Biography*, Vintage Books, 1997
8. Ibid
9. Ibid
10. Ibid
11. Ibid
12. Barron, James, *Remembering James Cagney, a Tough Guy With a Green Thumb, New York Times*, 17 July 2016 〔ジェイムズ・バロン「ジェイムズ・キャグニー回顧、緑色の親指を持つタフガイ」、ニューヨーク・タイムズ紙、2016年6月17日）
13. *Inside the Actor's Studio: Clint Eastwood*, Apple TV, 5 October 2003
14. Reed, Rex, *No Tumbleweed Ties for Clint, Los Angeles Times*, 4 April 1971〔レックス・リード「クリントに回転草の絆なし」、ニューヨーク・タイムズ紙、2016年6月17日）
15. Schickel, Richard, *Clint Eastwood: A Biography*, Vintage Books, 1997
16. Kaminsky, Stuart M., *Clint Eastwood*, New American Library, 1974
17. Frayling, Christopher, *Sergio Leone: Something to Do with Death*, Faber & Faber, 2000
18. Cahill, Tim, Clint *Eastwood: The Rolling Stone Interview, Rolling Stone*, 4 July 1985
19. Frayling, Christopher, *Sergio Leone: Something to do with Death*, Faber and Faber, 2000
20. Frayling, Christopher, *Spaghetti Westerns*, Routledge & Kegan Paul, 1981
21. Ibid
22. Cahill, Tim, *Clint Eastwood: The Rolling Stone Interview, Rolling Stone*, 4 July 1985
23. Ibid
24. Schickel, Richard, *Clint Eastwood: A Biography*, Vintage Books, 1997
25. Reed, Rex, *No Tumbleweed Ties for Clint, Los Angeles Times*, 4 April 1971
26. Thomson, David, *Cop on a Hot Tightrope, Film Comment*, September/October 1984〔デイヴィッド・トマソン「ホット・タイトロープの警官」、フィルム・コメント誌、1984年9・10月）
27. Cahill, Tim, *Clint Eastwood: The Rolling Stone Interview, Rolling Stone*, 4 July 1985
28. Champlin, Charles, *Eastwood: An Auteur to Reckon With, Los Angeles Times*, 18 January 1981〔チャールズ・チャンプリン、「イーストウッド：最高すべき作家」、ロサンゼルス・タイムズ紙、1981年1月18日）
29. Schickel, Richard, *Clint Eastwood: A Biography*, Vintage Books, 1997
30. Cahill, Tim, *Clint Eastwood: The Rolling Stone Interview, Rolling Stone*, 4 July 1985
31. Thomson, David, *A New Biographical Dictionary of Film*, Little, Brown, 2002
32. Tarantino, Quentin, *Cinema Speculation*, Weidenfeld & Nicolson, 2022

映画監督としての台頭

1. Cahill, Tim, *Clint Eastwood: The Rolling Stone Interview, Rolling Stone*, 4 July 1985
2. McGilligan, Patrick, *Clint: The Life and Legend*, Harper Collins, 1999
3. Thompson, Richard and Hunter, Tim, *Clint Eastwood, Auteur, Film Comment*, January/February 1978

*1　書籍が出典の場合、初出時に限り〔　〕内に邦訳のあり・なしの区別を記したうえで、邦訳があるものは日本版の情報を、ない場合は原書の情報を併記した。以降、同じ書籍が出典となる場合、原書情報のみを記載している。

*2　雑誌・新聞記事、ウェブ、記者会見等が出典の場合、初出時に限り〔　〕内に日本語での情報も記した。以降、同じ記事等が出典となる場合、英語情報のみを記載している。

*3　本文では邦訳のある資料が引用されている場合も、基本的に訳者が文脈に合わせて新たに訳出している。

4. *Play Misty for Me DVD,* Final Cut Entertainment, 2020 〔DVD『恐怖のメロディ』、2020年〕

5. Thompson, Richard and Hunter, Tim, *Clint Eastwood, Auteur, Film Comment,* January/February 1978

6. Kaminsky, Stuart M., *Clint Eastwood,* New American Library, 1974

7. Denby, David, *Out of the West, The New Yorker,* 28 February 2010 〔デイヴィッド・デンビー「アウト・オブ・ジ・ウェスト」、ニューヨーカー誌、2010年2月28日〕

8. Cahill, Tim, *Clint Eastwood: The Rolling Stone Interview, Rolling Stone,* 4 July 1985

9. Schickel, Richard, *Clint Eastwood: A Biography,* Vintage Books, 1997

10 Ibid

11. *Unattributed, Play Misty for Me review, TV Guide,* 1971〔署名なし「レビュー:『恐怖のメロディ』」、TVガイド誌、1971年〕

12. Junod, Tom, *The Eastwood Conundrum, Esquire,* 20 September 2012

13. Ibid

14. Ibid

15. Ibid

16. Kaminsky, Stuart M., *Clint Eastwood,* New American Library, 1974

17. Gelmis, Joseph, *Play Misty for Me, Newsday,* November 1971 〔ジョセフ・ジェルミ「『恐怖のメロディ』」、ニューズデイ紙、1971〕

18. Schickel, Richard, *Clint Eastwood: A Biography,* Vintage Books, 1997

19. Junod, Tom, *The Eastwood Conundrum, Esquire,* 20 September 2012

20. Tarantino, Quentin, *Cinema Speculation,* Weidenfeld & Nicolson, 2022

21. Thompson, Richard and Hunter, Tim, *Clint Eastwood, Auteur, Film Comment,* January/February 1978

22. Bowen, Chuck, *Review: Clint Eastwood's High Plains Drifter on Kino Lorber 4K UHD Blu-ray, Slant,* 28 October 2022〔チャック・ボウエン「レビュー:クリント・イーストウッド『荒野のストレンジャー』」、スラント誌、2022年10月28日〕

23. Thompson, Richard and Hunter, Tim, *Clint Eastwood,* Film Comment, January/February 1978

24. Schickel, Richard, *Clint Eastwood: A Biography,* Vintage Books, 1997

25. Ibid

26. Thompson, Richard and Hunter, Tim, *Clint Eastwood, Auteur, Film Comment,* January/February 1978

27. Ebert, Roger, *The Eiger Sanction, Chicago Sun-Times,* 1 January 1975〔ロジャー・エバート「『アイガー・サンクション』評」、シカゴ・サンタイムス紙、1975年1月1日〕

奇抜な西部劇

1. Roberts, Jerry, *Q&A with a Western Icon, Daily Variety,* 27 March 1995〔ジェリー・ロバーツ「ウェスタン・アイコンとのQ&A」、ヴァラエティ誌、1995年3月27日〕

2. *Hell Hath No Fury: The Making of The Outlaw Josey Wales Blu-ray,* Warner Home Entertainment, 2012

3. Ibid

4. Ebert, Roger, *The Outlaw Josey Wales, Chicago Sun-Times,* 1 January 1976〔ロジャー・エバート『アウトロー』評」、シカゴ・サンタイムス紙、1976年1月1日〕

5. Schickel, Richard, *Clint Eastwood: A Biography,* Vintage Books, 1997

6. Ibid

7. *Hell Hath No Fury: The Making of The Outlaw Josey Wales,* Warner Home Entertainment, 2012

8. Biskind, Peter, *Any Which Way He Can, Premiere,* April 1993〔ピーター・ビスカインド「どんな方法でも」、プレミア誌、1993年4月〕

9. *Hell Hath No Fury: The Making of The Outlaw Josey Wales,* Warner Home Entertainment, 2012

10. Schickel, Richard, *Clint Eastwood: A Biography,* Vintage Books, 1997

11. *The Outlaw Josey Wales Blu-ray,* Warner Home Video, 2012

12. Schickel, Richard, *Clint Eastwood: A Biography,* Vintage Books, 1997

13. Thompson, Richard and Hunter, Tim, *Clint Eastwood, Auteur, Film Comment,* January/February 1978

14. McGilligan, Patrick, *Clint: The Life and Legend,* Harper Collins, 1999

15. Ibid

16. Thompson, Richard and Hunter, Tim, *Clint Eastwood, Auteur, Film Comment,* January/February 1978

17. Sloman, Tom, *The Outlaw Josey Wales, Radio Times,* 27 July 2016〔トム・スローマン「『アウトロー』評」、レディオ・タイムズ誌、2016年7月27日〕

18. Thompson, Richard and Hunter, Tim, *Clint Eastwood, Auteur, Film Comment,* January/February 1978

19. Ibid

20. Ibid

21. Corliss, Richard, *Kitsch kitsch bang bang, New Times,* 3 September 1976〔リチャード・コリス「キッチュ・キッチュ・バン・バン」、ニュー・タイムズ紙、1976年9月3日〕

22. *The Outlaw Josey Wales Blu-ray,* Warner Home Video, 2012

23. Ibid

24. Thompson, Richard and Hunter, Tim, *Clint Eastwood, Auteur, Film Comment,* January/February 1978

25. Ibid

26. Ebert, Roger, *The Outlaw Josey Wales, Chicago Sun-Times,* 1 January 1976

27. Eder, Richard, *Clint Eastwood Aims at War Epic in 'Josey Wales', New York Times,* 5 August 1976 〔リチャード・エダー「クリント・イーストウッド戦争叙事詩を目指す『アウトロー』」、ニュー・タイムズ紙、1976年9月3日〕

28. Schickel, Richard, *Clint Eastwood: A Biography,* Vintage Books, 1997

29. Thomas, Kevin, *The Outlaw Josey Wales, Los Angeles Times,* 30 June 1976

思考のミニマニリズム　クリント・イーストウッドの名演10選

1. Canby, Vincent, *Screen: Eastwood Gauntlet, New York Times,* 22 December 1977 〔ヴィンセント・キャンビー「スクリーン:イーストウッド『ガントレット』」、ニューヨーク・タイムズ紙、1977年12月22日〕

アメリカン・ストーリーテラー

1. Vincour, John, *Clint Eastwood Seriously, New York Times Magazine,* 24 February 1985〔ジョン・ヴィンカー「クリント・イーストウッド、真剣に」、ニューヨーク・タイムズ紙、1985年2月24日〕

2. Cahill, Tim, *Clint Eastwood: The Rolling Stone Interview, Rolling Stone,* 4 July 1985

3. Wilson, Michael Henry, *'Whether I Succeed or Fail, I Don't Want to Owe It to Anyone but Myself': From Play Misty for Me to Honkytonk Man, Postif,* January 1985〔マイケル・ヘンリー・ウィルソン「うまく行こうがダメであろうが、自分以外に負い目はない:『恐怖のメロディ』から『センチメンタル・アドベンチャー』まで」、ポジティフ誌、1985年1月〕

4. Gentry, Ric, *Director Clint Eastwood: Attention to Detail and Involvement for the Audience, Millimeter,* December 1980 〔リック・ジェントリー「監督クリント・イーストウッド:細部への配慮と観客への配慮」、ミリメーター誌、1980年12月〕

5. Mailer, Norman, *Norman Mailer Meets Clint Eastwood, Observer Magazine,* 29 January 1984 〔ノーマン・メイラー「ノーマン・メイラー、クリント・イーストウッドに会う」、オブザーバー・マガジン誌、1984年1月29日〕

6. Thompson, Richard and Hunter, Tim, *Clint Eastwood, Auteur, Film Comment,* January/February 1978

7. Ibid

8. Allen Tom, *Clint: An American Icon, Newsweek,* 22 July 1985〔トム・アレン「クリント:アメリカのアイコン」、ニューズウィーク紙、1985年7月22日〕

9. Wilson, Michael Henry, *'Whether I Succeed or Fail, I Don't Want to Owe It to Anyone but Myself': From Play Misty for Me to Honkytonk Man, Postif,* January 1985

10. Ibid.

11. Ebert, Roger, *The Gauntlet, Chicago Sun-Times,* 1 January 1977

12. Schickel, Richard, *Clint Eastwood: A Biography,* Vintage Books, 1997

13. Champlin, Charles, *Eastwood: An Auteur to Reckon With, Los Angeles Times,* 18 January 1981
14. Cahill, Tim, *Clint Eastwood: The Rolling Stone Interview, Rolling Stone,* 4 July 1985
15. *Bronco Billy DVD,* Warner Home Video, 2001〔DVD『ブロンコ・ビリー』、ワーナーホームビデオ、2001年〕
16. Schickel, Richard, *Clint Eastwood: A Biography,* Vintage Books, 1997
17. Wilson, Michael Henry, *'Whether I Succeed or Fail, I Don't Want to Owe It to Anyone but Myself': From Play Misty for Me to Honkytonk Man, Postif,* January 1985
18. Schickel, Richard, *Clint Eastwood: A Biography,* Vintage Books, 1997
19. Ibid
20. Ibid
21. *Firefox DVD,* Warner Home Video, 2003〔DVD『ファイヤーフォックス』、ワーナーホームビデオ、2003年〕
22. Wilson, Michael Henry, *'Whether I Succeed or Fail, I Don't Want to Owe It to Anyone but Myself': From Play Misty for Me to Honkytonk Man, Postif,* January 1985
23. Canby, Vincent, *Stealing Firefox, New York Times,* 18 July 1982 〔ヴィンセント・キャンビー、『『ファイヤーフォックス』を盗む』、ニューヨーク・タイムズ紙、1982年7月18日〕
24. Wilson, Michael Henry, *'Whether I Succeed or Fail, I Don't Want to Owe It to Anyone but Myself': From Play Misty for Me to Honkytonk Man, Postif,* January 1985
25. Mailer, Norman, *Norman Mailer Meets Clint Eastwood, Observer Magazine,* 29 January 1984
26 Cahill, Tim, *Clint Eastwood: The Rolling Stone Interview, Rolling Stone,* 4 July 1985
27. Henderson, Eric, *Review: Honkytonk Man, Slant,* 2 September 2003 〔エリック・ヘンダーソン「レビュー：『センチメンタル・アドベンチャー』」、スラント誌、2003年9月2日〕
28. *Sudden Impact Special Edition DVD,* Warner Home Video, 2008〔DVD『ダーティハリー4 スペシャルエディション』、ワーナーホームビデオ、2008年〕
29. Schickel, Richard, *Clint Eastwood: A Biography,* Vintage Books, 1997
30. Wilson, Michael Henry, *'Whether I Succeed or Fail, I Don't Want to Owe It to Anyone but Myself': From Play Misty for Me to Honkytonk Man, Postif,* January 1985
31. *Sudden Impact Special Edition DVD,* Warner Home Video, 2008
32. Unattributed, *Sudden Impact, Variety,* 31 December 1982〔署名なし「レビュー『ダーティハリー4』」、ヴァラエティ誌、1982年12月31日〕

市長
1. Weintraub, Bernard, *Clint Eastwood Interview, Playboy,* March 1997〔ベルナルド・ワイントローブ「クリント・イーストウッド：インタビュー」、プレイボーイ誌、1997年4月〕
2. Kroll, Jack, *Tightrope, Newsweek,* 17 August 1984 〔ジャック・クロール「『タイトロープ』評」、ニューズウィーク誌、1984年8月17日〕
3. Ebert, Roger, *Tightrope, Chicago Sun-Times,* 1 January 1984 〔ロジャー・エバート「『タイトロープ』評」、シカゴ・サンタイムス紙、1984年1月1日〕
4. McGilligan, Patrick, *Clint: The Life and Legend,* Harper Collins, 1999
5. Frayling, Christopher, *Clint Eastwood,* Virgin, 1992
6. Ibid
7. Foote, John H., *Clint Eastwood: Evolution of a Filmmaker,* Paeger, 2009
8. Wilmington, Michael, *Westerns Return on a Pale Rider, Los Angeles Times,* 28 June 1985〔マイケル・ウィルミントン「ウェスタン・リターン・オン・ア『ペイルライダー』」、ロサンゼルス・タイムズ紙、1985年6月28日〕
9. Schickel, Richard, *Clint Eastwood: A Biography,* Vintage Books, 1997

10. Ibid
11. Ibid
12. McGilligan, Patrick, *Clint: The Life and Legend,* Harper Collins, 1999
13. Attanasio, Paul, *Heartbreak Ridge, Washington Post,* 5 December 1986〔ポール・アタナシオ「『ハートブレイク・リッジ／勝利の戦場』評」、ワシントン・ポスト紙、1986年12月5日〕
14. McGilligan, Patrick, *Clint: The Life and Legend,* Harper Collins, 1999
15. *Heartbreak Ridge DVD,* Warner Home Video, 2019〔DVD『ハートブレイク・リッジ／勝利の戦場』、ワーナーホームビデオ、2019年〕
16. Kehr, David, *Eastwood Takes a Winning Risk in 'Heartbreak', Chicago Tribune,* 5 December 1986 〔デイヴィッド・ケール「イーストウッド『ハートブレイク』で勝利のリスクを冒す」、シカゴ・トリビューン紙、1986年12月5日〕
17. Hentoff, Nat, *Flight of Fancy, American Film,* September 1988 〔ナット・ヘントフ「フライト・オブ・ファンシー」、アメリカン・フィルム誌、1988年9月〕
18. Yanow, Scott, *Bird: The Movie, Down Beat,* September 1988 〔スコット・ヤノウ「『バード』：映画」、ダウンビート誌、1988年9月〕
19. Hentoff, Nat, *Flight of Fancy, American Film,* September 1988
20. Jousse, Thierry and Nevers, Camille, *Interview with Clint Eastwood, Cahiers du Cinéma,* October 1992〔ティエリー・ジュス&カミュ・ヌヴェール「インタビュー：クリント・イーストウッド」、カイエ・デュ・シネマ誌、1992年10月〕
21. Goldman, Michael, *Clint Eastwood: Master Filmmaker at Work,* Abrams, 2012
22. Hentoff, Nat, *Flight of Fancy, American Film,* September 1988
23. Yanow, Scott, *Bird: The Movie, DownBeat,* September 1988
24. Hinson, Hal, *Bird, Washington Post,* 14 October 1988 〔ハル・ヒンソン「『バード』評」、ワシントン・ポスト紙、1988年10月14日〕
25. Kael, Pauline, *Bird, Movie Love,* Plume, 1991 〔未邦訳：ポーリン・ケイル「『バード』評」、『ムーヴィー・ラヴ』所収〕
26. Goldman, William, *Hype and Glory,* Villard Books, 1990 〔未邦訳：ウィリアム・ゴールドマン『ハイプ・アンド・グローリー』〕
27. Ciment, Michel, *Interview with Clint Eastwood, Postif,* May 1990 〔ミシェル・シマン「インタビュー：クリント・イーストウッド」、ポジティフ誌、1990年5月〕
28. Ibid
29. Ibid
30. Brody, Richard, *White Hunter Black Heart, New Yorker,* undated〔リチャード・ブロディ『『ホワイトハンター ブラックハート』評』、ニューヨーカー誌、日付不明〕
31. Canby, Vincent, *Clint Eastwood with Fiends Bloodthirsty and Otherwise, New York Times,* 7 December 1990〔ヴィンセント・キャンビー「クリント・イーストウッド、血に飢えた悪鬼たちとともに」、ニューヨーク・タイムズ紙、1990年12月7日〕
32. Siskel, Gene, *Stock Characters Inhabit Eastwood's Rookie, Chicago Tribune,* 7 December 1990 〔ジーン・シスケル「イーストウッド『ルーキー』にストックキャラクターが登場」、シカゴ・トリビューン紙、1990年12月7日〕
33. Hinson, Hal, *The Rookie, Washington Post,* 7 December 1990 〔ハル・ヒンソン「『ルーキー』評」、ワシントン・ポスト紙、1990年12月7日〕

カーメル市長　クリント・イーストウッドの短期政界進出の物語
1. Shelton, Jacob, *1986: Clint Eastwood was Elected Mayor of Carmel, California, Groovy History,* 9 April 2020 〔ヤコブ・シェルトン「1986：クリント・イーストウッド、カーメル市長に選出」、グローバル・ヒストリー誌、2020年4月9日〕
2. Schickel, Richard, *Clint Eastwood: A Biography,* Vintage Books, 1997
3. Eastwood, Clint, *In His Own Words,* American Film Institute, 1995 〔クリント・イーストウッド「イーストウッド：彼自身の言葉から」、アメリカン・フィルム・インスティテュート、1995〕
4. Shelton, Jacob, *1986: Clint Eastwood was Elected Mayor of Carmel, California, Groovy History,* 9 April 2020

5. Ibid

6. Mailer, Norman, *Norman Mailer Meets Clint Eastwood, Observer* Magazine, 29 January 1984

最後の大仕事

1. Schickel, Richard, *Clint Eastwood: A Biography,* Vintage Books, 1997

2. Ibid

3. Thomson, David, *A New Biographical Dictionary of Film,* Little, Brown, 2002

4. Unattributed, *Interview: David Webb Peoples, That Shelf,* 2 April 2014〔発言者不明「インタビュー：デヴィッド・ウェップ・ピープルズ」、ザット・シェルフ、2014年4月2日〕

5. Ibid

6. Biskind, Peter, *Any Which Way He Can, Premiere,* April 1993

7. Ibid

8. Ibid

9. Nathan, Ian, *Clint Eastwood on Clint Eastwood, Empire,* July 2008

10. *Unforgiven DVD,* Warner Home Video, 1997 〔DVD『許されざる者』、ワーナーホームビデオ、1997年〕

11. Biskind, Peter, *Any Which Way He Can, Premiere,* April 1993

12. *Unforgiven DVD,* Warner Home Video, 1993

13. Ibid

14. Schickel, Richard, *Clint Eastwood: A Biography,* Vintage Books, 1997

15. Jousse, Thierry and Nevers, Camille, *Interview with Clint Eastwood, Cahiers du Cinéma,* October 1992

16. Ibid

17. Eliot, Marc, *American Rebel: The Life of Clint Eastwood,* Three Rivers Press, 2009

18. Schickel, Richard, *Clint Eastwood: A Biography,* Vintage Books, 1997

19. McGilligan, Patrick, *Clint: The Life and Legend,* Harper Collins, 1999

20. Whitty, Stephen, *Clint Eastwood on Jersey Boys, Taking Risks and a Life Well Lived, Inside Jersey,* 13 June 2014 〔スティーヴン・ウィッティ「クリント・イーストウッド『ジャージー・ボーイズ』について語る、リスクを取ることとよりよく生きること」、インサイド・ジャージー誌、2014年6月13日〕

21. Jousse, Thierry and Nevers, Camille, *Interview with Clint Eastwood, Cahiers du Cinéma,* October 1992

22. Schickel, Richard, *Clint Eastwood: A Biography,* Vintage Books, 1997

23. Ibid

24. Jousse, Thierry and Nevers, Camille, *Interview with Clint Eastwood, Cahiers du Cinéma,* October 1992

25. Ibid

26. *Unforgiven DVD,* Warner Home Video, 1993

27. Ibid

28. Ibid

29. Schneider, Wolf, *Clint Eastwood Tribute Book,* American Film Institute, 1996 〔ウルフ・シュナイダー『クリント・イーストウッド・トリビュート・ブック』、アメリカン・フィルム・インスティテュート、2014年6月13日〕

30. Turan, Kenneth, *Clint is Back With a Vengeance, Los Angeles Times,* 7 August 1992〔ケネス・テュロン「クリントは復讐とともに帰ってくる」、ロサンゼルス・タイムズ紙、1992年8月7日〕

31. French, Philip, *Unforgiven – review, Observer,* 20 September 1992 〔フィリップ・フレンチ「『許されざる者』評」、オブザーバー紙、1992年9月20日〕

32. Errigo, Angie, *Unforgiven, Empire,* December 1992〔アンジー・エリゴ「『許されざる者』評」、エンパイア誌、1992年12月〕

33. Lane, Anthony, *Here's Shooting at You Kid: Unforgiven; A League of Their Own, Independent On Sunday,* 19 September 1992 〔アンソニー・レーン「彼はユー・キッドで撮影中：『許されざる者』；ア・リーグ・オブ・ゼア・オウン」、インディペンデント・オン・サンデー紙、1992年9月19日〕

34. Schickel, Richard, *Clint Eastwood: A Biography,* Vintage Books, 1997

35. Corliss, Richard, *Unforgiven, Time,* 7 August 1992 〔リチャード・コリス「『許されざる者』評」、タイム誌、1992年8月7日〕

36. Junod, Tom, *The Eastwood Conundrum, Esquire,* 20 September 2012

37. *Unforgiven DVD,* Warner Home Video, 1993

38. Schickel, Richard, *Clint Eastwood: A Biography,* Vintage Books, 1997

39. *Academy Awards 1973,* Oscars.org 〔アカデミー賞1973年〕

不敵の象徴

1. Wilson, Michael Henry, '*Truth, Like Art, Is in the Eye of the Beholder': Midnight in the Garden of Good and Evil and The Bridges of Madison County, Postif,* March 1998 〔マイケル・ヘンリー・ウィルソン「真実は、芸術のように、見るものの目の中にある：『真夜中のサバナ』と『マディソン郡の橋』」、ポジティフ誌、1998年3月〕

2. Schickel, Richard, *Clint Eastwood: A Biography,* Vintage Books, 1997

3. Behar, Henri, *America on the Brink of the Void, Le Monde,* 16 December 1993 〔アンリ・ベアル「空白に瀕するアメリカ」、ル・モンド紙、1993年12月16日〕

4. Caddies, Kelvin, *Kevin Costner: Prince of Hollywood,* Plexus Publishing, 1996 〔未邦訳：ケルヴィン・キャディーズ『ケビン・コスナー・ハリウッドの王子』、Plexus Publishing、1996〕

5. Behar, Henri, *America on the Brink of the Void, Le Monde,* 16 December 1993

6. Schickel, Richard, *Clint Eastwood: A Biography,* Vintage Books, 1997

7. Ibid

8. Chow, Walter, *A Perfect World, Film Freak Central,* 25 November 2013 〔ウォルター・チョウ「『パーフェクト・ワールド』評」、フィルム・フリーク・セントラル、2013年11月25日〕

9. Thompson, Anne, *The Making of The Bridges of Madison County, Entertainment Weekly,* 16 June 1995〔アンヌ・トンプソン「メイキング：『マディソン郡の橋』」、エンターテインメント・ウィークリー誌、1995年6月16日〕

10. Wilson, Michael Henry, '*Truth, Like Art, Is in the Eye of the Beholder': Midnight in the Garden of Good and Evil and The Bridges of Madison County, Postif,* March 1998

11. Eliot, Marc, *American Rebel: The Life of Clint Eastwood,* Three Rivers Press, 2009

12. Thompson, Anne, *The Making of The Bridges of Madison County, Entertainment Weekly,* 16 June 1995

13. Ibid

14. Ibid

15. *An Old Fashioned Love Story: Making 'The Bridges of Madison County',* Warner Home Video, 1995 〔「アン・オールド・ファッションド・ラヴ・ストーリー：メイキング『マディソン郡の橋』」、ワーナーホームビデオ、1995年〕

16. Ibid

17. Meza, Ed, *Berlin: Meryl Streep Talks Working With Clint Eastwood, Female Directors and Vanity, Variety,* 14 February 2016〔エド・メザ「ベルリン：メリル・ストリープ、クリント・イーストウッドとの仕事を語る」、「フィメール・ディレクターズ・アンド・ヴァニティ」、ヴァラエティ誌、2016年2月14日〕

18. Ibid

19. *An Old Fashioned Love Story: Making 'The Bridges of Madison County',* Warner Home Video, 1995

20. Cole, Jake, *Review: Clint Eastwood's The Bridges of Madison County on Warner Blu-ray, Slant,* 5 May 2014 〔ジェイク・コール「レビュー：クリント・イーストウッド『マディソン郡の橋』ワーナー Blu-ray」、スラント誌、2014年5月5日〕

21. Ebert, Roger, *The Bridges of Madison County, Chicago Sun-Times,* 2 June 1995〔ロジャー・エバート『マディソン郡の橋』評」、シカゴ・サンタイムズ紙、1995年6月2日〕

22. McGilligan, Patrick, *Clint: The Life and Legend,* Harper Collins, 1999

23. Le Salle, Mike, *Eastwood Makes 'Power' Flow/Slick, Dark Thriller Tense and Crafty, San Francisco Chronicle*, 14 February 1997 〔マイク・ル・サル「イーストウッド、イーストウッド、『目撃』を流麗で緊張感ある巧みなダーク・スリラーに仕上げる」、サンフランシスコ・クロニクル紙、1995年6月2日〕

24. *Midnight in the Garden of Good and Evil: Clint Eastwood, Joe Leyden Show*, November 1997 〔「『真夜中のサバナ』：クリント・イーストウッド」、「ジョー・レイデン・ショウ」、1997年11月〕

25. Ebert, Roger, *Midnight in the Garden of Good and Evil, Chicago Sun-Times*, 21 November 1997〔ロジャー・エバート「『真夜中のサバナ』評」、シカゴ・サンタイムズ紙、1997年11月21日〕

26. Phipps, Keith, *Space Cowboys, AV Club*, 1 August 2000 〔キース・フィリップ「『スペース・カウボーイズ』評」A.V.クラブ、2000年8月1日〕

27. Foote, John H., *Clint Eastwood: Evolution of a Filmmaker*, Paeger, 2009

28. Ebert, Roger, *Space Cowboys, Chicago Sun-Times*, 4 August 2000 〔ロジャー・エバート「『スペース・カウボーイズ』評」、シカゴ・サンタイムズ紙、2000年8月4日〕

29. Foote, John H., *Clint Eastwood: Evolution of a Filmmaker*, Paeger, 2009

30. Chow, Walter, *Blood Work, Film Freak Central*, 8 July 2012 〔ウォルター・チョウ「『ブラッド・ワーク』評」、フィルム・フリーク・セントラル、2012年7月8日〕

31. Blumenfeld, Samuel, *Mystic River: Eastwood without Anger or Forgiveness, Le Monde*, 15 October 2003〔サミュエル・ブランメンフェルド「『ミスティック・リバー』：怒りあるいは赦しを伴わないイーストウッド」、ル・モンド紙、2003年10月15日〕

32. *Clint Eastwood Interview, Mystic River, The Charlie Rose Show*, 8 October 2003 〔「インタビュー：クリント・イーストウッド、『ミスティック・リバー』」、「ザ・チャーリー・ローズ・ショウ」、2003年10月8日〕

33. French, Philip, *Take a Subtle Clint, Observer*, 19 October 2003 〔フィリップ・フレンチ「かすかなクリントを手に」、ル・モンド紙、2003年10月19日〕

34. *Sean Penn Interview, Mystic River DVD*, Warner Home Video, 2003 〔「ショーン・ペン インタビュー」、DVD『ミスティック・リバー』、ワーナーホームビデオ、2003年〕

35. Steyn, Mark, *Primal Truths, The Spectator*, 25 October 2003 〔マーク・スタイン「プライマル・トゥルース」、ザ・スペクテイター誌、2003年10月25日〕

36. *Academy Awards 2004*, Oscars.org 〔アカデミー賞2004年〕

アメリカン・ソウル

1. Turan, Kenneth, *Laid Bare in the Ring, Los Angeles Times*, 15 December 2004〔ケネス・テュラン「リングの上で剥き出しになる」、ロサンゼルス・タイムズ紙、2004年12月15日〕

2. *Academy Awards 2005*, Oscars.org 〔アカデミー賞2005年〕

3. Ibid

4. Taubin, Amy, *Staying Power, Film Comment*, January/February 2005 〔エイミー・タウビン「ステイング・パワー」、フィルム・コメント誌、2005年1・2月〕

5. *Clint Eastwood Interview, Million Dollar Baby, The Charlie Rose Show*, 15 December 2005〔「インタビュー：クリント・イーストウッド『ミリオンダラー・ベイビー』」、「ザ・チャーリー・ローズ・ショー」、2005年12月15日〕

6. Orr, Christopher, *The Movie Review: Million Dollar Baby, The Atlantic*, 12 July 2005 〔クリストファー・オール「映画評『ミリオンダラー・ベイビー』」、アトランティック誌、2005年7月12日〕

7. *Clint Eastwood Interview, Million Dollar Baby, The Charlie Rose Show*, 15 December 2005

8. Ibid

9. Taubin, Amy, *Staying Power, Film Comment*, January/February 2005

10. Junod, Tom, *The Eastwood Conundrum, Esquire*, 20 September 2012

11. *Clint Eastwood Interview, Million Dollar Baby, The Charlie Rose Show*, 15 December 2005

12. Taubin, Amy, *Staying Power, Film Comment*, January/February 2005

13. Turan Kenneth, *Laid Bare in the Ring, Los Angeles Times*, 15 December 2004

14. Taubin, Amy, *Staying Power, Film Comment*, January/February 2005

15. *Clint Eastwood Interview, Million Dollar Baby, The Charlie Rose Show*, 15 December 2005

16. *Morgan Freeman Interview, Million Dollar Baby, The Charlie Rose Show*, 15 December 2005 〔「インタビュー：モーガン・フリーマン『ミリオンダラー・ベイビー』」、「ザ・チャーリー・ローズ・ショー」、2005年12月15日〕

17. Denby, David, *Out of the West, The New Yorker*, 28 February 2010 〔デヴィッド・デンビー「アウト・オブ・ザ・ウエスト」、ニューヨーカー誌、2010年2月28日〕

18. *Clint Eastwood Interview, Million Dollar Baby, The Charlie Rose Show*, 15 December 2005

19. *Morgan Freeman Interview, Million Dollar Baby, The Charlie Rose Show*, 15 December 2005

20. Ibid

21. *Hilary Swanks on Meeting Clint Eastwood, Landing Million Dollar Baby Role, Entertainment Weekly Radio – SiriusXM*, 19 October 2018 〔ヒラリー・スワンク、クリント・イーストウッドに会う、『ミリオンダラー・ベイビー』出演について」、Entertainment Weekly Radio – SiriusXM、2018年10月19日〕

22. Ibid

23. Ibid

24. Ibid

25. Taubin, Amy, *Staying Power, Film Comment*, January/February 2005

ハリウッドの巨匠

1. Gross, Terry, *Eastwood's Letters from Iwo Jima, Fresh Air with Terry Gross*, 10 January 2007 〔テリー・グロス「硫黄島からのイーストウッドの手紙」、Fresh Air with Terry Gross,、2007年1月10日〕

2. Bradshaw, Peter, *Flags of Our Fathers, Guardian*, 22 December 2006 〔ピーター・ブラッドショウ「『父親たちの星条旗』評」、ガーディアン紙、2006年12月22日〕

3. Foote, John H., *Clint Eastwood: Evolution of a Filmmaker*, Paeger, 2009

4. Dargis, Manohla, *A Ghastly Conflagration, a Tormented Aftermath, New York Times*, 20 October 2006 〔マノーラ・ダルジス「惨劇と苦悩の余韻」、ニューヨーク・タイムズ紙、2006年10月20日〕

5. Ibid

6. *A Cinematic Masterclass by Clint Eastwood, Festival de Cannes*, 23 May 2017 〔クリント・イーストウッドによるシネマティックマスタークラス、カンヌ映画祭、2017年5月23日〕

7. *Red Sun, Black Sand: The Making of Letters from Iwo Jima*, Warner Home Video, 2007 〔「赤い太陽、黒い土：メイキング『硫黄島からの手紙』」、ワーナーホームビデオ、2007年〕

8. Ibid

9. Ibid

10. Gross, Terry, *Eastwood's Letters from Iwo Jima, Fresh Air with Terry Gross*, 10 January 2007

11. Scott, A.O. *Blurring the Line in the Bleak Sands of Iwo Jima, New York Times*, 20 December 2006 〔A・O・スコット「硫黄島の荒涼とした砂浜で曖昧になった線引き」、ニューヨーク・タイムズ紙、2006年12月20日〕

12. *Interview with Clint Eastwood: Flags of Our Fathers, The Charlie Rose Show*, 20 December 2006

13. Foote, John H., *Clint Eastwood: Evolution of a Filmmaker*, Paeger, 2009

14. *Changeling Production Notes*, Universal Studios, 2008〔『『チェンジリング』プロダクションノート、ユニバーサル・スタジオ、2008年〕

15. Harris, Mark, *The Mommy Track, New York Times*, 15 October 2008 〔マーク・ハリス「ザ・マミー・トラック」、ニューヨーク・タイムズ紙、2008年10月15日〕

16. Dargis, Manohla, *Hope for a Racist, and Maybe a Country, New York Times*, 11 December 2008 〔マノーラ・ダルジス「レイシストのための、そしておそらくは国の希望」、ニューヨーク・タイムズ紙、2008年12月11日〕

17. *Gran Torino DVD*, Warner Home Video, 2009 〔DVD『グラン・トリノ』、ワーナーホームビデオ、2009年〕

18. Levy, Emanuel, *Gran Torino: Interview with Clint Eastwood, Emanuel Levy Cinema 24/7*, 4 December 2008 〔エマニュエル・レヴィ「『グラン・トリノ』：クリント・イーストウッドとのインタビュー」、Emanuel Levy Cinema 24/7、2008年12月14日〕

19. Brockes, Emma, *Eighty? It's Just a Number*, Guardian, 14 February 2009 〔エマ・ブロックス「80？　それは正しい数字」、ガーディアン紙、2009年2月14日〕

20. Foundas, Scott, *Clint Eastwood, America's Director: The Searcher, LA Weekly*, 18 December 2008〔スコット・フォンダス「クリント・イーストウッド、アメリカの監督：『捜索者』」、LAウィークリー、2008年12月18日〕

21. *Invictus DVD*, Warner Home Video, 2010 〔DVD『インビクタス／負けざる者たち』、ワーナーホームビデオ、2010年〕

22. Foundas, Scott, *Eastwood on the Pitch: At Seventy-Nine, Clint Tackles Mandela in Invictus, LA Weekly*, 10 December 2009 〔スコット・フォンダス「クリント・イーストウッド、ピッチに立つ：79歳にして、クリントは『インビクタス』でマンデラにタックルする」、LAウィークリー、2009年12月10日〕

23. Brooks, Xan, *Review: Invictus, Guardian*, 31 January 2010 〔ザン・ブルックス「『インビクタス』評」、ガーディアン紙、2010年1月31日〕

24. Wilson, Michael Henry, *Interview with Clint Eastwood: First, Believe in Yourself, Postif*, January 2011 〔マイケル・ヘンリー・ウィルソン「クリント・イーストウッドとのインタビュー：まずは、自分を信じること」、ポジティフ誌、2011年1月〕

25. Foundas, Scott, *Eastwood on the Pitch: At Seventy-Nine, Clint Tackles Mandela in Invictus, LA Weekly*, 10 December 2009

26. Ebert, Roger, *Hereafter, Chicago Sun-Times*, 19 October 2010 〔ロジャー・エバート「『ヒア アフター』評」、シカゴ・サンタイムズ紙、2010年10月19日〕

27. Harkness, Alistair, *Hereafter, Scotsman*, 31 January 2011 〔アリステア・ハークネス「『ヒア アフター』評」、スコッツマン紙、2011年1月31日〕

不滅の名声

1. Bowles, Scott, With *J. Edgar, Eastwood Again Flexes His Freedom, USA Today*, 9 November 2011 〔スコット・ボウルズ「『J・エドガー』、イーストウッドは再び自由を行使する」、USAトゥデイ紙、2011年11月9日〕

2. Goldman, Michael, *Clint Eastwood: Master Filmmaker at Work*, Abrams, 2012

3. Ibid

4. Denby, David, *Out of the West, The New Yorker*, 28 February 2010

5. Bowles, Scott, *With J. Edgar, Eastwood Again Flexes His Freedom, USA Today*, 9 November 2011

6. Thomson, David, *Thomson on Films: Clint Eastwood's Disappointingly Cautious Depiction of J. Edgar Hoover, The New Republic*, 15 November 2011 〔デヴィッド・トムソン「トムソン・オン・フィルム：クリント・イーストウッドがJ・エドガー・フーバーを慎重に描いたことに失望する」、ニュー・レビュリック誌、2011年11月15日〕

7. *Clint Eastwood Interview, Celebs.com*, November 2011 〔インタビュー：クリント・イーストウッド」、Celebs.com、2011年11月〕

8. Bowles, Scott, *With J. Edgar, Eastwood Again Flexes His Freedom, USA Today*, 9 November 2011

9. Dargis, Manohla, *You're Just too Good to Be True, New York Times*, 19 June 2014

10. Foundas, Scott, *Clint Eastwood: Cowboy Led Jersey Boys Down a New Trail, Variety*, 10 June 2014

11. Ibid

12. Block, Alex Ben, *The Making of American Sniper: How an Unlikely Friendship Kickstarted the Clint Eastwood Film, Hollywood Reporter*, 2 January 2015 〔アレックス・ベン・ブロック「メイキング・オブ・『アメリカン・スナイパー』：イーストウッド作品に秘められた友情とは？」、ハリウッド・レポーター誌、2015年1月2日〕

13. Foundas, Scott, *Clint Eastwood: Cowboy Led Jersey Boys Down a New Trail, Variety*, 10 June 2014 〔スコット・フォウンダス「クリント・イーストウッド：カウボーイ、ジャージー・ボーイズを新たな道に導く」、ヴァラエティ誌、2014年6月10日〕

14. Dockterman, Eliana, *Clint Eastwood Says American Sniper is Anti-war, Time*, 17 March 2015 〔エリアナ・ドックターマン「クリント・イーストウッド曰く『アメリカン・スナイパー』は反戦作品である」、ヴァラエティ誌、2014年6月10日〕

15. Block, Alex Ben, *The Making of American Sniper: How an Unlikely Friendship Kickstarted the Clint Eastwood Film, Hollywood Reporter*, 2 January 2015

16. Hoberman J., *The Great American Shooter, The New York Review of Books*, 13 February 2015 〔J・ホバーマン「偉大なるアメリカの狙撃者」、ザ・ニューヨーク・レビュー・オブ・ブックス誌、2015年2月13日〕

17. Stevens, Dana, *The Battle Over American Sniper, Slate*, 21 January 2015 〔ダナ・スティーヴンス「『アメリカン・スナイパー』をめぐる闘い」、スレート誌、2015年1月21日〕

18. Alexander, Bryan, *Why Clint Eastwood gambled (and won) using the real heroes to star in 15:17 to Paris, USA Today*, February 2018 〔ブライアン・アレクサンダー「なぜクリント・イーストウッドは実際の英雄たちを『15時17分、パリ行き』の主演に用いるという賭けに出た（そして勝利した）のか？」、USAトゥデイ紙、2018年2月〕

19. Sragow, Michael, *Deep Focus: The 15:17 to Paris, Film Comment*, 9 February 2018 〔マイケル・スラゴウ「ディープ・フォーカス：『15時17分、パリ行き』」、フィルム・コメント誌、2018年2月9日〕

20. Livingstone, Jo, *The 15:17 to Paris Is a Strange, Strange Journey, The New Republic*, 14 February 2018 〔ジョー・リヴィングストン「『15時17分、パリ行き』は奇妙だ」、「ストレンジ・ジャーニー」、ザ・ニュー・レビュブリック誌、2018年2月14日〕

21. Truitt, Bryan, *Exclusive: Clint Eastwood plays a guy 'even older than me' in drug drama The Mule, USA Today*, December 2018 〔ブライアン・トゥルイット「クリント・イーストウッド、『運び屋』で「自分より上の男」を演じる」、USAトゥデイ紙、2018年12月〕

22. Brunson, Matt, *The Mule, Film Threat*, 12 April 2019 〔マット・ブルンソン「『運び屋』評」、フィルム・スレート誌、2019年4月12日〕

23. Isaza, Marcela, *Eastwood on Richard Jewell, Criticism and Finding Stories, AP News*, 12 December 2019 〔マルセラ・イサザ「『リチャード・ジュエル』におけるイーストウッド」、「Criticism and Finding Stories」、APニュース、2019年12月12日〕

24. Freer, Ian, *Richard Jewell Review, Empire*, 27 January 2020 〔イアン・フレアー「『リチャード・ジュエル』評」、エンパイア誌、2020年1月27日〕

25. Clarke, Donald, *Cry Macho: Clint the Old Cowboy Sings One More Swansong, Irish Times*, 12 November 2021 〔ドナルド・クラーク「『クライ・マッチョ』：老カウボーイ・クリント、もう一度スワンソングを歌う」、アイリッシュ・タイムズ紙、2021年11月12日〕

26. Reinstein, Mara, *'I'm Not in It for the Dough!' Clint Eastwood Talks Cry Macho and Why He Has No Plans to Retire, Parade*, 10 September 2021 〔マラ・レインスタイン「〈金のためになどやっていない！〉　クリント・イーストウッド、『クライ・マッチョ』と引退計画がないことについて語る」、パレード誌、2021年9月10日〕

PICTURE CREDITS

献辞

　わたしにとってクリント・イーストウッドは単なる本の主題ではない。彼はわたしの一部だ。泊まりにきた友だちと一緒に夜更かしして『続・夕陽のガンマン』を見たのは12歳のときだ。父が夜更かしを許してくれたのは、あの映画を観るのは良いことだと判断したからだ。あの深夜放送を見たことで、わたしがいかに変わることになるのか、あのときの父にもまったく想像できていなかっただろう。あれを観てわたしは気づいたのだ。映画には、その冷たいベニア板の裏側に、人間性やスタイルやスリリングな活気やとても深遠なものが潜んでいるのだということを。スターは単に役柄を演じるだけでなく象徴にもなり得る。『アウトロー』、『許されざる者』、『ミリオンダラー・ベイビー』（ハリウッドが垂れ流す多くの作品と比べてずっとダークでエモーショナルで重厚な作品たち）を見れば見るほど、わたしにとって、彼の存在が映画を推し量る上での基準になっていった。目が眩むほどの長い年月にわたり、そして今なお、監督としてスリリングな旅路をつづけている彼の姿が、わたしに偉大さとはなにかを教えてくれた。そんなわけで、まずはだれよりも先に、50年以上ずっとクリント・イーストウッドでありつづけているクリント・イーストウッドに感謝の意を表したい。次に、映画が、特に西部劇が、さらにその中でもクリントの西部劇が大好きな（それはわたしにも遺伝している）わたしの父クリストファー・ネイサンに感謝する。イーストウッドなら間違いない、と父はよく言っていたものだ。その言葉は正しかった。さて、イーストウッドは撮影クルーのことを、スタッフとしてではなく、ファミリーとして扱っている。そんな彼に見習って、わたしもわたしの出版ファミリーに感謝の意を表そうと思う。わたしを落ち着かせてくれるメール文と無限の忍耐で接してくれた編集のジェシカ・アックス。鷹のように鋭い目でタイプミスを見つけ、こんがらがった文章を見事にときほぐしてくれた校正のニック・フリース。このシリーズの各本には、ヴィジュアル資料がたくさん掲載されており、わたしも可能な限りの説明文を記させてもらっているが、そんなヴィジュアル資料の掲載が実現したのは、ストーンキャッスル・グラフィックの素晴らしきスー・プレスリーのおかげだ。また、数々の素晴らしいアドバイスをくれたイアン・フリアー、サイモン・ブラウンド、スティーヴ・ホーンビー、ジュリアン・アルカントラ、スティーヴン・アームストロングといった古くからの仲間たちにも感謝している。最後に、愛と、サポートと、元気を取り戻させてくれる素晴らしいユーモアセンスでわたしを手助けしてくれたウァイに最大限の感謝を贈りたい。

イアン・ネイサン

著者
イアン・ネイサン　Ian Nathan
映画ライター。著書に『クエンティン・タランティーノ　映画に魂を売った男』『ウェス・アンダーソン　旅する優雅な空想家』『ギレルモ・デル・トロ　モンスターと結ばれた男』『クリストファー・ノーラン　時間と映像の奇術師』（以上、フィルムアート社）、『ティム・バートン　鬼才と呼ばれる映画監督の名作と奇妙な物語』（玄光社）などがある。映画雑誌『エンパイア』の編集者およびエグゼクティブ・エディターを務めた後、現在は『エンパイア』誌の他、「タイムズ」紙、「インディペンデント」紙、「メイル・オン・サンデー」紙、「カイエ・デュ・シネマ」誌などに寄稿を行なっている。

訳者
吉田俊太郎　よしだ・しゅんたろう
英国と日本を頻繁に行き来しながら主に映画・映像とライフスタイルの両分野で翻訳活動をしている。主な訳書に『空想映画地図［シネマップ］』、『クエンティン・タランティーノ　映画に魂を売った男』、『ストーリーボードで学ぶ物語の組み立て方』（以上、フィルムアート社）、『映画もまた編集である──ウォルター・マーチとの対話』、『習得への情熱』（以上、みすず書房）、『死の仕事師たち』（白揚社）など多数。

クリント・イーストウッド
気高き〈アメリカ〉の放浪者

2024年12月30日　初版発行

著者	イアン・ネイサン
翻訳	吉田俊太郎
ブックデザイン	石島章輝(イシジマデザイン制作室)
日本語版編集	田中竜輔(フィルムアート社)
発行者	上原哲郎
発行所	株式会社フィルムアート社
	〒150-0022
	東京都渋谷区恵比寿南1-20-6
	プレファス恵比寿南
	Tel. 03-5725-2001
	Fax. 03-5725-2626
	https://www.filmart.co.jp

印刷・製本	シナノ印刷株式会社